Todos los libros de Linkgua Ediciones cuentan con modelos de Inteligencia Artificial entrenados por hispanistas. Pregúntale al chat de tu libro lo que desees acerca de la obra o su autor/a.

Para ebooks: Accede a nuestro modelo de IA a través de este enlace.

Para libros impresos: Escanea el código QR de la portada con tu dispositivo móvil.

Obtén análisis detallados de nuestros libros, resúmenes, respuestas a tus preguntas y accede a nuestras ediciones críticas generativas para una experiencia de lectura más enriquecedora.
La transparencia y el respeto hacia la autoría de las fuentes utilizadas son distintivos básicos de nuestro proyecto. Por ello, las respuestas ofrecen, mediante un sistema de citas, las fuentes con las que han sido elaboradas.

Juan Agustín García

La ciudad indiana

Barcelona 2024
Linkgua-ediciones.com

Créditos

Título original: La ciudad indiana.

© 2024, Red ediciones S.L.

e-mail: info@linkgua.com

Diseño de cubierta: Michel Mallard.

ISBN rústica ilustrada: 978-84-9007-711-5.
ISBN tapa dura: 978-84-1126-452-5.
ISBN ebook: 978-84-9007-409-1.

Cualquier forma de reproducción, distribución, comunicación pública o transformación de esta obra solo puede ser realizada con la autorización de sus titulares, salvo excepción prevista por la ley. Diríjase a CEDRO (Centro Español de Derechos Reprográficos, www.cedro.org) si necesita fotocopiar o escanear algún fragmento de esta obra.

Sumario

Créditos	4
Brevísima presentación	9
La vida	9
La ciudad indiana	11
Capítulo I. Las campañas	15
I	15
II	19
III	27
Capítulo II. Las campañas (continuación)	31
I	31
II	34
III	39
Capítulo III. Los alrededores de la ciudad	47
I	47
II	50
III	52
Capítulo IV. La ciudad	59
I	59
II	62
III	65
Capítulo V. La familia	69

I	69
II	71
III	73
IV	77

Capítulo VI. Los negocios de la ciudad — 81
I	81
II	85
III	95

Capítulo VII. Los negocios de la ciudad (continuación) — 101
I	101
II	103
III	106
IV	109
V	113

Capítulo VIII. La administración de la ciudad — 115
I	115
II	120
III	124
IV	132

Capítulo IX. La administración de la ciudad (continuación) — 137
I	137
II	141
III	144
IV	147
V	151
VI	153
VII	157

Capítulo X. La ciudad capital — 163
I	163
II	168

Capítulo XI. El comercio de la capital — 175

I	175
II	180
III	191

Capítulo XII. El proletariado de las campañas — 195

I	195
II	199
III	202

Capítulo XIII. La administración de la capital — 207

I	207
II	212
III	217
IV	223
V	226
VI	229

Capítulo XIV. La iglesia — 235

I	235
II	240
III	246
IV	250
V	252

Capítulo XV. El misionero — 259

I	259
II	267
III	271

Conclusión — 275

Libros a la carta — 279

Brevísima presentación

La vida

Juan Agustín García (Buenos Aires, 12 de abril de 1862-23 de junio de 1923). Argentina.

Historiador, sociólogo, jurista y pedagogo. Juan Agustín García obtuvo el título de abogado en 1882, a los veinte años. Y ejerció la docencia en el Colegio Nacional de Buenos Aires. En 1883 publicó *Nociones de Geografía Argentina*, obra didáctica destinada a la enseñanza media.

Hacia 1884 emprendió un viaje por Europa de dos años y a su regreso asumió la dirección de la Inspección General de Colegios Nacionales y Escuelas Normales, cargo que desempeñó hasta 1892.

Pasó entonces a ser fiscal. En 1893 fue nombrado juez de instrucción, más tarde juez en el fuero civil y entre 1902 y 1913 integró la cámara de apelaciones.

Juan Agustín García fue además catedrático de Introducción a las Ciencias Jurídicas, Sociología, Derecho Público Eclesiástico, Derecho Civil e Introducción al Derecho en la Facultad de Derecho de la Universidad de Buenos Aires.

En 1899 publicó una *Introducción al Estudio de las Ciencias Sociales Argentinas* y en 1900 la que llegaría a ser su obra más famosa, *La ciudad Indiana*.

Tras la reforma universitaria de 1918 fue designado interventor de la Universidad de Buenos Aires, donde continuó ejerciendo la docencia hasta su muerte.

La ciudad indiana

Si conociéramos a fondo todos los fenómenos de la sociedad colonial, habríamos resuelto las tres cuartas partes de los problemas que nos agobian.
José Manuel Estrada

L'histoire n'est pas une science facile.
Fustel de Coulanges

Que para conocer un país sea necesario estudiarlo, le parecerá al lector una banalidad. Sin embargo, observando lo que ocurre todos los días debe convenir en que la mayoría de sus conciudadanos piensan exactamente lo contrario. Y si se les agrega que es preciso remontarse a los orígenes, seguir paso a paso la evolución interna, para opinar de una manera consciente sobre el fenómeno contemporáneo, no es imposible que una discreta sonrisa sea la única respuesta. Excuso decir al lector que en esto, como en lo demás, el libro de la vida permanece cerrado para el que no se afana en descifrarlo.

No obstante este concepto común, en ninguna parte es tan maravillosa la trabazón de las cosas como en el movimiento sucesivo de las generaciones que constituyen la Historia. Se pueden idear numerosas hipótesis sobre la causa, modo y tendencia de esta continuidad, pero el hecho es innegable: el presente engendra el futuro, lo lleva en sí, está preñado, como decía Leibnitz, y a su vez fue producto del pasado. Y cuando se habla del pasado como autor de la Historia, se entiende el conjunto de ideas y aspiraciones, creencias y sensaciones, buenas o malas, que formaron la trama de la vida de las generaciones muertas. «La creencia y el deseo, decía Taine,[1] son el alma de las palabras de un idioma, de las plegarias de una religión, de los actos de un Estado, de los artículos de un código, de los deberes de una moral, de los trabajos de una industria, de los procedimientos de un arte.»

El objeto de este libro es la investigación de esos factores durante los siglos XVII y XVIII. Los he buscado en las fuentes originales: documentos públicos y privados, crónicas coetáneas, única manera de conseguir la impresión propia que, buena o mala, tendrá el mérito de la sinceridad. No es que pretenda ser original: fácilmente se notará la influencia de Taine en la filosofía política, de Fustel de Coulanges en el método; pero he seguido el consejo de este último: «estudiar directa y únicamente los textos en el más minucioso detalle, no creer sino lo que demuestran, y separar resueltamente de la historia del pasado las ideas modernas que un falso método ha llevado».

Creo que tres o cuatro sentimientos se destacan con bastante nitidez: la fe en la grandeza futura del país, el pundonor criollo, el culto nacional del coraje, el desprecio de la ley, que han sido los motivos de la voluntad social en esa época. El lector los percibirá animando todos los fenómenos; imprimiendo sus rasgos peculiares a la evolución de la sociedad y el derecho; incorporados al organismo físico individual de una manera permanente y definitiva, como los demás sentimientos comunes, la simpatía, la familia, el patriotismo. He tratado de marcar la huella del factor económico que influye de una manera tan activa en todas las manifestaciones de la vida social: en ciertos momentos soporta solo el peso de la Historia.

Quizá algunos de los datos que he acumulado con toda paciencia puedan ser útiles al hombre de talento y estilo que

1 *Lois de l'Imitation*.

resucite ese pasado, lleno de interés y vida para el que sabe observarlo. Por otra parte, era necesario indicar los verdaderos métodos de estudio a la juventud; decirle que hay fenómenos sociales argentinos, tan susceptibles de una interpretación científica como los europeos; que el país acepta gustoso la moneda fiduciaria, porque siempre ha vivido bajo ese régimen; que su poder ejecutivo es fuerte y poderoso, porque desde su primer gobernador, a fines del siglo XVI, todos tuvieron mano dura; que el desprestigio de los viejos Cabildos coloniales ha influido en el papel político de los congresos: mostrarle los antecedentes políticos y económicos que han formado nuestras instituciones criollas, a pesar de sus rótulos yanquis; a pesar de que se crea a pie firme que existe una ciencia constitucional independiente de una sociología argentina, cuyas fuentes se encuentran en los legistas norteamericanos.

En cuanto a describir la idea que anima los hechos de nuestra Historia, con su alma intensa que va envuelta en ellos, con su deseo vigoroso de realizarse en la vida nacional, es tarea superior a mis fuerzas, que requiere un vasto trabajo de investigación previa. Por ahora, me parece a primera vista exacto que se concluirá por descubrir que en el mundo sucede lo que en los dramas de Gozzi; los mismos personajes aparecen siempre con las mismas pasiones y la misma suerte; los motivos y los acontecimientos difieren, es verdad, en las distintas piezas, pero el espíritu de los sucesos es el mismo; los personajes de cada pieza nada saben de lo sucedido en las anteriores, en las que, sin embargo, tenían ya un papel: he ahí por qué, no obstante toda la experiencia que debieron adquirir en las piezas precedentes, Pantaleón no es más hábil ni más generoso, Tarlafia no tiene mejor conciencia, ni Briguela más coraje, ni Colombina más moralidad. Si el mundo fuera un fenómeno cerebral, como lo enseñan Kant y su discípulo Schopenhauer,[2] la obra histórica sería la simple visión de su autor; los fenómenos no se reflejarían en su exacta realidad, sino deformados por nuestra inteligencia, con los defectos y peculiaridades de cada cámara mental.

Por eso, alcanzar la verdad histórica es un feliz accidente.
Agosto de 1900.

---

2 Schopenhauer, *Le Monde comme volonté*.

Capítulo I. Las campañas

I

Las carabelas de los conquistadores pasarían de largo por estas márgenes del Plata. El desierto, la verde llanura sin oro y minerales preciosos, indios bravos, decididos a morir en la demanda antes que someterse, no eran elementos de riqueza fácil, de vida cómoda. En 1536[1] desembarcó la expedición Mendoza y fundó Buenos Aires. La mísera aldea tuvo una existencia efímera y trágica. En 1541 fue definitivamente abandonada por sus pobladores. Dejaban los gérmenes de su fortuna: unos pocos caballos y vacas. Durante medio siglo no ofrecería mayores alicientes a los colonos. Las carabelas seguían hacia el norte donde estaba la tierra prometida, el Paraguay, de clima voluptuoso, con sus grandes selvas, sus guaraníes de carácter dócil, mujeres bellas y suaves. Razas predestinadas a la esclavitud, que se dejaban regimentar en reducciones y encomiendas, aptas para todo género de servicios. Y el trabajo humano, explotado gratuitamente, es tan productivo como las minas, una fuente principal de riqueza.

Cuarenta años después, en 1580, la pampa estaba llena de animales: una prodigiosa riqueza, de fácil explotación, y con poco trabajo, de resultado seguro. Garay fundó a Nuestra Señora de Buenos Aires. Esta vez la ciudad vivirá a costa de cualquier sacrificio; tenía sus tesoros, tan ricos como los del Perú y México.

Las dilatadas llanuras, ricas y pobladas, «que recorren vacadas de treinta y cuarenta mil cabezas, y el infeliz pasajero a quien acaece dar en medio de ellas, se detiene a veces muchos días para poder desembarazarse de esta innumerable muchedumbre que llena la superficie de la tierra»;³ la vida fácil, una alimentación abundante y nutritiva, los horizontes amplios, les sugieren la idea de la grandeza futura de ese país. A fuerza de repetirse en sus cerebros, de confirmarse con las lucrativas expediciones de cueros, se transformará poco a poco en un sentimiento de orgullo colectivo, director de todo el juego mental. Y por un proceso muy bien estudiado en la Psicología, se incorporará al organismo, convirtiéndose en un móvil subconsciente de la voluntad, constituyéndoles ese fondo de esperanza y optimismo, indispensable para soportar con serenidad las agitaciones de esos primeros años, tonificar su sistema nervioso, cobrar fuerzas para seguir adelante, con fe, la ruda tarea, convencidos de que Buenos Aires es la llave de estas provincias del Río de la Plata.

El móvil subyacente que dirigía toda la trama de sus acciones, como esas profundas corrientes marinas que impulsan al buque sin que se aperciba el piloto, era el deseo de enriquecerse; pero no el ordinario y común, que más o menos se observa en todas partes, inherente a la naturaleza humana; era una ambición de riquezas con caracteres peculiares, exclusiva, que no dejaba entrada a otros motivos nobles y civilizadores que actúan armónicamente en los pueblos bien constituidos. Sobre todo, quieren vivir como grandes señores, mandar a los indios, negros y criollos. En el norte de la América fueron mineros, aplicaron el trabajo de sus esclavos indios a la extracción de los metales preciosos: tarea noble en su concepto, de dirección, con su muchedumbre sierva que halagaba su vanidad, manteniéndose intacta su fidalguía. En Buenos Aires prefieren el pastoreo; un modo de trabajar fácil y entretenido, de acuerdo con sus preocupaciones tradicionales y aristocráticas. En 1744, de los diez mil habitantes, solo treinta y tres eran agricultores. La agricultura es oficio bajo.

---

3   Williams Robertson, *Historia de América*.

En la madre tierra arar la tierra es tarea de villanos y siervos; en América, de tontos. «Los pastores, dice Azara, consideran mentecatos a los agricultores, pues si se hicieran pastores vivirían sin trabajar y sin necesidad de comer pasto, como los caballos, porque así llaman a las ensaladas, legumbres y hortalizas.» En cambio, la lucha con el animal semisalvaje, la carrera al aire libre, mandando la maniobra del rodeo, con sus negros, indios y peones, le recuerda las escenas de la vida feudal, familiares a sus antepasados. La impresión pintoresca es análoga: el ejercicio noble y viril requiere valor y serenidad; porque a cada paso arriesga la vida, proporciona intensas satisfacciones de amor propio. Su trabajo no es el esfuerzo metódico, el modesto cumplimiento de la ley bíblica; es un sport lleno de azares emocionantes.

Vivían aislados de sus dominios, como señores de raza privilegiada, incomparables con las turbas desarrapadas y serviles que los rodean. Solo se reunían de cuando en cuando, para asistir a fiestas religiosas, oír misa, o convocados por los alcaldes para prevenir alguna probable invasión de indios. Una vida rodeada de peligros, porque la autoridad pública no puede ampararlos. Deben defender sus personas y bienes contra los indios y gauchos alzados, negros y mestizos, que merodean en la vecindad. Los comprobantes abundan en la documentación contemporánea. En 1672 se convocó un Cabildo abierto para acordar el castigo de los indios serranos. El corregidor Juan Arias de Saavedra dijo: que en consideración de las causas manifiestas y otras que le consta y son notorias de que muchos vecinos han dado quexas y dejado de pedir los robos y hurtos que les han hecho dichos indios de ocho años a esta parte, su parecer y sentir es que coxan las armas y se salga contra estos indios serranos y los demás que con ellos avitan para el castigo y sujecion suia, por la continua osadia con que proceden en hacer semejantes robos y muertes perturbando la comun quietud y sosiego de los vecinos y menoscabándoles sus caudales maiormente los ganados y caballada, siendo esta el principal medio de que se valen para sus faenas y tratos para sustentarse de lo qual assi mismo resulta dexar dichos vecinos desiertas sus estancias por el rezelo de pasar a maior daño.

En carta al rey, hace presente el Cabildo su necesidad de dinero para contener «a los infieles enemigos que de seis años a esta parte invaden y hostilizan la frontera de esta ciudad con muertes, robos y cautiverio de los pobres vecinos estancieros campestres». Además la aventura es frecuente, porque si no es atacado es agresor. El inagotable botín de indios tienta su codicia y su lujuria. Desde la época de las invasiones germánicas no se había presentado ocasión tan propicia para la satisfacción de la brutalidad humana. La conquista y servidumbre de indios era un medio de lucro y placer, fácil y cómodo. Lozano califica de acción grandiosa una renuncia de encomiendas de Hernandarias: «solo quien sabe lo que acá se apetece el servicio de estas gentes, podrá hacer concepto de lo grandioso de estas acciones».

En este medio nace un sentimiento de capital importancia en la futura evolución argentina, el culto nacional del coraje, el pundonor criollo que se funda especialmente en el valor personal, la cualidad predominante, que se impone a la estimación, porque es indispensable para prosperar; el desprecio teatral y heroico de la vida, la exageración enfermiza de la susceptibilidad. Análogo al honor medieval, con el que tiene sus puntos de contacto, le falta lo que constituye su esencia y le ha prestado su tradicional y poético prestigio, la fe en Dios y en el amor. El admirable desarrollo de la conciencia cristiana sufrió una interrupción en el medio americano. La sociedad colonial carecía de ideales. Sus dioses y sus santos se diferenciaban de los que fueron el consuelo del pasado, como las esculturas jesuíticas de las obras de arte de los primitivos. En medio de toda su rudeza la Edad Media fue desinteresada, noble y fecunda. Puso los dos fundamentos de la sociedad moderna: el honor, que nos hace rechazar las acciones bajas y villanas, que extrema con el auxilio de la vanidad y del orgullo el prestigio y la eficacia práctica de las reglas de la moral; y la justicia absoluta, concebida en un instante de claridad casi divina, en la meditación ansiosa sobre los destinos del alma y los rigores de la eternidad.[4] Los propietarios coloniales no tuvieron otro propósito que la explotación de tierras, indios y negros. La naturaleza moral del hombre bajó algunos puntos del nivel alcanzado. El culto del coraje dominará y presidirá la evolución política, acentuando su influencia, con ligeras variantes en los siglos XVII y XVIII, para llegar a su apogeo, absorbiendo todas las fuerzas activas del país en la primera mitad del siglo XIX. Después del heroico esfuerzo de la Independencia fueron necesarias las luchas de la época anárquica, toda esa historia llena de sangre, tiranuelos y barbarie, para conseguir el equilibrio moral, que el nivel volviera a elevarse, y nos iniciáramos en la civilización basada en la justicia, en el honor, en la cultura armónica del espíritu.

II

Todas sus estancias estaban comprendidas en una zona de diecinueve leguas de sur a norte, por sesenta o setenta de este a oeste. El resto de la pampa, con las quinientas mil cabezas de ganado alzado, era de los indios. La tierra tuvo un papel preponderante en la evolución y jerarquías de la sociedad colonial. Era la única fuente de riqueza y de prestigio en un pueblo sin carreras liberales, en que el comercio era despre-

---

4   Taine, *L'Ancien Régime-La Révolution*.

ciado y rozaba a cada paso las fronteras de la ley penal; que por sugestión hereditaria y viejas tradiciones caballerescas, dejaba los oficios industriales, ocupaciones villanas de moros y judíos, a los negros, indios, mulatos y mestizos, prohibiéndoles otras profesiones, por «no ser decente que se ladeen con los que venden y trafican géneros». También en Roma se había tenido este desprecio. La industria era reputada servil, aun ejercida por manos libres; «el suelo era la fuente principal, sobre todo, la medida única de la riqueza».[5] Además de ser el único medio de sustento digno e independiente, la propiedad era requisito indispensable para el ejercicio de los pocos derechos políticos coloniales y una garantía relativa de que serían respetados los derechos privados. El vínculo de unión era más estrecho, más tendido y vibrante entre los propietarios; el peligro continuo reforzaba la solidaridad social; cada vecino era un soldado que debía tener armas y caballo de combate y dejar reemplazante en caso de ausencia.

La tierra fue especialmente cuidada por el soberano. Garay hizo el primero y único reparto, dejando a la ciudad rodeada de grandes propietarios, que todavía impiden el mejor desarrollo de la riqueza.

> Que el propietario (decía el coronel García) venda las tierras que no pueda cultivar por sí, el propietario no pudiese labrar las tierras por sí, de modo que sus escaseces o indolencias atrasen la agricultura y algunos de sus arrendatarios u otro labrador tuviese proporciones de comprarlas en parte o todas, a justa tasación, debería obligársele a ello por el aumento que recibe la agricultura y el anhelo con que el labrador cultiva su propiedad, a diferencia de cuando es colono; en este caso, trabaja sin atreverse a hacer especulaciones y se contrae solo a lo que probablemente le producirá para el pago del arriendo anual, y en aquel,

---

5 Fustel de Coulanges, *L'Invasion Germanique*.

libre de estos cuidados, hace mil experimentos de sus tierras a un mismo tiempo para probar cuál le rinde mejor cuenta, y sus desvelos los contrae a mejorarlo.

Las numerosas mercedes de gobernadores y cabildos se refieren a terrenos abandonados por sus primitivos dueños. Posteriormente se quitó esta facultad a las autoridades locales, «se volvió a poner esta distribución en la real mano, mandando que cuando se hubiesen de dar y repartir algunas tierras o estancias para labores o ganados, se vendiesen o beneficiasen por los oficiales reales en política almoneda y revocando o estrechando a los virreyes la facultad que antes se les había dado».[6] Las leyes querían que las reparticiones resultaran productivas; que el propietario fuera un trabajador de su tierra, no el ocioso que espera tranquilo el aumento de valor:

> porque nuestros vasallos se alienten al descubrimiento de las Indias, y puedan vivir con la comodidad y conveniencia que deseamos, es nuestra voluntad que se puedan repartir y repartan casas, solares, tierras, caballerías y peonías a todos los que fueren a poblar tierras nuevas a los pueblos y lugares que por el gobernador de la nueva población les fueren señalados, haciendo distinción entre escuderos y peones, y los que fueren de menos grado y merecimiento, y los aumenten y mejoren atenta la calidad de sus servicios para que cuiden la labranza y la crianza; y habiendo hecho en ellas su morada y labor y servido en aquellos pueblos cuatro años, les concedemos facultad para que de allí adelante los puedan vender y hacer de ellos a su voluntad libremente como cosa suya propia.[7]

---

[6] Solórzano, *Política indiana*, Amberes, Henrico y Cornelio Verdussen, 1703.
[7] *Recop. Ind.*, lib. IV, tít. XII, ley I.

Al mismo tiempo, las demoras y entorpecimientos de la tramitación administrativa, el elevado impuesto que se pagaba como suplemento de precio, hicieron casi imposible su adquisición, por lo menos para el pequeño capital, aprovechando a los especuladores ricos que, en el siglo pasado, compraban grandes extensiones de tierra para revenderlas en lotes. La propiedad era un lujo tan solo permitido a los capitalistas. Los pobres más audaces y emprendedores corrían la aventura de establecerse en las fronteras, en medio de los indios. Desgraciadamente no eran los salvajes sus únicos enemigos; estaban a merced de los hábiles y poderosos, que se apoderaban de esas tierras, denunciándolas como realengas. Para obtener el título oficial que daba la posesión tranquila, era necesario cumplir numerosas formalidades fiscales, pagar honorarios de relatores, abogados, procuradores, pregoneros, impuestos. El siguiente cuadro lo demuestra:[8]

	Pesos	Reales
Por la presentación de la denuncia, vista fiscal, despacho de la comisión para la información, mensura, tasación y pregonero, con el papel sellado	53	6
Por cuatro vistas fiscales para el remate y despacho de la propiedad	16	4
Por tres relaciones del relator	29	5
Por el trabajo del abogado	65	5
Por derechos de procurador	15	
Por el pregonero	1	
Por derechos del escribano, incluso el despacho	236	
Para el canciller	7	
Por la media anata, servicio pecuniario, y conducción a España	10	

---

8   Semanario de Agricultura.

Si la tierra estaba situada en otra provincia, había que agregar las siguientes partidas:

	Pesos	Reales
Al agrimensor, a razón de 4 pesos por cada cinco leguas de ida y vuelta y ocho días empleados en el trabajo, según arancel	112	
Al juez	112	
Por alimentos al juez y agrimensor	80	
Por diez peones para la mensura y cuidado de la caballada, a 10 pesos por un mes	100	
Por alquiler de treinta caballos	75	
Por alimentos de esta gente	25	
A los tasadores	12	
Por treinta pregones	15	

Y estos derechos e impuestos, que impiden la entrada de grandes valores en la economía de la ciudad, no aumentaba la riqueza fiscal.

La venta de tierras, se dice en el Semanario, rinde al Estado una miserable utilidad, y pone en posesión al poderoso de una tan crecida porción de ellas, que se hace imposible el que jamás la puedan cultivar con regular provecho. El repartirlas de balde en regulares porciones, suficientes a poblar unas medianas estancias, con expresa condición de ser pobladas en determinado tiempo, pasado el cual deberían pasar a otro dominio, las pondría a todas florecientes por la constante aplicación de los brazos que les dirigirían sus propietarios.

Según el censo de 1744, de los 6.083 habitantes de la campaña, 186 eran propietarios, y 141 de los 10.223 habitantes de la ciudad, lo que suma un total de 327 propietarios, en 16.306 habitantes. Indudablemente estos datos no son del todo exactos, provienen de estadísticas defectuosas, sospechosamente aproximadas; el total que arroja el censo está equivocado en relación a sus mismas partidas de detalle. En muchos pueblos el oficial ha omitido consignar los propietarios. Pero la impresión general que dan esas cifras es justa. Todos los hombres inteligentes de la época se quejan de ese acaparamiento de la tierra por el Estado y sus favorecidos. «El suelo de Nueva España, decía Humboldt, lo mismo que el de la antigua, se encuentra en gran parte en las manos de algunas familias pudientes.» Y esta impresión se confirma cuando se estudia la legislación de Indias. Por más que alguna ley ordene «que los repartimientos de tierras, así en nuevas poblaciones como en lugares y términos que ya estuvieren poblados, se hagan con toda justificación, sin admitir singularidad, excepción de personas, ni agravio de indios», la regla seguida en la práctica es la de la ley X, tít. 15, lib. IV: «repártanse las tierras sin exceso entre descubridores y pobladores antiguos, y sus descendientes que hayan de permanecer en la tierra, y sean preferidos los más calificados, y no las puedan vender a iglesia ni monasterio ni a otra persona eclesiástica, pena de que las hayan perdido y pierdan, y puedan repartirse a otro». Entre los numerosos títulos de mercedes publicados por Trelles, solo dos o tres se refieren a gente humilde; los demás son otorgados a conquistadores, parientes de las categorías coloniales, a los militares y demás privilegiados, gente toda que enumera en su solicitud los servicios prestados al rey en la pacificación de América. «Persuadámonos, dice un escritor colonial, de que para poblar las campañas hemos de contar con los pobres. La necesidad nos obliga a tomar este partido; nuestra política se ha de dirigir a fomentar esta idea, pintando las ventajas que resultarán de establecerse en tierras propias, que el Cabildo representa al rey, que dándolas de balde ganará el Estado mucho más que si las vendiera.»⁹

Si a todos estos hechos se agrega, que el área de tierra disponible estaba limitada por la zona peligrosa, establecida por los indios a pocas leguas de Buenos Aires, no se extrañará que desde los primeros años, cuando ni siquiera podían imaginar la fantástica cantidad de leguas fértiles que la naturaleza les había dado, la tierra tuviera un precio. Nada más curioso que estos orígenes del valor, que se ve nacer en una sociedad nueva. Es una experiencia económica de primer orden. En las propiedades rurales, la fuerza creadora es el trabajo incorporado a la tierra, el esfuerzo directo de su dueño para mejorarla, sin que influya la situación, el aumento de habitantes, el progreso social que en épocas posteriores coopera en proporción extraordinaria en la valorización de la tierra. Los campos desiertos e incultos tienen precios muy bajos, fijos, que casi no varían durante todo el siglo XVII entre ciertos límites relativamente aproximados.

Año de 1610

Luján — La legua	Un traje
Ejido — La legua	200 pesos plata
Las Conchas — Trescientas varas, por una legua	40, 60 y 69 íd.
Montes Grandes — Cuatrocientas varas, por una legua	60, 100 íd.
Riachuelo — Media legua, por una	100 íd.

Años de 1610 a 1650

Luján — Media legua, por una y media	100 pesos plata
Magdalena — Una legua y media	100 " "
Las Conchas — Una legua y media	100 " "

9 Semanario, *Op. Cit.*

Matanza — Una legua y 100 varas	150 " "
Areco — Una legua	80, 100 íd. íd
Arrecifes — íd. íd.	50, 100 íd. íd.
Salado — íd. íd.	50 pesos plata
Saladillo — íd. íd.	80 " "

Años de 1650 a 1700

Luján — Una legua y media	250 pesos plata
Montes Grandes — Una legua, por una legua y media	250 " "
Magdalena — Una legua, por una legua y media	180 " "

Siempre se observan algunos precios muy altos, que por falta de detalles y concisión de los títulos son inexplicables; el escribano moderno es mucho más prolijo. Así, una legua en el Ejido fue vendida en 3.000 pesos; otra en Las Conchas en 1.000, al mismo tiempo que las linderas valen 100 pesos. Si los campos desiertos e incultos tienen precios tan bajos, en cambio los sembrados y poblados quintuplican su valor. Así en 1610, en Matanza, una chacra con viña y sementera se vendía por 900 pesos plata; de 1610 a 1700, una chacra en Las Conchas, sembrada, vale 500 pesos. De 1650 a 1700, una estancia poblada, en la Magdalena, y una chacra en Matanza, se venden por 2.500 y 700 pesos plata, respectivamente.

La modesta aldea sudamericana comprueba la relativa verdad de la teoría económica de Carlos Marx. En esa agrupación sin capitales y comercio, que ignora la mercadería, no hay más valores que los creados por el trabajo productor. La tierra es un don casi gratuito, como el aire, el agua, el calor, las fecundas fuerzas naturales. Por sí sola no tiene valor; en cambio es necesario que la violente el esfuerzo humano para que se transforme en riqueza.

III

Entre otras razones prefirieron la industria del pastoreo porque era la más cómoda y fácil, la que menos brazos y vigilancia exigía. Se concretaban a matar sus animales, o los de la comunidad, llamados de accioneros, previa licencia del Cabildo, para cargar con cueros los navíos de permisión; jamás se vio industria de aspectos tan siniestros y feroces.

> El sistema de que se valen, dice el P. Cattaneo, para hacer en brevísimo tiempo tantos estragos, es el siguiente: se dirigen en una tropa a caballo hacia los lugares en que saben se encuentran muchas bestias, y llegados a la campaña completamente cubierta, se dividen y empiezan a correr en medio de ellas, armados de un instrumento, que consiste en un fierro cortante de forma de media Luna, puesto a la punta de un asta, con el cual dan al toro un golpe en una pierna de atrás, con tal destreza que le cortan el nervio sobre la juntura; la pierna se encoge al instante, hasta que después de haber cojeado algunos pasos, cae la bestia sin poder enderezarse más; entonces siguen a toda la carrera del caballo, hiriendo otro toro o vaca, que, apenas reciben el golpe, se imposibilitan para huir. De este modo, dieciocho o veinte hombres solos postran en una hora siete u ochocientos. Imaginaos qué destrozo harán prosiguiendo esta operación un mes entero, y a veces más. Cuando están saciados, se desmontan del caballo, reposan y se restauran un poco. Entre tanto, se ponen a la obra los que han estado descansando, y enderezando los animales derribados se arrojan sobre ellos a mansalva, degollándolos, sacan la piel y sebo, o la lengua, abandonando el resto para servir de presa a los cuervos.

Los perros cimarrones diezmaban las haciendas. Se multiplicaron prodigiosamente por la incuria y egoísmo de los estancieros. Era un caso interesante de regresión. El perro también seguía al hombre en el camino de la barbarie. El compañero fiel y noble, cooperador en todos los trabajos de campo, vivía en cuevas subterráneas; feroces y crueles, como los lobos y las hienas, llegó a hacerse tan temible que organizaron expediciones militares para exterminarlo. «Cubren todas las campañas circunvecinas, dice el P. Cattaneo, y viven en cuevas que trabajan ellos mismos, y cuya embocadura parece un cementerio por la cantidad de huesos que la rodean. Y quiera el Cielo que, faltando la cantidad de carne que ahora encuentran en los campos, irritados por el hambre, no acaben por asaltar a los hombres.»

Era la explotación brutal de las riquezas naturales. Se conducían con infantil criterio, sin recelar un instante el posible agotamiento de la mina, que requería ciertos cuidados no muy difíciles. Los rodeos, por ejemplo, morían envenenados por las aguas cenagosas y corrompidas. «Esto es una indiscreción, dice el P. Cattaneo, por la cual empiezan a experimentar el castigo de Dios, pues estos animales se han disminuido notablemente ya; de manera que por un buey o una vaca se paga en Buenos Aires diez u once paoli, cuando antes apenas se pagaban tres o cuatro.» De los animales se aprovechaba el sebo, cuero y algunas astas, y los pocos vellones de lana que la casualidad libraba de los abrojos. Todo el movimiento de las estancias, el transporte de frutos se hacía en carretas, «y como cada una cuesta 60 pesos cuando menos, son innumerables los que, por no tener esta cantidad, carecen del único instrumento exportador de sus cosechas».

Como lo habrá observado el lector, no podía ser más primitivo el régimen de esa industria pastoril. Se ignoraba el cuidado y mejoramiento de las razas, que ya se practicaba en España e Inglaterra, las industrias anexas y auxiliares, fabricación de quesos, manteca, leche. Explotaron lo más a mano, lo que apenas requería pequeños esfuerzos, alternados con prolongados descansos, considerado más bien como un juego, lleno de emociones seductoras para esos caracteres fuertes y casi bárbaros; un simulacro en grande escala de las peripecias sangrientas de una batalla. Al habituarlos al despilfarro y el desorden ese trabajo desmoralizaba, perturbando la norma tradicional, mostrándoles la riqueza como un resultado del feliz azar de una buena maloca o corambre, a contrabandearse con la complicidad del empleado público; y no como la consecuencia del esfuerzo lento y pertinaz de la virtud y de la modestia, del ahorro que sujeta las pasiones: la justa re compensa de la dignidad de la vida. Así, desde los orígenes de la sociedad se diseñan con todo relieve los defectos principales del carácter nacional: ligereza e imprevisión.

Capítulo II. Las campañas (continuación)

I

Los indios contribuían a mantener esta situación social, con su trabajo y su paciencia para sobrellevar resignados una vida miserable. Junto con los negros esclavos desalojaban al propietario de los oficios agrícolas e industriales, obligándolo a vivir de la caridad o el delito, si no se arriesgaba a salir a las fronteras en busca de terrenos desocupados. Mitayos o yanaconas, encomendados o reducidos bajo la dura mano del corregidor, su lote fue siempre el mismo, de opresión y martirio. La crónica es abundante y dramática: a veces parece que la escena se desarrollara en las siniestras selvas africanas, con sus tribus que guerrean para hacerse esclavos.

> Por cuanto los indios guaycurús, dice Alfaro, en sus Ordenanzas, han acostumbrado a vender algunos indios, y con la codicia de lo que les dan, han ido a hacer guerras, y muerto mucha gente, y lo mismo han hecho y podrían hacer otras naciones, y aun españoles acostumbran sacar y hurtar indios y traellos de unas partes a otras y vendellos con la misma color, con lo cual, demás de la gravedad del delito que hacen, destruyen la tierra.

Les tomaron sus mujeres de concubinas, después los exterminaron por la esclavitud o la guerra. Entre otras medidas que revelan el olvido de la caridad y moral más elementales, puede citarse aquel voto del Cabildo, pidiendo la prohibición del casamiento con indios extraños, «por la dificultad que se ofrece de que muchos indios de otras provincias vienen a esta ciudad y se casan en ella con indias de vecinos encomenderos y se las llevan». Explotados para satisfacer la avaricia de sus dueños, satisfacer sus bajas pasiones, su lujuria y su crueldad, las tribus que no se rebelaron y huyeron a los valles de la Cordillera, desaparecieron en pocos años.

La teoría y la práctica de los conquistadores armonizaban admirablemente. Argumentos teológicos y filosóficos de la más pura escolástica, disiparon los restos de escrúpulos que podía molestar a aquellas conciencias, confirmándolas en la bondad de una conducta que también concertaba sus intereses materiales, el desahogo de sus pasiones, la comodidad de la vida y sus principios morales. Fray Tomás Ortiz, citado por Solórzano, coloca a los indios en la categoría de bestias, leños y piedras, y «así, según la opinión de Aristóteles, recibida por muchos, son siervos y esclavos por naturaleza y pueden ser forzados a obedecer a los más prudentes, y aun Celio Calcagnino, comentando al mismo Aristóteles, añade que se pueden cazar como fieras, si los que nacieron para obedecer lo rehusan». En derecho, se les califica de personas miserables. Fray Gregorio García, dominico, dice que «son de más baja o despreciada condición que los negros y todas las demás naciones del mundo», fray Juan de Zapata, también citado por Solórzano, dice: «que en ellos se verifican y cumplen a la letra todos aquellos epítetos de miserias y desventuras que el evangélico profeta Isaías da a aquella gente que dice habita más allá de los ríos de Etiopía». Fray Agustín de Ávila Padilla, arzobispo de Santo Domingo, observaba que «cuanto se provee y ordena para su favor y provecho, parece que se trueca y convierte en su mayor daño y perjuicio».

Procedieron en todo de acuerdo con estas ideas. No solo complacían sus instintos y tendencias, sino que formaban parte de la atmósfera moral dominante: el conjunto de las fuerzas sociales actuaba en la nueva agrupación empujándola de una manera irresistible en ese sentido. Su propósito único era adquirir fortuna, la legendaria de millones, un sueño de nabab que vigorizaba sus espíritus y templaba sus caracteres. Con su solo esfuerzo, tratando honestamente a los indios, apenas habrían ganado el modesto sustento, más o menos la misma vieja miseria de que venían huyendo, sin la ventaja de la vecindad de los centros ricos y poblados de la madre patria, de vivir entre las afecciones en que habían crecido. No traían esos ideales puros y elevados que mantienen el equilibrio moral y la serenidad de alma, señalando nobles rumbos a la jornada. Su concepto de la vida era exclusivamente sensualista, en el sentido más vulgar de la palabra, como continúa siendo al presente. Así se explica que se precipitaran sobre los indios para usufructuar su trabajo y poder vivir tranquilamente con más o menos holganza, señores esclavos en el rincón de América que había defraudado sus esperanzas de tesoros, minas, fantásticos Eldorados.

Tendidas las fuerzas sociales en esa dirección, sin los contrapesos del arte, la religión y la ciencia, que en los países civilizados equilibran y moderan las pasiones, ofreciendo otros fines a la actividad, era natural y lógico que se abusara. Es justo reconocerlo: la ley teórica era admirable por su bondad caritativa; las cédulas reales recomiendan el buen trato, la educación y conversión de los indios, Pero desgraciadamente, en todo lo que se refiere a la América española el estudio de la ley escrita es el menos importante e ilustrativo: el derecho, bueno o malo, crece y se desarrolla a raíz del suelo, en el conflicto de pasiones e intereses, amparando a los más hábiles y fuertes; generalmente rastrero, estrecho y cruel, animado por sentimientos bajos y egoísmos feroces. Por encima está la ley, una cosa puramente decorativa de la armazón social, fuera del radio de influencia de las aspiraciones públicas, de las necesidades del grupo, elemento perfectamente extraño, preparado en el Consejo de Indias, uniforme para todo un continente en el que no hay dos provincias análogas. Las células se repiten sin que se calme un dolor o repare una injusticia. El derecho vigente es el primitivo de la conquista, por el que las personas y bienes de los vencidos quedan a merced de los vencedores.

II

Para organizar metódica y económicamente esta explotación, se estableció el sistema de las encomiendas y reducciones. La segunda es la forma ideada para traer los pueblos errantes a la vida sedentaria, agrupándolos por tribus, para defenderlos contra la voraz población europea, que, como aves de rapiña, merodean alrededor del salvaje. Las *Leyes de Indias*, adoptando las reglas establecidas por los jesuitas en sus misiones, disponían: 1.º Que se nombrasen alcaldes y regidores indios, cuya jurisdicción alcanzaría solamente para inquirir, aprehender y traer los delincuentes a la cárcel del pueblo de españoles de aquel distrito; pero que se les cometía castigar con un día de prisión o seis u ocho azotes al indio que faltase a la misa en día de fiesta, o se embriagase, o hiciese otra falta semejante, y si fuera embriaguez de muchos pudiera castigarse con más rigor. 2.º El gobierno de los pueblos reducidos se dejaba a cargo de los dichos alcaldes y regidores indios, quienes podían también prender a negros y mestizos en ausencia de la justicia. 3.º Que no se pusiese en las reducciones mayordomos sin aprobación del gobernador o audiencia del distrito y fianzas, y que no llevasen la vara de la justicia. 4.º Que en los pueblos de indios no se vendieran los oficios ni los hubiera propietarios. 5.º Que los sitios destinados para constituir pueblos y reducciones habían de tener comodidad de aguas, tierras y montes, entradas y salidas, y un ejido de una legua de largo, donde los indios tuvieran sus ganados, sin mezclarlos con otros de españoles. 6.º Que no pudieran quitarse a los indios reducidos las tierras y granjerías que anteriormente hubieran poseído. 7.° Que se procurara fundar pueblos de indios cerca de donde hubiese minas. 8.° Que las reducciones se hicieran a costa de los tributos que los indios dejaran de pagar por título de recién poblados. 9.° Que si los indios deseasen permanecer en las chacras y estancias donde residían al tiempo de reducirles, pudieran elegir entre lo primero o marcharse al sitio donde ubicase la primer reducción o pueblo; pero si en el término de dos años no hicieren lo segundo, había de asignárseles por reducción la hacienda donde hubieran asistido, sin que por esto se entendiera dejarles en condición de yanaconas o criados de los chacareros o estancieros. 10.° Que las reducciones no pudieran mudarse de un sitio a otro, sin orden del virrey o audiencia. 11.° Que las querellas suscitadas con motivo de la ejecución de reducciones, tendrían apelación únicamente ante el Consejo de Indias, compensándose a los españoles las tierras que se les quitaran para repartirlas entre los indios reducidos. 12.° Que ningún indio de un pueblo se trasladara a otro; que no se diera licencia a los indios para vivir fuera de sus reducciones. 13.° Que cerca de las reducciones no hubiera estancias de ganados y se prohibieran a los españoles y a los negros mestizos y mulatos, vivir en las reducciones, aun cuando poseyeran tierras de su propiedad en ellas. 14.° Que ningún español transeúnte estuviera más de dos días en una reducción y que los mercaderes no estuvieran más de tres. 15.° Que donde hubiese mesón o venta, nadie parase en casa de indio, y que los caminantes no tomasen a los indios ninguna cosa por fuerza.[10]

Así aislados, bajo la triple autoridad de sus caciques, alcaldes indios, del cura y funcionario real, en la categoría de

---

10 Bauzá, *Historia de la dominación española en el Uruguay*; *Leyes de Indias*; Solórzano, *Política indiana*.

vasallos libres, sin otra obligación que la de pagar tributo al rey, podían considerarse felices. En la práctica el régimen resultó desastroso. En primer lugar, esas diversas autoridades se resumían en un cura y un corregidor en perpetua discordia, manifestándose el antagonismo de los dos poderes, civil y religioso, como una ley social que se siente en las más miserables aldeas. El P. Lozano habla «de las disensiones que se veían de continuo entre cura, corregidor y alcalde, siendo un tropel de discordias las que se fraguan en competencia de unos con otros, con detrimento de los mismos pueblos». Doblas dice en su interesante *Memoria sobre misiones*:

> Consiguiose, al fin, hacer conocer a los indios que solo en las cosas concernientes a su salvación, debían prestar atentos oídos a sus curas, y en lo demás, a sus administradores; pero no por esto cesaron las discordias entre administradores y curas; porque como unos y otros viven en una misma casa y con cierta dependencia en sus funciones, jamás se conformaban en sus distribuciones. Los curas querían que los indios asistieran todos los días a la misa y al rosario, a la hora que se les antojaba, que muchas veces era bastante intempestiva; los administradores se lo impedían unas veces con razón, otras sin ella, y lo que resultaba era que el cura mandaba azotar a los que obedecían al administrador, y el administrador a los que obedecían al cura; y unos y otros castigos se ejecutaban en los miserables indios, sin más culpa que obedecer al que les acomodaba mejor el obedecer: hasta los mismos corregidores y cabildantes no estaban libres de estas vejaciones, que no pocas veces se vieron apaleados y maltratados de los curas y administradores, sin saber a qué partido arrimarse.

Por otra parte, salvo el caso de algún gobernador de virtudes especiales, la tentación era demasiado incitante y fácil. Esa pasta humana se dejaba explotar con una resignación rara. Los corregidores de los repartimientos, dice Ulloa,[11] tenían el privilegio de suministrar a los indios los objetos de consumo y se convirtieron en los únicos y exclusivos tenderos de la comarca; «no permiten que haya otra tienda más que la suya, y así tienen una en cada pueblo, donde precisamente han de ir a comprar. El indio se veía obligado a comprar por 50 pesos la mula que valía 18 o 20, y con 60.000 pesos se obtenían 300.000 de utilidad...». Se enriquecían con la cobranza de los tributos, cometiendo todo género de exacciones e injusticias, imponiendo a los exentos, percibiendo doble y triple contribución.

> Los indios, añade Ulloa,[12] pagan al corregidor o a sus cobradores, que son varios, los cuales le dan un recibo; pero como los indios son una gente tan rústica y de tan poca sagacidad que no alcanzan a prever las resultas que ha de traer consigo el descuido con aquel papel, ni tienen en sus casas caxas ni parage seguro donde poder guardarlo convenientemente, sucede que después de algunos días se pierde el recibo, y así queda en la previsión de volver a pagar; porque acudiendo otro cobrador, o tal vez el mismo, a reconvenirle que pague, el pobre indio va a buscar el recibo, y como no sabe leer, trae un papel cualquiera, o un recibo viejo y lo presenta sencillamente. El cobrador no queda satisfecho, y aunque el indio se canse en persuadirle que ya tiene pagado un tercio de contribución, el cobrador atribuye a engaño, lo que es ignorancia, y después de maltratarle, se lleva lo que encuentra en casa del desdichado, y si no hay cosa de valor lo pone en un obraje para cobrar el importe del tributo con el producto de sus jornales. El infeliz indio, viéndose tan tristemente oprimido, lleno de miseria y sin esperanza de jus-

---

11 *Noticias secretas de América.*
12 Ibíd.

ticia, muere en poco tiempo, si la mujer o hijas no han podido entretanto juntar la cantidad que exige el cobrador.

Se necesitaba toda la abnegación de los jesuitas para la prosperidad de las reducciones. Así, las tres o cuatro que se fundaron en Buenos Aires, de escasa importancia, se despoblaron gradualmente, como lo demuestran los siguientes cuadros:

Santa Cruz de los Quilmes

Población en el año	1680	445
Íd. Íd. Íd.	1682	405
Íd. Íd. Íd.	1683	414
Íd. Íd. Íd.	1685	408
Íd. Íd. Íd.	1687	397
Íd. Íd. Íd.	1688	391
Íd. Íd. Íd.	1690	361
Íd. Íd. Íd.	1693	360
Íd. Íd. Íd.	1695	384
Íd. Íd. Íd.	1716	227
Íd. Íd. Íd.	1717	231
Íd. Íd. Íd.	1718	111
Íd. Íd. Íd.	1720	121
Íd. Íd. Íd.	1724	133
Íd. Íd. Íd.	1726	141
Íd. Íd. Íd.	1728	145
Íd. Íd. Íd.	1730	129

Santiago del Baradero

Población en el año	1696	77
Íd. Íd. Íd.	1722	109
Íd. Íd. Íd.	1723	112
Íd. Íd. Íd.	1724	112

| Íd. Íd. Íd. [13] | | 1730 | 98 |

Las Misiones, prósperas y ricas durante siglo y medio, se arruinaron en manos de los administradores españoles. El virrey Vértiz decía en 1778:

> No es menos perjudicial al bien público y al buen gobierno, lo que, como una de las especies participa de esta razón general, la administración de los pueblos de indios, en que lejos de conseguirse algunas ventajas de las que se discurrieron al principio, van cada día padeciendo más y más deterioro, en toda línea, así espiritual como temporal, aquellos pueblos regidos por unos administradores que no tratan más que de su propio negocio, y así contemplo que el arreglo de estos desórdenes, necesita una particular aplicación.

III

La Encomienda es una institución de derecho que nace en la Edad Media, debido a las circunstancias sociales peculiares de esa época. Tanto el rey, como la Iglesia, y los señores, no podían atender sus inmensas propiedades, y encargaron a caudillos militares la defensa de algún pueblo o territorio, contra el enemigo exterior o interior. Según los casos se pagaba o no un tributo al rey. El encomendero era soberano por delegación: administraba justicia, cobraba las contribuciones, frutos, cargos de todo género que se debiera a la Corona, respetando la situación legal establecida, los fueros y privilegios adquiridos por las distintas clases sociales. En América, para recompensar a los buenos servidores en una forma cómoda y económica, se les dieron los pueblos

---

13 *Registro estadístico*, por Trelles.

de indios a título de encomienda, con ciertas limitaciones, y por una o dos vidas. Solórzano define esta institución en el derecho indiano: «un derecho concedido por merced real a los beneméritos de las Indias para percibir y cobrar por sí los tributos de los indios, que se les encomendaren por su vida, y la de un heredero, conforme a la ley de la sucesión, con cargo de cuidar del bien de los indios en lo espiritual y temporal, y de habitar y defender las provincias donde fuesen encomenderos, y hacer cumplir todo esto, omenage, o juramento particular». Y para demostrar sus diferencias con las medievales, observa

> que los indios no quedan por esclavos, ni aun por vasallos de los encomenderos, y solo reconocen al rey por señor, como los demás españoles, y de los tributos, que a él como a tal, le deben pagar por su voluntad, y mandato, y una como rogación o delegación, se dan aquellas partes de rentas a los encomenderos, sin que tengan que entrar ni salir con los indios, ni les puedan pedir otra cosa, y antes con cargo de que procuren su amparo y defensa, y paguen a los curas que les doctrinan, y administran en lo espiritual, y a las justicias que los gobiernan en lo temporal.

Y más adelante agrega «que no se encomiendan los indios sino sus tributos». No obstante, la realidad difería, como siempre, de la doctrina legal. Azara describe así estas encomiendas:

> Si los indios se sometían en paz o por capitulación de guerra, el jefe español los forzaba a hacer sus casas, y formar pueblo fijo en el sitio que mejor le pareciese. Para la justicia y policía se nombraba corregidor a un cacique, y se formaba un ayuntamiento con dos alcaldes o regidores, todos indios, disponién-

dolo como si fuera pueblo de españoles. Cuando lo dicho estaba ya corriente y establecido, formaba el eje las encomiendas, componiendo cada una de un cacique y de los indios de quien él lo era, para que así estuvieran unidos los parientes y amigos. Se conferían estas encomiendas en juicio formal a los españoles más beneméritos y las llamaban de Mitayos... los varones de dieciocho a cincuenta años, estaban obligados a ir por turno, dos meses, al año, a servir al encomendero, quedando los diez meses restantes tan libres como los españoles.

El visitador Alfaro prohibió las encomiendas de servicio personal. En el primer artículo de sus ordenanzas dice:

> Declaro no poderse ni deberse hacer encomiendas de indios de servicio personal, para que los tales indios sirvan a los encomenderos personalmente, dando por tributos el servicio personal, ahora se den a título de yanaconas, como hasta ahora les han encomendado algunos gobernadores, o en otra cualquiera manera ni forma, por cuanto Su Magestad así lo tiene mandado; y si algún gobernador hiciere encomienda de servicio personal, desde agora la declaro por ninguna y al gobernador por suspenso del oficio y perdimiento del salario que de allí adelante le corriere y al vecino que usare de tal servicio personal en privación de la encomienda, la cual desde luego declaro y pongo en cabeza de Su Magestad.

En cambio de los servicios y tributos que le pagaban los indios el encomendero debía ampararlos, doctrinarlos y defenderlos en sus personas y bienes, y muy especialmente «tener armas y caballos, y en mayor número los que gozaren más cuantiosas; y así es nuestra voluntad y mandamos que cuando se ofrecieran casos de guerra, los virreyes, audiencias y gobernadores los apremien a que salgan a la defensa de su propia costa, repartiéndolos de forma que unos no sean más gravados que los otros», y prestar juramento «de fidelidad, especial servicio y vasallage por esta merced».[14] En 1677 había en Buenos Aires veintiséis de estas encomiendas.

Es lógico suponer que los encomenderos, vigilados por autoridades complacientes, abusaran de esta situación, que el indio vasallo libre se convirtiera en esclavo, y que no contento de cobrarle el tributo, lo sometiera a una rigurosa servidumbre personal. Las crónicas coetáneas abundan en comprobantes que sería superfluo citar, porque la conciencia histórica se ha formado definitivamente sobre este punto. En 1606 recorrió el Plata el visitador Alfaro, encargado de remediar los agravios que reciben los naturales, «que son muy grandes (se dice en la Real Cédula) las molestias, opresiones y vejaciones que reciben los dichos indios de sus encomenderos». Dictó unas ordenanzas de gran interés histórico, porque nos revelan con todo relieve una situación social casi salvaje. Prohibe que se carguen los indios aunque sea para traer leña, que se saquen las indias de los pueblos para amas, que ninguna india que tenga hijo vivo, pueda venir a criar hija de español, especialmente de su encomendero; que se contraten sin consentimiento de sus padres o maridos. Reglamenta el trabajo, los alquileres, fijando precios, plazos y formas de pago; «a ningún indio se le pueda concertar ni pagar su trabajo en vino, chicha, miel ni yerba». Estas ordenanzas se cumplirían según los casos y la conveniencia. En 1615 el gobernador Saavedra salió a recorrer todas las chacras y alquerías,

> informándose muy individualmente de los mismos indios, dice Lozano, si vivían contentos con sus amos, o si estos les habían pagado sus trabajos conforme a las dichas ordenanzas. Hizo se

14 Solórzano, *Política indiana*.

les ajustasen las cuentas, y hallando omisos en los pagamentos a algunos encomenderos, les obligó a la satisfacción, mandando poner en cárcel a más de cuarenta, con lo cual consiguió que los más satisfaciesen luego estas deudas… Y porque algunos de estos hicieron agravio a los indios, los castigó severamente, imponiéndoles también, y sacándoles multas pecuniarias que se convertían en beneficio de los mismos agraviados.

El régimen de las encomiendas importaba la restauración del feudalismo y del antiguo siervo de la gleba con el nuevo nombre de mitayo. Los textos de las escrituras privadas prueban con toda evidencia que el encomendero americano se creía un señor feudal.

> Sepan cuantos esta carta vieren, se dice en una escritura de 1603, como yo Juan Ortiz de Zárate, vecino y alcalde ordinario en esta ciudad de la Trinidad, puerto de Buenos Aires, otorgo por esta presente carta que doi y otorgo poder cumplido cuan bastante de derecho se requiere y es necesario a Juan Ramírez de Abreu, vecino desta ciudad, especialmente para que por mí y en mi nombre como yo mismo, representando mi persona propia pueda sustentar, sirva y sustente la necesidad que tengo en esta dicha ciudad, a que estoi obligado por razón del feudo y encomienda de indios en que sucede por muerte del capitán Rodrigo Ortiz de Zárate, mi padre, difunto, e acudir e acuda a todo aquello que se ofreciere del servicio de Dios y de su Magestad, con su persona, armas y caballos, o dar a mi costa persona que a ello acuda y administre los intereses de mi encomienda, e los recoja e haga recoger, e los cobre e saque de poder de cualesquier persona o parte donde estuvieren, e los haga acudir a esta ciudad, por sus mitas a su servicio como suyos propios, porque conviene así a la seguridad de los dichos indios, y por la ausencia que hago de esta ciudad con licencia

> del señor gobernador, e haga asimismo que acudan a la doctrina e demás cosas de su conversión, conservación e aumento, sirviéndose de todos ellos e mandándolos e ocupándolos como mi propia persona, e para que así mismo pueda administrar e administre mis chácaras e haciendas que dejo en esta ciudad...

El encomendero dueño de la fuerza material y de la riqueza, se habría convertido fácilmente, como su antecesor medieval, en propietario de la tierra y soberano de sus pobladores. El sistema hereditario los constituía en mayorazgos, impidiendo su división: «que ha de suceder uno solo, y ese el mayor, pero si este no pudiere suceder por algún impedimento que tenga, sucedan los otros hijos de grado en grado, y a falta de ellos las hijas en la misma forma, y en defecto de hijas o hijos, la mujer».[15] Pero los reyes, aleccionados por su experiencia europea, se resistieron a concederlas a perpetuidad, fijando su duración en dos vidas.

> Aunque los encomenderos, dice Solórzano, siendo perpetuos y más ricos tendrán más obligación a mirar por la defensa y conservación de los indios; también se puede temer y recelar que esas mismas riquezas y comodidades en que se hallaren no los hagan más viciosos, soberbios y menos afectos y atentos al amor, y servicios de nuestros reyes, y de sus mandatos, pareciéndoles que ya no tienen que pretender ni esperar de sus reales manos para sí, ni para sus descendientes, lo cual es muy conveniente, que se mire con cuidado en todas provincias; pero con más particular atención en las Indias, que están tan remotas y apartadas de la real presencia, y en que conviene procurar por todos los medios que fuesen posibles, que los súbditos estén muy dependientes de su rey, y que unos y otros reinos, y aunque tan distantes y apartados por mar y tierra, y de climas y

---

15 Solórzano, *Op. Cit.*

constelaciones tan diferentes, hagan un cuerpo y se animen con su alma, y esperen de ella sola sus influencias y conveniencias.

A cada paso se observan las medidas precaucionales: se prohibe que acumulen encomiendas, directa o indirectamente: «no puede suceder ni sucede en ellas cualquiera, que cuando se le difiere la sucesión de la que tuvo su padre, o abuelo paterno, se hallare con otra, ora sea adquirida por sus propios méritos y servicios, ora por haber sucedido antes en la que tenía su madre, o abuelo materno, o estar casado con mujer que tenga Encomienda».[16] Se limitan sus facultades comisionando a funcionarios públicos el desempeño de sus más importantes atribuciones. Para doctrinar a los indios se pone un cura costeado por el encomendero:

> en las demás cosas quedó en pie la obligación que de antiguo se puso a los encomenderos de indios acerca de ampararlos y defenderlos, y oponerse a quien injustamente los agraviase, y molestase, y procurar se conservasen en justicia, y en policía; pero aun de esto tampoco no tienen ya en el tiempo presente que cuidar tanto, respecto que con el discurso dél han ido poniendo en casi todas las cabezeras de sus provincias corregidores y alcaldes mayores, que los gobiernen y acudan con particular referencia a todo lo referido, y a lo demás que pueda convenir a su alivio, defensa y comodidad, dándoles también por estos oficios competente salario, que asimismo se rebaja de las tasas de sus tributos, ante todas cosas, a los dichos Encomenderos.[17]

---

16 Solórzano, *Op. Cit.*
17 Ibíd.

Capítulo III. Los alrededores de la ciudad

I

Una fortaleza sobre las barrancas del Río de la Plata fue el primer núcleo, el punto de apoyo y lugar de refugio de la nueva agrupación. A su sombra, flanqueado por tres conventos se extiende el caserío de paja y barro donde viven las familias protegidas por los soldados del presidio, mientras los vecinos recorren sus chácaras, «que con facilidad pueden labrar y visitar cada día», vigilan sus haciendas, defendiéndose de los bandoleros españoles, indios alterados, negros, mestizos, que persiguen sus animales de trabajo, atentan impunes contra su propiedad y su persona, inquietando en los alrededores, en la faja de tierra arada que alimenta a la ciudad. En 1636 decía en un bando el gobernador Dávila:

> Por quanto el desorden y usorbitancia que hay en ciudad y distrito y jurisdicción, de hurtar caballos, bueyes, mulas y ganado vacuno y obejas y de cerda y otros animales cuadrúpedos, es muy grande, y los que perpetran semejantes delitos alegan ser uso y costumbre en estas partes y no ser delito; y porque lo susodicho es en gran daño y perjuicio del bien común y de los vecinos de esta ciudad, y está prohibido por leyes de estos reinos, so graves penas y bandos de mis antecesores y míos; para remedio de lo susodicho y seguridad de todos, mando que ninguna persona de cualquier estado, calidad y condición que sea, así negros como mulatos, indios, mestizos, ni españoles sean osados a tomar ni hurtar, ni en otra manera llevar los dichos ganados y caballos y demás animales, sin expresa licencia y voluntad de sus dueños, so pena de la vida y las demás penas por derecho establecidas.

El lugar era de riesgo de enemigos por la mar y por la tierra. La silueta de alguna urca pirata flamenca o inglesa solía dibujarse en las afueras del río y les dejaba su impresión siniestra. La vida llena de ansiedades, agitada y mísera, con las armas listas, puestos en punto de guerra, el oído atento al toque de las cajas: «como anoche que se contaron de diez a nueve de esta se tocó una caja a las nueve de la noche poco más o menos que por ser aquella ora y en ocasión que cada día se aguarda al enemigo...». Se vive bajo la presión del enemigo exterior. En 1582, un corsario inglés llegó hasta Martín García y no tomó a Buenos Aires por ignorar que allí estuviesen poblados los castellanos; en 1587, el pirata Cavendish inspiró tanto miedo, «que se retiró cuanto podía encender la codicia de los ingleses, o servir de embarazo para la defensa, pasando las mujeres, niños y religiosos a parages seguros»; en 1628, los holandeses; en 1658, una escuadrilla francesa. «Salióles tan adverso el tiro, dice el padre Lozano, que tuvieron mucho que llorar, porque además de sentir incontrastable la fidelidad de sus vecinos, perdieron la capitana que se les apresó, con muchas muertes del equipage y del general.» En 1699, los dinamarqueses, pero «mudaron de rumbo por no salir maltratados de la empresa que vieron imposible de conseguir». Nada de extraño que la ciudad dé la impresión de un campamento, con su disciplina especial y severa, la obligación de tener armas y estar siempre listos, de no salir o ausentarse sin permiso del gobernador, dejando reemplazante bien aderezado de armas y caballos que sustente la vecindad.

Las sanciones demuestran la importancia capital de estos deberes; se pueden perder los bienes, la ciudadanía, incurrir en multas. Cabrera condenó al capitán de lanzas don Mendo Benavides en 500 pesos corrientes, «por haber quebrantado los bandos para que ninguna persona saliera del puerto de Buenos Aires sin la correspondiente licencia». Periódicamente se revistan los hombres y las armas. «Mando, dice el teniente gobernador Salas, que todos los vecinos y moradores de esta dicha ciudad, así amos como criados, el martes primero que viene, ocho de este mes, a las ocho de la mañana, estén y parezcan ante su merced, en la plaza, con todas las armas y municiones que tuvieren, para que se haga reseña.» Y el día señalado comparecieron todos con sus espadas, adargas y armaduras, algunos con «escopeta, cuerda y una libra de pólvora y plomo». Desfilarían por la plaza Mayor, un gran terreno baldío con el fuerte al este, el Cabildo de estilo jesuítico al oeste, y después la pampa que penetra en la ciudad, la invade como si quisiera confundirse nuevamente con ella, cubrirla con la «apacible natural verdura de sus campos».[18]

Así se formaba su carácter guerrero y altivo. Sabe que la vida de su ciudad depende del esfuerzo de su brazo y que un momento de olvido o de flaqueza puede traer la ruina definitiva. En un medio tan favorable el culto nacional del coraje toma un vuelo extraordinario; domina en absoluto las ideas, aspiraciones y sentimientos. Es la medida de los valores sociales que sirve para clasificar a los hombres, juzgar las acciones, dar la norma de la moralidad y estimación públicas, crear las distintas jerarquías, las superioridades que mandarán al grupo, proponiéndose como ejemplos a la imitación, porque es la cualidad más útil y necesaria. Todavía son feudales, están saturados de esa atmósfera compleja en que vivieron varios siglos; tienen la manera de pensar y de sentir, todos los prejuicios y supersticiones, robustecidos por la organización social de este medio americano, basada en la esclavitud de los negros, en las encomiendas y reducciones

---

18 Solórzano, *Historia de la conquista del Paraguay*.

de indios, por su organización política de despotismo militar y teocrático. Odian al extranjero, porque no comprenden la simpatía humana, libre y espontánea, un sentimiento más moderno. El feudalismo era estrecho, solo admitía solidaridad entre los que estaban unidos por vínculos legales; una cadena bien eslabonada que va del ínfimo siervo al rey, sin sufrir interrupción; suficiente para garantizar a cada uno la estabilidad social, en la modesta o elevada esfera en que la suerte lo colocara. Desprecian el trabajo de las artes e industrias, porque no son oficios nobles. En el concepto clásico, predominante hasta Bacon, la ciencia solo buscaba la verdad y la belleza ideales. La investigación práctica aplicable al mejoramiento de la vida material, el propósito utilitario, parecían indignos de la nobleza de las especulaciones filosóficas.[19] En la agrupación feudal, el villano fabricaba las cosas útiles y necesarias, el siervo araba la tierra; el poeta y el artista encontrarían alguna disculpa por la deliciosa inutilidad de sus obras. La vocación noble y digna era la de las armas. Para el soldado trabajaban siervos y villanos; la imaginación del poeta idealizaba sus amores y sus proezas.

II

Don Juan de Garay trazó la planta de la ciudad en forma de un damero de veinticuatro cuadras de sur a norte, separadas en el medio por la plaza Mayor, y once de este a oeste. Las leyes españolas ordenaban que se reservaran alrededor de las nuevas ciudades tres cantidades de tierra, de propiedad común e inajenables: el ejido para recreo de los pobladores; las dehesas, confinando con el ejido para pastoreo «de los bueyes de labor, caballos, y ganados de la carnicería y para

---

19 Macaulay, *Ensayo sobre Bacon*; Fouillée, *La Philosophie de Platon*, v. I.

el número ordinario de los otros ganados que los pobladores por ordenanza debían tener», y los propios del municipio. Era prohibido sembrar estos terrenos baldíos.

La palabra baldío, dice Alberdi, que significa terreno que no siendo del dominio particular no se cultiva ni está adehesado, viene de balda, voz anticuada que expresa cosa de poquísimo precio y de ningún provecho. Esta raíz etimológica vale una raíz histórica en la economía agraria española. Tal es la condición de los dos tercios del suelo español desde los tiempos de las conquista, Jovellanos hace subir a esa época el origen del derecho agrario mantenido en España. Ocupando los visigodos y repartiéndose entre sí dos tercios de las tierras conquistadas, y reservando uno solo a los vencidos, dejaban abandonados y sin dueño aquellos terrenos, a los cuales no alcanzaba la población menguada por la guerra. Esos bárbaros, más aficionados y dados a la guerra que a las fatigas del trabajo, preferían la ganadería a las cosechas, el pasto al cultivo. Por esa razón respetaron los campos vacantes o baldíos y lo reservaron para el pastoreo y aumento de los ganados. Restablecido ese régimen por la legislación de la Edad Media se extendió a todo el reino. Tenía la simpatía de su origen godo y la ventaja de fiar una parte de las subsistencias a una riqueza móvil y ambulante, porque consistía en ganados, lo cual la exponía menos a la suerte en las armas de la guerra secular contra los árabes acampados en el corazón mismo del pueblo español.

Garay no pudo sujetarse al orden legal. Esas circunstancias especiales que atravesaba la nueva agrupación obligaban a estrechar lo poblado, acercándolo al centro de fuerza y apoyo. Por eso repartió para tierras de labor lo correspondiente a propios y dehesa: «porque conviene, por el riesgo que al presente hay de los naturales alterados, que para hacer sus labores más seguras y con menos riesgos de sus personas y de sus sementeras, que cada vecino y poblador de esta ciudad de la Trinidad y puerto de Buenos Aires, tenga un pedazo de tierra, donde con facilidad lo puedan labrar y visitar cada día»,[20] dejando para ejido una superficie de veinticinco cuadras de norte a sur, por una legua de este a oeste; para servicio y ejido del puerto «desde el frente de la fortaleza que mira al río tres cuadras para el norte y cuatro cuadras para el sur; debiendo destinarse a huertas de los vecinos los demás terrenos sobre la ribera, hacia el sur, desde la punta frontera del Riachuelo hasta donde ha de estar la casa del rey... hasta la mitad del sitio de San Francisco»; hacia el norte, desde «lo asignado para ejido del puerto... hasta la huerta de Luis Gaitan», al pie de las barrancas del Retiro.

Las ricas tierras que seguían del ejido, sobre la margen derecha del gran Paraná y el Riachuelo de las canoas, fueron repartidas en grandes lotes de una legua de fondo y de trescientas cincuenta a quinientas varas de frente sobre el Paraná, de tres mil varas sobre el Riachuelo: un total de veintiséis propietarios, dueños de toda la zona arable, lo que en esas circunstancias sociales de indios alterados, se podía labrar y visitar cada día, según el deseo del fundador; con fáciles comunicaciones, próxima al mercado de consumo. Así quedaba establecida la cintura de hierro que detendrá el desarrollo económico de la ciudad por muchos años; base de la fortuna de unos pocos, a costa de la miseria moral y material de la mayoría proletaria.

III

Esos propietarios coloniales tenían una rara idea de sus derechos y deberes, del fin sano y honesto de la vida. La pre-

---

20 *Acta de la fundación de Buenos Aires.*

ocupación de una fortuna rápida, a tiempo para gozarla algunos años en su patria originaria, los domina en absoluto. De un egoísmo feroz, no solo afirman con toda energía sus derechos, sino que invaden en cuanto pueden los del vecino, despreocupados del interés público y el bienestar de sus semejantes. No tienen ideales; ignoran la solidaridad social que vincula todos los intereses, obligándonos de grado o por fuerza, hasta por egoísmo, a desear el bien general y cooperar en el progreso de la colectividad. En todo su organismo no hay un sentimiento noble que levante sus aspiraciones, tonifique su alma con un poco de desinterés, de entusiasmo por alguna obra generosa, que salga de la huella común de sus negocios; alguna preocupación moral, siquiera el remordimiento que purifica y ennoblece por el dolor.

Para explotar sus tierras comienza por valerse de los indios guaraníes que poblaban las márgenes del Paraná, indios mansos, sumisos y dóciles. Después trajo negros esclavos importados de África. Se disputaban esos cargamentos de trabajo humano, más dócil y barato que el proletario criollo, exigente, con todos los vicios y cualidades de su patrón, con los mismos prejuicios, análogo estado de alma. El virrey Arredondo recomendaba que se importaran negros para que bajando sus valores, pueda comprarlos fácilmente el labrador: «habiendo hecho el gasto de una vez, tendrá peones que nada le cuesten en lo sucesivo». En 1677, el Cabildo pedía al rey «le conceda algunos navíos de negros, pues en ella (Buenos Aires) no ai otros labradores ni travaxadores que cultiven la tierra».

No se le ocurre que como gran propietario tiene deberes sociales que cumplir aparte de los que impone la ley, cargas que son la excusa de su monopolio; por lo menos, acatar esas disposiciones de orden económico, tomadas en interés de todos, que destinan ciertas áreas de tierra para uso común, desahogo de la población, que lleva a pastar sus animales, corta la leña indispensable, recoge la sal. No solo se apodera de esas tierras, sino que arregla su campo de la manera más incómoda y que multiplica los embarazos del vecino. «Cultivado y cortado el terreno en todas partes, dice el coronel García, sufre los incalculables perjuicios de ver derrotadas sus mieses los labradores por falta de pasos, de pastos y aguadas comunes de que están privados, por la tenacidad de los propietarios en no querer franquear los caminos que entre suerte y suerte debe haber.» Y la circulación de la riqueza era uno de los problemas serios de la economía colonial; faltaban los medios de transporte y las vías de comunicación. Una carreta costaba 60 pesos, y eran «innumerables los que por no tener esa cantidad carecen del único instrumento exportador de sus cosechas». En los pantanos de los alrededores de la ciudad se veían «las carretas y bueyes atollados y el trigo y demás frutos cubiertos de agua y lodo y también personas muertas o estropeadas con el enorme peso de la carga de los carros que se vuelcan».[21] Además, los ganados que crían en sus chácaras, contraviniendo las leyes, destruyen las sementeras de sus vecinos pobres. En 1677 pide el procurador del Cabildo «que se ponga remedio en el exceso de que en muchas chácaras de la ciudad, hay muchos ganados que hacen daños a las sementeras y que por esta causa muchos pobres no quieren sembrar». En un informe oficial se dice que, «débeseles prohibir seriamente crías de ellos, y mucho menos de yeguas y otras bestias que, además de esterilizar los campos de pasto para las labranzas, son sumamente perjudiciales a los sembrados».

Cuando la prosperidad creciente de sus negocios le permitió descuidar las chácaras, las arrendó al proletario, explotando su situación privilegiada de dueño de la única zona

---

21 *Semanario de agricultura.*

de tierra arable, y de capitalista. Prestaba dinero a los labradores y los obligaba a vender con pérdida. «Todos aquellos que con dinero prestado, o a expensas del mismo grano que cosechan, faenan, concurren a venderlo inmediatamente en la cosecha, y del concurso se sigue la inconsiderada baratez, que acredita efectivamente la miseria de los labradores, la cual solo ellos la conocen, porque los demás, generalmente hablando, están persuadidos que el infeliz y desdichado no siente agravio ni apetece conveniencia, como si los trabajos y miserias convirtieran al hombre en estúpido jumento.»[22] Era lógico que se desalentara perseguido por todos lados, obstaculizado en sus empresas por el egoísmo dominante, la «codicia de los propietarios», sin esas garantías de seguridad elementales para que se inicie una vida normal y regular. El trabajo deja de ser el elemento moralizador y fecundo, que al crear la riqueza dignifica al hombre, elevando sus sentimientos, despertando nuevas ambiciones, para transformarse en una pesada carga de miserias, soportables por el miedo de la muerte.

Se dejará andar, llevado por su temperamento, de una indolencia oriental. Siembra lo indispensable para vivir y pagar sus arriendos: «mide sus labores por los frutos que pueden solo desempeñarle de su contribución anual con una triste y muy escasa manutención de su familia, que tal vez está en cueros, sin trato civil, ni salir a la luz pública por su extremada desnudez»,[23] seguro de que la cosecha abundante aprovechará al propietario, fisco, usurero, capitalista, a toda la turba parasitaria e infecunda antes que al productor. Poco a poco decaen los estímulos morales, inclusive la preocupación de la fortuna; su sueño de América se pierde en la indiferencia general predominante en su carácter.

22 Ibíd.
23 *Informe del coronel García.*

Si se tiende la vista, dice un contemporáneo,[24] por la vasta extensión de estas campañas, al instante se presenta la triste situación del labrador; este, aunque dueño absoluto de una porción de tierra, capaz en otras partes de mantener a un potentado, vive en ella escasamente y se halla sin recursos y sin auxilio para hacerla producir una porción de frutos apreciables que podrían hacer la felicidad de una familia: desconoce enteramente todo género de industrias; labra solamente aquella porción que considera necesario a su sustento; lo que es peor, desconoce enteramente aquel deseo que nace en los hombres de aumentar sus comodidades y sus bienes. Triste situación que mantendrá a nuestra América en la infancia por un tiempo ilimitado, si de común acuerdo no ocurrimos a inflamar el corazón del labrador, haciéndole recordar del letargo en que le ha sepultado la inacción.

Sin embargo, los observadores perspicaces notaban ciertas fuerzas latentes de progreso, que impulsarán al país en cuanto desaparezca el sistema de iniquidades políticas y económicas. «Generalmente anhelan por la sociedad, dice el coronel García, desean el orden y policía, suspiran por la educación de sus hijos, y no rehusarán todo sacrificio al logro de estos objetos.» No obstante su mísera situación social, el labrador era más civilizado, de mejores tendencias, más apto para la vida ordenada que el proletario pastor. La simple elección del oficio indicaba una superioridad. En primer lugar, tiene el concepto claro y el sentimiento profundo de la familia cristiana, institución indispensable para el éxito de sus tareas, el buen gobierno y la economía de la chacra, cooperadora eficaz en todas las faenas, la base de su negocio. La esposa no es el simple instrumento de placer que se abando-

---

24 Semanario, *Op. Cit.*

na, como en la familia pastoril. Cuida la casa, los animales domésticos, trabaja en todas las industrias del hogar, es una fuente de riquezas.

> Cada una de estas beneméritas matronas reporta el sustento diario de sus hijos, teniéndolos en continua y honesta ocupación. Mientras que los padres de estas honradas familias descurren unos por los montes entre innumerables riesgos de toda suerte de enemigos, en los cortes de maderas útiles, faenas de leña y carbón, otros incesantemente ocupados en conducciones por mar y tierra de aquellos artículos con iguales exposiciones para reportar un mezquino y escaso lucro con que auxiliar a sus hijos; y finalmente, otros en proporcionar y conducir a la capital la pesca que ella consume, a costa de no menores zozobras.[25]

Con esta base económica, la cooperación de esfuerzos y solidaridad de intereses, la familia se consolida, es un elemento de orden social irreemplazable, el punto de apoyo del Estado, la gran fuerza conservadora que lleva un país a la civilización. Azara notaba sus diferencias externas con la familia de pastores: «sus casas son más aseadas y con más muebles... sus vestidos son algo mejores. Saben también hacer sus guisados de carne y de sus vegetales, y comen también pan, que son cosas poco comidas en los pastores».

Tiene, además, la sensación de la propiedad, el vivo deseo de adueñarse del lote que cultiva, de asentar el rancho en una forma fija y estable. A falta de tierras privadas que adquirir, invade las de realengo, los ejidos y baldíos de la ciudad y aldeas cercanas. «Que algunas personas se ponen a hacer chácaras en el exido y linde dellos, para que no se ocupe el dicho exido mandaron...», se dice en una acta del

---

25 *Informe del coronel García.*

Cabildo; ocupa todos los huecos libres, apresurándose a sembrar y plantar árboles, con la idea instintiva de que el trabajo es el gran creador de derechos, que tarde o temprano se legalizarán esas usurpaciones legítimas y justificadas. Una confianza que revela la irresistible tendencia a afincarse de una manera permanente, confianza aventurada, porque el gobierno obedecía a las influencias personales del momento. Siquiera respetara los títulos en debida forma: «que por los tenientes de gobernadores de la dicha ciudad han sido repartidos solares e tierras a personas que residen en ella e han ayudado a su población, los cuales por nos las dichas nuestras justicias se les quitaba algunos dellos, a cuya causa se pretendían salir de la dicha ciudad, y lo hacían, viéndose sin tierras ni solares, habiéndolo trabajado y adquirido mediante el trabajo que habían tenido en la dicha poblacion».

Como lo ha observado J. M. Ramos Mejía,[26] esta clase sana y laboriosa fue el núcleo de los ejércitos de la Independencia, la que sostuvo al Estado en los primeros años. Diezmada en las guerras, desapareció en poco tiempo de la escena histórica, dejando libre campo a la odiosa turba de los proletarios rurales, sin Dios, sin hogar y sin tierra, saturados de barbarie, animados por su culto de coraje, su fidelidad que encarna la patria en el patrón, con sus odios insanos al único modesto centro de cultura y reacción civilizadora.

---

26 *Las multitudes argentinas.*

Capítulo IV. La ciudad

I

La planta de la ciudad fue repartida en cuartos de manzana, en el centro; en lotes de una cuadra, en las afueras; es decir, a quinientas o seiscientas varas de la plaza por el oeste y más o menos el doble por el sur y el norte. La población se agrupa alrededor del Fuerte, clareando a medida que se aleja de ese punto de defensa y amparo. Sus progresos fueron lentos durante el siglo XVII, más notables en el siglo XVIII. En 1744 tiene 11.220 habitantes; 22.000 en 1770; 24.754 en 1778; 40.000 en 1801. Al distribuir todos los terrenos, el fundador dificultaba su expansión futura. El inmigrante encontrará todos los sitios ocupados. Para hacer su rancho tiene que usurpar en el ejido, donde su situación es ilegal, la tenencia insegura, comprar o arrendar a los particulares, que aprovechan su monopolio imponiendo precios relativamente altos a lo que en realidad, y dadas las circunstancias sociales, no debía valer.

Los siguientes cuadros darán una idea de los precios:

Años 1605 a 1610 Solar, en el barrio de Santo Domingo	2 bueyes y 10 pesos
Solar, en el barrio de Santo Domingo	30 pesos plata
Solar, en el barrio de Santo Domingo	180 " "
Una cuadra, en el barrio de San Francisco	130 " "
Solar, en el barrio del Cabildo	300 y 400 "
Años 1610 a 1620	
Cuadra, en el barrio del Riachuelo	30 pesos plata
Cuadra, en el barrio de Santo Domingo	30 " "
Cuadra, en el barrio de San Martín	150 " "

Años 1620 a 1640

Cuadra, a ocho de la plaza — 40 pesos plata

Cuadra, la última hacia el oeste — 200 " "

Años 1640 a 1700

Medio solar, en el barrio de San Francisco — 80 pesos plata

Un cuarto de solar, en el barrio del Colegio — 200 " "

Un cuarto de solar, en el barrio de San Juan — 30 " "

Años 1750 a 1800

Un terreno, a tres cuadras del río — 90 pesos plata

Un sitio central — 500 " "

Casa habitación, calle de la Santísima Trinidad, de 17 varas por 70 — 750 " "

Un sitio, en el barrio de la Concepción — 357 " "

Un sitio grande, con casa vieja — 2250 " "

Un terreno, en el barrio del Socorro, de 17 varas por 70 — 30 " "

Un terreno, cerca de la quinta de Riglos — 25 " "

Un terreno, en el barrio de San Nicolás — 25 " "

Una cuadra, en el barrio de la Recoleta — 400 " "

Una casita, en el barrio de las Catalinas — 370 " "

Una casa, en el barrio de San Miguel — 1800 " "

Si el terreno está edificado su valor se duplica, probablemente por la carestía de la mano de obra, de los materiales, de la alcabala de cuatro por ciento sobre la venta de maderas y ladrillos. Así, de 1605 a 1610 se venden casas en el barrio de San Francisco por 1.000 pesos, dos tiendas centrales por 300, una casita y solar por 260. Diez años después unas casas en el mismo barrio valen 1.200 y 600 pesos plata; un solar en Santo Domingo, con sala, dos cuartos y cinco tiendas, 2.300; una casa en el centro, 1.000 pesos. De 1640 a

1700 se venden algunas casas por 2.000 pesos, en el barrio de San Francisco; 1.000 en el de Santo Domingo; 2.500 en la plaza Mayor, 8.000 pesos en el Colegio; 2.000, medio solar edificado en el barrio de San Juan; 3.000 pesos, cinco cuartos en el centro.

La misma ley observada en las propiedades rurales rige el valor de los terrenos urbanos. Los precios dependen del trabajo incorporado a la tierra; del conjunto de circunstancias sociales, especialmente del monopolio organizado por el fundador, tal vez sin darse mucha cuenta de su decisiva influencia en la evolución de la ciudad.

Los precios de locación fueron los siguientes:

Año 1615
Una casa en la actual calle de México, cerca del río — 30 pesos plata por año

Año 1752
Casa esquina, calle de la Santísima Trinidad — 70 pesos plata por mes
Casa y esquina — 25 " "
Una esquina y trastienda — 12 " "

Año 1753
Una chacra poblada, en el Riachuelo — 300 pesos plata por año

Año 1754
Una casa esquina — 25 pesos plata por mes

Año 1769
Una casa en el barrio de San Miguel — 15 pesos plata por mes

Año 1775
Un terreno en Catalinas — 5 pesos plata por mes

II

Otras circunstancias de orden moral y económico impedían el desarrollo de la población: los prejuicios feudales y retrógrados de los españoles, la profunda división social, la falta de oficios y carreras en qué trabajar. El fundador había organizado una aristocracia, sin títulos nobiliarios, pero con sus rasgos peculiares, prejuicios de sangre, religión y raza análoga a la romana de las primeras épocas, a las demás sociedades antiguas, en las que una clase dominada servía y trabajaba para la riqueza, el descanso, los placeres de la más poderosa, fomentada por un sistema económico que impedía la formación de esa clase media, cuya falta se siente en todos los momentos críticos de la evolución democrática iniciada en 1810. El reducido grupo dominante se componía de unos cuantos blancos, cuyo proverbial orgullo castellano encontraba en Buenos Aires un terreno adecuado para desarrollarse mejor que en la madre patria. La opinión general y la práctica afirmaban de tal manera su superioridad nativa, que Solórzano dedica algunas páginas de su Política a explicar cómo el cielo y temperamento de aquellas provincias no hacen degenerar la raza, que los descendientes de españoles conservan cuanto bueno les pudo influir la sangre de España, y observa que, «a penas los quieren juzgar dignos del nombre de racionales, como lo solían hacer los judíos de Jerusalén y Palestina, teniendo y menospreciando por bárbaros a los que nacían o habitaban entre gentiles». El filósofo Pawo sostenía que el clima y la tierra americanos modificaban al hombre europeo como las plantas y animales: «de las experiencias practicadas entre los criollos resulta que, como los niños indígenas, dan en su primera juventud algunas señales de penetración, que se apagan al salir de la adolescencia, llegan a ser entonces indolentes, desaplicados, obtusos; no obtienen la perfección en ninguna ciencia ni arte; así, se dice en forma de proverbio que son ciegos cuando los otros hombres comienzan a ver, porque su entendimiento se abate y decrece a la época misma en que el de los europeos tiende a alcanzar su mayor vigor».[27] Un obispo de México dudaba si podrían ser ordenados sacerdotes. Solórzano acusa de propagar estas ideas a los religiosos que pasan de España, «pretendiendo excluirles por ello del todo de las prelacías», levantando discretamente el velo de una de las fases más interesantes y curiosas de la sociabilidad colonial, la vida monástica, la psicología del fraile de la conquista, que lucha dentro de los muros claustrales por una dominación que tenía todo el valor del poder absoluto, ejercido sin control, sobre miles de almas sumisas y obedientes.

Por su raza el criollo tiene los mismos defectos y cualidades, los mismos prejuicios, análoga manera de pensar y de sentir que el español. Se ve pospuesto en todas las carreras honorables, reducido a una situación inferior, excluido de los empleos públicos. Y el empleo tiene un papel de primer orden en la sociedad colonial. Por una falta absoluta de comprensión de la naturaleza humana, u obedeciendo a un plan idiota o absurdo, el Estado limitaba las esferas de la actividad individual. A falta de carreras liberales y científicas, de creación moderna, de la riqueza mueble desconocida entonces, que permite prosperar ayudando la circulación de los valores, tres caminos se ofrecían al hombre laborioso o de ambiciones; trabajar la tierra, el comercio y contrabando, las funciones públicas. Base de toda la economía colonial, la tierra había sido monopolizada por el Estado, repartiéndose una limitada parte entre el pequeño grupo de privilegiados, dueños de las grandes áreas de cincuenta y sesenta leguas

---

27 Luis Amunátegui, *Precursores de la Independencia de Chile.*

llenas de animales, una riqueza que se explotaba con pocos obreros, en su mayoría esclavos. El contrabando era peligroso; requería la complicidad de los funcionarios reales, un capital de importancia para adquirir todo un cargamento, fletar el buque, pagar las primas que exigían los capitanes y tripulaciones antes de correr la peligrosa aventura que podía terminar en una lucha desigual con los piratas o en una condenación a galeras.

Por otra parte, toda empresa de largo aliento o especulación atrevida era obstaculizada por la autoridad. No se miraba con agrado el espíritu de aventuras comerciales; el prospecto oficial era una vida mediocre y sencilla. Las fortunas, sigilosamente hechas por medios ilícitos, se ocultaban temerosas de los impuestos extraordinarios, las envidias, recelando el posible despojo. El pequeño comercio era despreciado, oficio villano, «que no se ladeen con los que trafican y venden géneros».[28] En cambio, el empleo traía la riqueza, si la conciencia era de pocos escrúpulos, la consideración y el prestigio: otro prejuicio del régimen feudal que rodeaba de una aureola de respeto al rey, señor o jefe, y extendía los honores y prerrogativas, la situación social distinguida, a todos los que de cerca o de lejos se le acercaban, a su corte de pares y servidores, tan enérgico y eficaz que todavía dura, no obstante los ochenta años de vida republicana.

Lo que sostiene su personalidad e impide la depresión moral, levantando el carácter, dándole altivez y aplomo, haciéndolos «vivir contentos en su miseria», es el sentimiento de la grandeza futura del país, causa de su amor a la patria, que le imprime al mismo tiempo sus rasgos peculiares, amada en su futuro, no en el triste presente, en el porvenir feliz y rico, entrevisto como en sueños. Los pocos bergantines que despachaban cargados de cueros, harina y sebo, una parte

---

28 Solórzano, *Política indiana*.

insignificante de su riqueza, les daban lo necesario y algún sobrante que atesorar. ¿Qué sería si pudieran negociar libremente sus productos, mandar mercaderías al Perú, absorber todo el oro y la plata de sus minas? Una fantástica visión de fortuna excitaría sus cerebros, la ciudad convertida en el primer puerto de América, el emporio de todos los negocios, el lujoso bazar en que se transformará con el transcurso de los siglos. Por eso reiteran las súplicas al rey y envían procuradores, usan de todas sus influencias que se estrellan contra intereses más poderosos y hábiles.

III

Así, el factor económico actúa en el alma colonial desde los primeros años, dividiendo a criollos y españoles.

> La gran necesidad que estas provincias de presente tienen, decía el tesorero Montalvo en 1585, es gente española, porque hay ya muy pocos de los viejos conquistadores: la gente de mancebos, así criollos como mestizos, son muy muchos, y cada día van en mayor aumento; hay de cinco partes las cuatro y media de ellos; hará de hoy cuatro años casi mil mancebos nacidos en esta tierra; son amigos de cosas nuevas; nótanse cada día más desvergonzados con sus mayores; tiénenlos y han tenido en poco, y si no fuera por el gran temor que han cobrado de que manda la tierra Juan de Torres Navarrete, y haber estado en estas provincias alguna gente española, así de los que iban a Chile, que se quedaron algunos, como de los otros que han entrado del Perú; así que conviene al servicio del Señor y de V. M. que entren en estas provincias cuatrocientos españoles, para que haya así en los pueblos que están ya poblados, como en los que nuevamente se poblaren, las dos partes de españoles y la una de estos man-

cebos de la tierra, y así andarán humildes y recogidos, y harán lo que están obligados al servicio de nuestro Señor y V. M.

En 1624, Céspedes «halló la ciudad envuelta en odios y enemistades recíprocas». La revolución de Santa Fe contra Garay fue obra de criollos y españoles.

Satisfechas con abundancia las necesidades urgentes, quedaban las aspiraciones a una vida confortable, excitadas por las crónicas de la corte y el ejemplo de los altos funcionarios, que mortificaban su vanidad. Y la división se acentúa, el factor económico trabaja y crea los motivos de la voluntad, dirigiendo las tendencias subconscientes del organismo individual y colectivo. El malestar social se traduce en los documentos oficiales. En 1677 los vecinos rehusaban celebrar los juegos de cañas en conmemoración de San Martín patrono; el Cabildo ordena «se eche bando en la plaza pública hordenando que pena de 50 pesos corrientes aplicados para la cámara de su magestad, gastos de la Iglesia Cathedral y obras destas casas de Cabildo por terzias partes salgan a jugar dichas cañas las dichas personas nombradas y señaladas».

Por otra parte, desde que pisa el suelo americano el español toma aire y tono de conquistador. Las nuevas tierras son de sus dominios. No ha corrido la aventura de seis meses de carabela para continuar una vida miserable. Se procuran peluca y espada, desdeñando oficios y comercio. También es cierto que se limitaban a seguir su natural inepto para el trabajo, formado en varios siglos de guerra, en la reconquista, primero, en la conquista de Italia, Flandes y América, después. En una cédula dice don Felipe II: «De las Indias he sido avisado, que muchas personas de acá pasan, puesto que en esta solían trabajar e vivían e se mantenían con su trabajo, después que allá tienen algo, no quieren trabajar sino folgar el tiempo que tienen, de manera que hay muchos;

de cuya causa yo envío a mandar que el gobernador apremie a los de esta calidad para que trabajen en sus faciendas». El desprecio del trabajo es su sentimiento predominante. El concepto feudal de la vida no es adecuado al medio americano que requiere condiciones de actividad y energía especiales. Lo coloca en una situación peligrosa para su moralidad. Si la riqueza es el bien único que trae por sí sola la felicidad, todos los medios serán buenos para adquirirla.

> Cada uno, se dice en un sermón colonial, espera fabricar su fortuna a espensas de otro. No tienen otra regla para adquirir que sus deseos, ni otros límites que su impotencia. Se entra en los empleos no para trabajar en la tranquilidad pública, ni por restablecer el orden y la disciplina; sino para elevar las casas sobre las ruinas de otras muchas y constituirse herederos del huérfano y de la viuda. El espíritu más grosero llega a ser fecundo y fértil en arbitrios cuando se trata de grandes o pequeñas ganancias.

Y el criollo era un obstáculo, un rival posible, un fiscal avisado y travieso que vigilaba todos sus pasos, molestándolo en sus empresas. Sus intereses eran antagónicos. Para el negociante español, importador de mercaderías, las trabas del comercio eran una fuente de especulaciones, de opulentas ganancias. Para el criollo eran la ruina, la depreciación de sus productos, sometidos a las conveniencias del comprador, que imponía su ley a la sombra de un régimen fiscal que tenía por objeto único impedir esas negociaciones. Todo el oro de la ciudad llena las arcas afortunadas de esos comerciantes bien relacionados en Europa, mientras el estanciero descendiente de conquistadores, más o menos empobrecido, contempla esa riqueza perdida, hasta que un buen día, cansado de esperar, vende su campo y sus animales a vil precio.

Y ráfagas de odio e indignación, contenidas, sacudirán su alma. Un fermento de pasiones que le hace odiar todo, el rey, la religión, su propia raza, calmado por un gobierno previsor que tiene «el numeroso presidio de mil soldados, que le guarnece, y tiran sueldos competentes con haberse al presente minorado».

Esta situación social impidió el desarrollo de la población, no obstante la abundancia de alimentos. Un análisis prolijo, el estudio del proceso histórico de estos fenómenos, ha demostrado la falsedad o por lo menos el exceso de los principios de Malthus. Conjuntamente con las causas físicas actúan las morales y psicológicas. Un estado de alma pesimista, la familia desorganizada y anárquica, la tristeza de la vida, son factores por lo menos iguales a la escasez de trigo y carne, a la miseria material. En las clases dirigentes, la familia prolífica es el resultado de la moral sólida, del espíritu del trabajo, orden y economía, de la bendición de Dios, «que a quien Dios bendize assi han de estar los sus fijos en derredor de la su mesa como los ramos de las oliuas nueuas».[29] Pero cuando el destino de los descendientes se presenta como un problema difícil, si una fuerza superior externa inutiliza los esfuerzos de la educación, y se ve la decadencia futura en la fortuna y en la posición social como algo inevitable, la vida es agria y el amor no es fecundo.

---

29 *Leyes de Partida.*

Capítulo V. La familia

I

Socialmente la familia antigua se compone de los parientes unidos por vínculos de sangre o afinidad, de los criados, indios, siervos, proletarios libres, la clientela de los hacendados coloniales. Cada uno de esos elementos tiene su papel, le impone su influencia, modificándola. En primer lugar el negro esclavo, sirviente de confianza, educador y compañero de los hijos, que los cría y los cuida comunicándoles sus vicios, sus defectos, su manera de pensar y de sentir, el odio al trabajo, orden y economía que constituyen su moralidad especial; el derroche, la inercia, que son su tipo de vida. Apenas nacen, dice Azara, «les entrega sus padres por precisión a negras o pardas, que los cuidan seis o más años, y después a mulatillos, a quienes no verán ni oirán cosa digna de imitarse, sino aquella falsa idea de que el dinero es para gastarlo, y que el ser noble y generoso consiste en derrochar, en destrozar y en no hacer nada; inclinándolos a esto último la natural inercia, mayor en América que en otras partes». La noción del deber espontáneamente cumplido, base de todo orden social, se deforma en el alma criolla coloreada por el negro, que solo puede concebirla con arreglo a su experiencia, el mandato del amo, sancionado con el látigo, el insulto, la absoluta depresión moral. Su religión, impregnada de paganismo, llena de supersticiones equivalentes de los antiguos dioses, sin su gracia y poesía, se corrompe al contacto del fetichismo africano, y el mandinga negro comparte las infernales tareas con el demonio católico, usurpando su influencia. Es el trastorno de todas las ideas normales. El contagio se extiende libremente, penetra por todos los intersticios como una atmósfera mefítica, enervando los mejores estímulos, inculcando su moral esclava, con su tabla moral de valores que coloca en primer término todo lo contrario de lo que se estima en los pueblos sanos y bien constituidos.

Además es una fuente de renta. De su trabajo viven casi todas las familias. Monopoliza las industrias y oficios, las humildes funciones indispensables en la vida urbana. La casa es un taller o depósito de obreros, que salen todos los días a vender su trabajo por cuenta del dueño. Como negocio era pingüe, una colocación de dinero fácil y de pocos riesgos. Con 100 o 200 pesos se compra un esclavo que reditúa 8 o 10 pesos mensuales, cuya manutención cuesta muy poco. «El deseo de mantener en pie y sin trabajar un pequeño capital, dice una articulista del Semanario, ha sugerido la idea de emplearlo con preferencia en comprar esclavos y destinarlos a los oficios, para que con su trabajo recuperen algo más que el interés del fondo invertido en esta especulación.»

Desde que abre los ojos el niño ve el trabajo como la cualidad propia del esclavo. Dentro y fuera de la casa es el único artesano. «Son estos, dice el P. Gervasoni, los que en esta provincia viven en las casas, labran los campos, y trabajan en todos los otros ministerios.» Y la impresión, cotidianamente repetida, concluye por labrar honda huella en su alma, trastornando todas las ideas buenas, relajando los resortes de la voluntad. Habituados a ver la industria en manos viciosas y despreciadas, extenderán al oficio la tacha deprimente del negro. «Los vicios inherentes a la descuidada educación de la gente de color, y la necesaria corrupción que introducirían en las costumbres de los jóvenes españoles que con ellos rozasen, ha hecho mirar hasta ahora a los ciudadanos con horror esta carrera para destinar a sus hijos.»[30]

---

30 *Semanario de agricultura.*

II

Al mismo tiempo actúan en la familia los indios yanaconas y los proletarios. Los primeros son preferidos a los esclavos en el servicio doméstico. Por suerte las tribus pampas resultaron bravas, y la mezcla de razas no pudo operarse en grande escala, conservándose puro el tipo europeo. Un feliz azar, que nos libró de la regresión irremediable de otras naciones de América, con sus núcleos de población mestiza o india, con todos los inconvenientes morales, los defectos de esas razas, entre otros, la pereza, la falta de aspiraciones, de estímulos de la actividad, el fatalismo que sostiene y consolida su rasgo dominador, la inercia. Los malos tratamientos y las enfermedades concluyeron pronto con los que repartiera el fundador y fue difícil procurar reemplazantes. En 1622 el gobernador Góngora contó en un viaje de inspección noventa y un indios y doce indias de servicio. En 1769 el obispo de la Torre constataba la desaparición de los indios de la ciudad: «siendo inútil, dice, la llamada parroquia de naturales por no existir tales feligreses...».

El proletario, como los encomendados de la Edad Media, vive de la protección de la familia, en contacto inmediato, compartiendo las tareas, prestando pequeños servicios. Si en derecho no es esclavo, si conserva sus prerrogativas de hombre libre, en la realidad su estado social es análogo al del negro o yanacona, y como consecuencia su manera de pensar y de sentir. Ya se examine en su faz política o privada, la libertad es incompatible con la miseria. Para que subsista y desarrolle sus gérmenes fecundos, requiere como condición indispensable la autonomía que dan la fortuna o el trabajo. Mientras su vida y la de los suyos dependa en absoluto del capricho caritativo de los demás el hombre es siervo, máxime si no tiene educación moral, las dos o tres ideas sólidamente implantadas que permiten, llegado el momento, encarar con serenidad la desgracia. El proletario lleva una vida miserable, en pobrísimos ranchos edificados en terrenos baldíos, simple ocupante de los huecos de la ciudad donde arma su choza. Come los restos del matadero, la limosna de la casa solariega. Si acaso se convierte en bandido, merodea en las quintas y chácaras con los indios alterados, los negros huidos. No tiene la menor idea de un posible mejoramiento social. En su concepto su situación es definitiva, como las de sus compañeros de miseria, indios y negros. El trabajo es inútil; ¡siquiera encontrara campo en que aplicarse!... pero todos los oficios a su alcance están ocupados por los siervos. El medio social no ofrece caminos, fáciles o difíciles, por los que se pueda andar la vida con nobleza y altura. Se resigna, ayudado por su temperamento hereditario, confiando su destino a la bondad del patrón, que lo protege lo suficiente para que no perezca y con admirable egoísmo lo dejará siempre sumido en la misma miseria.

La base económica de la familia es la explotación gratuita del trabajo. No solo el sistema era malo porque perjudicaba la producción, por su inmoralidad banal, sino que pervertía las más elementales nociones de una buena política. Aparte de ese sentimiento de desprecio de la industria, contrario a todo progreso, las clases dirigentes se acostumbraron a vivir y enriquecerse del trabajo ajeno, a considerar al obrero rural y urbano como un ser inferior, destinado por la providencia a servirlas y mantener sus comodidades y fortuna. Esta corrupción moral, la bajeza de ideales, los sentimientos falsos, los vicios, la decadencia de todos estos elementos tan íntimamente ligados, repercuten en la familia explotadora, que es el eje, el punto céntrico y dominante de la pequeña agrupación. No se vive impunemente rodeado de siervos y miserables. Los conceptos sobre la vida, la moral, el deber, que inculca la servidumbre parasitaria al niño, con ese método decisivo del ejemplo, forzosamente imitado, serán los motivos de la voluntad del adulto, las fuerzas ocultas que gobernarán su conducta. En ese contacto íntimo y cotidiano no era probable que predominara el elemento superior. La semibarbarie constituía un germen peligroso para esa civilización efímera, conmovida con los sacudimientos de la conquista, la sed de oro que perturbó el equilibrio moral.

III

Componían el núcleo principal de la agrupación las personas unidas por vínculos de sangre. Sobre todos predomina el padre. La familia estaba constituida en su provecho. Disponía casi en absoluto de la persona de su hijo, podía empeñarlo y venderlo en caso de necesidad. «Quexado seyendo el padre de grand fambre, e auiendo tan gran pobreza, que non se pudiesse acorrer dotra cossa: entonce puede vender o empeñar sus fijos, porque aya de que comprar que coma. E la razón porque puede esto fazer, es esta: porque pues el padre non ha otro consejo, porque pueda estoruer de muerte el, nin el fijo, guisada cosa es, quel pueda vender, e acorrerse del precio.»[31] Le corresponden los bienes adquiridos por el hijo con su peculio o de sus parientes, el usufructo de los adquiridos con la herencia materna, o por su comercio o industria durante toda su vida, porque, salvo casos especiales, la emancipación depende de la voluntad del padre. «Constreñido non deue ser el padre para emancipar su fijo, bien assi como non deuen apremiar al fijo para emanciparlo; ante deue ser fecha la emancipación con voluntad, tambien del uno como del

---

31 Partida III, tít. XVII, ley 7.

otro, e sin ningun apremio que pueda ser.»³² La madre ocupa una situación inferior. De todas las prerrogativas enumeradas en la ley solo le compete, en defecto del padre, la de consentir en el matrimonio de sus hijos menores de veinticinco años. Sus bienes dotales están mejor garantizados que en la legislación moderna por un eficaz sistema hipotecario. Tiene una parte en las ganancias de la sociedad conyugal, pero no es heredera del marido, salvo en la llamada cuarta marital.

> Paganse los omes a las vegadas de algunas mugeres de manera que casan con ellas sin dote, magüer sean pobres, por ende guisada cosa e derecha es, pues que las aman, e las onran en su vida, que non finquen desamparadas a su muerte. E por esta razón touvieron por bien los sabios antiguos, que si el marido non dexasse a tal muger, en que pudiesse bien e honestamente beuir, nin ella lo ouiesse de lo suyo, que pueda heredar fasta la quarta parte de los bienes del, magüer aya fijos: pero esta quarta parte non deue montar mas de cien libras oro, quanto quier que sea grande la herencia del finado. Mas si tal muger como esta ouiesse de lo suyo con que pudiesse beuir honestamente, non ha demanda ninguna en los bienes del finado, en razón desta cuarta parte.³³

Esta ley nos revela los sentimientos dominantes en la familia antigua. La unión de marido y mujer no es tan estrecha y absoluta; los vínculos anteriores, los que forman la familia propia del cónyuge, conservan toda su importancia. Disuelto el matrimonio, la mujer vuelve a ocupar su situación social originaria; gracias que se le deje una limosna en caso de miseria. En el sistema moderno el matrimonio rompe todos

---

32 Partida III, tít. XVII, ley 17.
33 Partida VI, tít. XIII, ley 7.

los vínculos, con excepción de los ascendientes: los esposos se heredan excluyendo a los colaterales.

El papel de la madre estaba muy por encima de la legislación, que la colocaba en un rango inferior, especialmente en el caso de viudez, es decir, en el momento que debe intervenir de una manera más directa en los destinos de la familia. Son restos del régimen feudal, que solo estima y considera a los que son capaces de llevar armas y mantener el rango de la casa. Y sin embargo, en los comienzos de la ciudad es el principal factor de la fortuna o desgracia del hogar, que coopera directamente en casi todas las tareas, aun en las más rudas. No obstante su escasa educación, «solo sabían hacer dulces», preside todas las industrias domésticas, tan importantes cuando era difícil procurarse los objetos manufacturados, aun pagando precios subidos. En una carta, fechada en la Asunción en 1556, se describe una vida heroica: «todos los trabajos cargavan de las pobre mugeres, ansi en labarles las ropas, como en curarles, haserles de comer lo poco que tenían, alimpiarlos, haser sentinela, rondar los fuegos, armar las vallestas, quando algunas veces los indios venían a dar guerra».

El padre de familia colonial era más dueño y señor de sus bienes, podía ejercer su influencia en un porvenir ilimitado, fundando mayorazgos, vinculando de diversas maneras sus propiedades. Esta sólida organización legal, de primer orden para formar una sociedad conservadora, seria y estable, con su jerarquía, su gradación de respetos y subordinaciones, que comenzaban en el hogar y terminaban en el Estado, contrabalanceaba los gérmenes disolventes, las malas consecuencias de una situación social enfermiza. La revolución social del año 10, embobada con los principios de la filosofía francesa, destruyó de raíz todas esas relaciones, buscando la satisfacción amplia de la actividad individual con el tipo de familia jacobina, que comienza con los padres y termina a la mayor edad de los hijos, relaja los vínculos de la autoridad paterna con la intervención del Estado, en todos los conflictos; con la emancipación forzosa que corta las últimas ligaduras del nido en cuanto el hombre puede dirigirse solo; con las restricciones de la libertad de testar, la legítima de los descendientes. La unidad de hogar ha sido disuelta: hasta su viejo y poético carácter sacramental ha desaparecido de la ley sin dejar el menor rastro.

Nunca fue tan necesaria una vigorosa organización de la autoridad paterna como en la época colonial. La anarquía de los sentimientos e ideas perturbaba el orden interno del hogar. Entre el padre español lleno de prejuicios, empleado, comerciante contrabandista en combinación con el gobernador y oficiales reales, y sus hijos criollos, las divergencias eran graves. «Es frecuente, dice Azara, odiar la mujer al marido y el hijo al padre.» Entre otras cosas, el primero en vez de amar al país lo despreciaba. Buenos Aires era un lugar de tránsito, una pequeña California, donde se venía a tentar fortuna para gozarla en España, que lo atraía con su prestigio europeo, infinitamente superior al de Francia o Inglaterra, en la actualidad. Su casa era provisoria en la intención, aunque, en la mayoría de los casos, la fuerza natural de los acontecimientos la convirtiera en definitiva. Agréguese que sus relaciones con sus hijos no tenían la ternura, la deliciosa intimidad y confianza que constituye su encanto. Esas frescas brisas que renuevan el alma con sus sonoras alegrías, los ojos límpidos y cristalinos, la nitidez de expresión llena de espontaneidad, son fuerzas morales de especial eficacia, que van a perderse entre los esclavos, en vez de robustecer los sentimientos nobles y simpáticos de los padres. «Al niño se le abate y castiga en la escuela; se le oprime en el seno mismo de la casa paterna. Si deseoso de satisfacer su natural curiosidad pregunta alguna cosa, se le desprecia y engaña.»[34]

IV

La religión llenaba la vida de la familia, era la preocupación continua, presidía toda la existencia. No solo consuela en los dolores; es el complemento de todas las alegrías, mantiene la sociabilidad con sus ceremonias lujosas, sus novenas, sus fiestas que reúnen a toda la clase dirigente, sus predicadores que enseñan la moral práctica y oportunista, fustigando los vicios contemporáneos, señalando los malos ejemplos, sino que constituye el vínculo poderoso que agrupa y une las familias, por las numerosas hermandades y cofradías a las que era de moda y buen gusto pertenecer. Todo terminaba en novenas, procesiones y misas; para agradecer los beneficios recibidos, para pedir nuevas mercedes. Se diría que el cielo católico colonial es un dispensador incansable de los bienes materiales. Se le pide la lluvia, la buena cosecha, la salud; a veces, con verdadera elocuencia, con sinceridad conmovedora, «que Dios por medio de su santísima madre, alce la mano de su justicia perdonando las culpas de este pueblo».[35] Pero si distribuye con mano pródiga sus gracias, en cambio ordena la sumisión absoluta de todo el individuo. En el sistema de opresión abrumadora, detallada y prolija, coadyuvaba eficazmente, vigilando los actos privados, sometidos en absoluto a su censura y jurisdicción.

Naturalmente no era una religión idealista. Se amoldaba al concepto mezquino de la vida, contagiada por los propósitos de los conquistadores que repercutieron en la familia. El culto había degenerado por las supersticiones y la igno-

---

34 *Semanario de agricultura.*
35 *Acuerdos del Cabildo de Buenos Aires.*

rancia, transformándose en un paganismo vulgar. El espíritu cristiano tardó varios siglos en penetrar bien el alma española. Durante la guerra de la Reconquista las poblaciones eran todavía paganas, o de una educación religiosa tan elemental, que el misterio católico, o musulmán, les eran igualmente impenetrables. Un autor de la época, dice: «Los que actualmente viven en esas montañas son cristianos viejos, no tienen en sus venas una gota de sangre impura, son súbditos de un rey católico; y sin embargo, por la falta de doctores y la persecución de que son víctimas, son tan ignorantes de todo lo concerniente a la salud eterna, que apenas les quedan vestigios del cristianismo. Si los infieles dominaran el país, estas gentes tardarían poco en abandonar su fe y adoptar las creencias de sus vencedores».[36]

Su mejor papel en la ciudad era social. Satisfacía todas las tendencias. Por una aparte el español, jefe de familia, encontraba el eco simpático de sus prejuicios rancios en el alto clero, dueño de las posiciones oficiales expectables, en los prelados y frailes europeos. El criollo oiría con placer la murmuración conventual contra el poder civil, el desprecio poco disimulado con que el fraile instruido miraba al militar más o menos inteligente que gobernaba en nombre del rey. Al amparo de la Sagrada Majestad, siempre respetada, las dos instituciones se desautorizaban recíprocamente, sin apercibirse del trabajo revolucionario que efectuaban con toda inconsciencia en el alma criolla. Esos primeros gérmenes de independencia son la causa de la anarquía íntima del hogar. Se insinúan de una manera insensible, en el comentario de la polémica entre el gobernador, Cabildo y obispo, de la elección reñida de un prior que perturba la paz del claustro, revelando las divisiones entre frailes europeos y criollos.

---

36 Citado por Dozy, *Histoire des Musulmans d'Espagne*.

Y esos efectos eran tan eficaces porque las relaciones de la familia y los ministros de la Iglesia eran muy íntimas. El cura párroco, el confesor, el prelado forman parte del hogar: son los personajes de influencia decisiva, los consejeros natos. Su profesión es noble como la de las armas. Tener un hijo en las órdenes consagra el carácter aristocrático de los suyos, es un lujo que consolida la posición social. Por otra parte, en una época en que no existían carreras liberales, el clero con sus conocimientos enciclopédicos ejercía una influencia justificada, satisfaciendo necesidades reales y sentidas. El desamparo intelectual de la ciudad era extraordinario. En 1667 no había médico ni persona capaz de preparar una receta.[37] Un oidor murió por falta de asistencia, que «de este travaxo y necesidad no se reservan ni aun los señores de la real audiencia, como se esperimentó en la enfermedad y muerte del señor licenciado...».[38] A pesar de las angustiosas súplicas del Cabildo, no se consiguió que el rey fundara un hospital, solo acordaba un «ospitalillo», ni que mandara unos pocos frailes de San Juan de Dios para atenderlo. El sacerdote era el médico, el abogado y moralista de la casa, que intervenía en todos los asuntos, daba la opinión acreditada y prestigiosa. Y por natural simpatía todos se inclinan en su favor, fomentando sus disputas con la autoridad civil, odiosa en sus formas, inicua en sus propósitos, de sacar todo el dinero posible para remitirlo al tesoro real, sin preocuparse un segundo de los sufrimientos de la ciudad.

En medio de todos sus inconvenientes, la familia colonial ofrecía grandes ventajas morales, uniendo los grupos por la acción de sentimientos nobles, la simpatía, la gratitud, la fidelidad, dándole al proletario algo que es de un valor inapreciable, la seguridad del porvenir de sus descendientes,

---

37 *Acuerdos del Cabildo de Buenos Aires.*
38 Ibíd.

que vivirán como él, en su mismo rango social, a la sombra de la familia. Es la prolongación del sistema feudal, atenuado por las costumbres, el medio, las prescripciones legales. Sería difícil resolver si el régimen democrático, igualitario e individualista, ha dado más felicidad a los hombres, garantizándoles, es cierto, el libre ejercicio de su actividad, pero arrojándolos sin más protección y ayuda que la de sí mismos en una lucha brava, llena de zozobras. El mundo antiguo era más tranquilo: con pocas variaciones, se moría bajo el techo en que se había nacido, después de haber usado los mismos instrumentos de trabajo que sustentaran a los padres y abuelos y de haber pensado, sentido y amado como ellos. La vida se prolongaba en remotos pasados, en infinito porvenir... y los hombres cerraban sus ojos para siempre, en la dulce confianza de que revivirían en sus descendientes, en la misma casa, bajo los mismos árboles, sin perjuicio de que un cielo entreabierto calmara sus ansias finales.

Capítulo VI. Los negocios de la ciudad

I

Hasta cierto punto la economía colonial era de ciudad, encerrada en los límites de la aldea y sus alrededores, con raros intercambios; su población fija, renovada exclusivamente por aumento vegetativo; sus necesidades reducidas a lo más indispensable. Sus fenómenos característicos: la tierra como fuente única de riqueza; la falta de capital, de valores muebles y crédito; un comercio pequeño y estrecho. La economía nacional es el resultado de una transformación que se nota durante el Virreinato, como la internacional, que fue su consecuencia inmediata, un empuje de riquezas acumuladas que rompió definitivamente las vallas legislativas.

Si se pretende estudiar ese conjunto de fenómenos económicos con el criterio contemporáneo, se corre el riesgo de no comprenderlos. Aplicarles la medida liberalista de los principios de este siglo, es confundir los conceptos, trastornar la idea científica de la historia, señalando como fenómenos absurdos e ilógicos, como errores de los gobiernos o aberraciones de los pueblos, hechos tan naturales y lógicos como los que caracterizan la época presente del individualismo, concurrencia, capital y crédito.

Si nosotros tenemos nuestra economía científica y práctica desgraciadamente en perpetua contradicción por errores de método y de concepto, también nuestros antepasados tuvieron la suya, mejor que la nuestra en cierto sentido, porque las dos fases se correspondían exactamente. Dos o tres principios tomados de la Moral y la Teología dominaban todas las ideas y se traducían en reglas prácticas de conducta y legislación. En primer lugar la ciencia antigua condenaba el comercio. El espíritu de lucro había sido fulminado por los padres de la Iglesia. Nada justificaba las ganancias del comerciante. Anticipándose unos cuantos siglos a Carlos Marx, San Jerónimo decía: «Como el mercader nada agrega al valor de sus mercaderías, si ha ganado más de lo que las ha pagado, su ganancia implica necesariamente una pérdida para el otro; y en todo caso el comercio es siempre peligroso para su alma, puesto que es casi imposible que un negociante no trate de engañar».[39] San Ambrosio condenaba la propiedad privada:

> todo lo que tomas sobre tus necesidades, lo tomas por violencia. Dios ¿habría sido bastante injusto para no distribuir con igualdad los medios de vida, de manera que tú estarías en la abundancia, mientras que otros sufrirían necesidades? ¿No será más bien que ha querido darte pruebas de su bondad, mientras coronaba a los compañeros con la virtud de la paciencia? Tú, que has recibido los dones de Dios, piensas que no cometes una injusticia guardando para ti solo lo que daría a muchos el medio de vivir. Es el pan de los hambrientos el que tú acaparas, el traje de los desnudos el que guardas: el dinero que tú ocultas es el rescate de los desgraciados.[40]

Suprimid la avaricia, dice Tertuliano,[41] y no hay motivo de ganancias ni necesidad de comercio.

En segundo lugar, y como una transacción entre el rigorismo moral y las necesidades sociales, se establecen dos principios: la teoría del justo precio y la prohibición de la usura, que dominan toda la legislación económica. Especialmente el primero tiene consecuencias extraordinarias. No solo im-

---

39 Ashley, *Histoire et doctrines économiques de l'Angleterre*.
40 Ashley, *Histoire et doctrines économiques de l'Angleterre*.
41 Ibíd.

plica la supresión violenta y forzada de la libre concurrencia, que es el eje de la economía moderna, sino que trae implícita la intervención del Estado en los negocios, para evitar que se viole una regla de derecho inspirada en el principio cristiano: «no hagas a otro lo que no quieres que hagan contigo».

Por otra parte, su noción científica del valor justificaba esa política. Si para la economía actual es una idea subjetiva, que no forma entre los atributos de las cosas, para la antigua era una propiedad intrínseca, determinada por el costo de producción, fácil de averiguar en sociedades pequeñas, con industrias elementales y raros intermediarios; en las que para la mayoría de los artículos el consumidor era el mismo productor; sociedades sin capital, causa de perturbación de esta idea de valor, que influye de diversas maneras, complicando para el estudioso y para el público las dificultades del problema. Ashley resume así la doctrina escolástica:

> En cada país o distrito particular hay para todo artículo un justo precio. Los precios, pues, no deben variar con la oferta y demanda momentáneas, con el capricho individual o la habilidad comercial. El deber moral del comprador y del vendedor es llegar lo más cerca posible del justo precio. Además, todos los objetos tienen sus medidas y cualidades propias, y si las mercaderías tienen algunos vicios o defectos, el vendedor está en el deber de señalarlos. Santo Tomás distingue el comercio lícito del ilícito. La distinción depende sobre todo del móvil del comerciante, si no se propone tanto la ganancia como un mantenimiento y el de su familia, o facilitar a los pobres por su intermedio las necesidades de la vida, o si importa a su patria los objetos de que tiene realmente necesidad. Como obtiene la ganancia realizada a título de remuneración, no es llevado exclusivamente por el beneficio. Es este caso, ese género de comercio es digno de aprobación. Pero si es el deseo de ganar lo

que le guía, ese comercio es vil y bajo. Santo Tomás condena todo comercio fundado únicamente sobre la especulación, toda tentativa para realizar una ganancia valiéndose hábilmente de las fluctuaciones del mercado. No nos dice cómo se puede determinar el justo precio de un artículo traído de un mercado lejano. Pero por lo que resulta de sus consideraciones sobre el comercio lícito, admitiría que este valor fuera tal que cubriera el justo precio pagado por el negociante, además de una ganancia suficiente para asegurarle las necesidades de la vida, proporcionadas a su condición, según la opinión pública.

En la política española y americana estas teorías se tradujeron en reglas prácticas de derecho. Los legistas estudiaron con toda minuciosidad las facultades del Estado, su derecho de intervenir en los negocios particulares, en salvaguardia del interés público. No vacilaron en sacrificarlos de la manera más absoluta a las necesidades o simples conveniencias de la ciudad. Impregnados de los prejuicios de la filosofía eclesiástica, juzgaban en esta forma despreciativa al comercio: «la regatonía[42] de los mantenimientos, y de las otras mercaderías es abominable, y de torpe ganancia, y muy peligrosa a la conciencia por las muchas circunstancias y peligros de fraude y detestables codicias, mentiras y perjurios, que casi parece imposible dejar de haberlos en las dichas contrataciones; y es oficio el de éstos, sórdido y vil». En ese mundo antiguo, con su economía basada en la tierra, la riqueza mueble era tratada con un desprecio extraordinario. El Estado la seguía en su circulación, vigilándola, sobreponiendo su criterio y su interés particular, dirigiendo el desarrollo de los negocios con la misma atención y minuciosidad que el propietario. El legislador reservaba su protección para el

---

42 Bobadilla, *Política para corregidores, y señores vasallos en tiempos de paz*, Lima, Amberes en casa de J. B. Verdussen, 1704.

agricultor o ganadero, rodeado de franquicias y privilegios, subentendido siempre que no se transformara en negociante de harinas o pan:

> a los quales (los labradores) llamaba don Dionisio, rey de Portugal, nervios de la república, y los principales según Aristóteles; y como tales los encomendó Plutarco a Trajano, según adelante veremos. Y entre otros privilegios que refieren los doctores, es uno, que en sus bueyes y bestias de labor, ni en los pertrechos de labranza, no se puede hacer prenda, embargo, ni execución, salvo solamente por maravedís de haber del rey o del señor, o por derechos que deba el labrador al dueño de la heredad: no se hallando otros bienes muebles, ni rayces, según las leyes de estos reynos. Y otro privilegio compete a los labradores; y es, que para repetir lo que pagaron indebidamente basta alegar el error, sin tener obligación de probar otra cosa: y el adversario está obligado a probar su intención.[43]

II

Buenos Aires fue comerciante desde sus orígenes: nació con el instinto del negocio, un instinto robusto y enérgico que se afirmó durante el siglo XVII, en una lucha curiosa llena de incidentes, trágica a veces, porque se llevaban las cosas a sus últimos extremos. Para regularizar los asuntos, evitar los acaparamientos y especulaciones frecuentes en la época, los movimientos rápidos en los precios de los artículos de primera necesidad, intervenían a cada momento el gobernador o Cabildo; paternalmente, con loables propósitos de ama de llaves interesada, prolija y económica, pero sin perjuicio de aprovechar cualquier ocasión de ganar dinero, fácil de encontrar entonces, cuando se tenía la escoba por el mango.

---

43 Bobadilla, *Op. Cit.*

Una de las preocupaciones del Cabildo era la provisión del pan, harina y trigo. El temor del hambre, que ha desaparecido en la época moderna, era casi una obsesión en el mundo antiguo. La falta de comunicaciones rápidas y seguras, una industria primitiva, sin mayores recursos para luchar, exponía las ciudades a grandes miserias en las épocas desgraciadas de la agricultura. Las Leyes Recopiladas[44] imponían a los corregidores como obligación primordial la de velar por el sustento de las poblaciones. A este respecto sus facultades eran casi omnímodas. En primer lugar, la fijación de precios: «la tasa del trigo fue santísima, dice Bobadilla, porque en años estériles vendían los hombres las heredades y alhajas para sustentarse». Pueden compeler a todos los que tengan trigo a venderlo, incluyéndose a los mismos canónigos, clérigos, iglesias y obispos, «esto se entiende pagando el precio de contado y no al fiado; y no teniendo la república dinero para pagarlo, ni orden de donde con facilidad haberlos, pueden ser los ricos compelidos con prisión a que lo presten; y aun lo que así prestaren se les puede pagar después poco a poco».[45] Solo los panaderos pueden amasar y vender pan: «no se consienta por ninguna vía, regatones de trigo o pan cocido en los pueblos».[46] Ni a los labradores se permite ese comercio que traería como consecuencia el encarecimiento; y además «para que se halle a comprar trigo en grano en abundancia para el abastecimiento de los pueblos, y de los vecinos, y de la muchedumbre de los panaderos que tratan y viven de amasar».[47] Puede el Cabildo impedir la exportación e importación de trigos y harinas, según la situación del mercado, para evitar la demasiada carestía o baratura, que

---

44 Libro III, tít. VI, ley XIV, Recop. Cast.
45 Bobadilla, *Op. Cit.*
46 Ibíd.
47 Ibíd.

arruinaría al labrador: «de derecho común, habiendo necesidad en la tierra, bien se podría prohibir la saca del trigo fuera de ella, so cierta pena, como arriba dijimos que se castigaba en Atenas: en la qual pena también incurren los que sacan harina y pan cocido, según la mas comun opinión».

El estudio de la práctica de este derecho completará el cuadro. El lector verá la ley en acción, interviniendo asiduamente en los negocios para dirigirlos y encauzarlos, y podrá observar los efectos sociales, cómo se desarrolla la vida económica buscando su mayor comodidad, apoyándose en aquellos hechos y circunstancias que más favorecen su buen crecimiento, en lucha con la ley que le impide tomar todo su vuelo. Constituye también una experiencia sobre la eficacia y resultados de la intervención gubernativa: se puede adelantar el principio de que nunca consigue su objeto cuando contraría las tendencias propias y orgánicas de un país. La ciudad desenvuelve su economía original por debajo o por encima de las leyes, con arreglo al carácter de sus habitantes, a su inteligencia, a los móviles que los llevan, con arreglo al medio ambiente social, a las circunstancias físicas.

> Antes de la creación del virreinato, dice Juan María Gutiérrez, no había panaderos en Buenos Aires, o si los había eran contados. Cada familia hacía el pan necesario para su consumo o se compraba a aquellas que profesaban esta industria. El pan casero o pan de mujer era lo único que se conocía y usaba en la mesa. Existió, por consiguiente, una especie de rivalidad en este ramo entre la industria privada y la de los panaderos, desde que éstos comenzaron a predominar, teniendo a su favor la ventaja del capital con el cual monopolizaban el trigo y la harina en el momento de la cosecha y de su baratura, proporcionándose ganancias considerables, cuando por la estación o por

las epidemias se encarecían aquellos dos productos de primera necesidad.

Desde los primeros años el Cabildo de Buenos Aires tomó con todo empeño sus atribuciones especiales de mentor de estos negocios. Observaba las sementeras, prestaba semillas, seguía atentamente la cosecha, mandando comisionados que averiguaran el rendimiento del año, las necesidades de cada agricultor, y el sobrante de que podía disponerse. Así en 1611, practicada la inspección, se declara: «que mediante a que la presente cosecha manifiesta esterilidad, y que puede haber necesidad de pan, se le diese a cada uno el trigo necesario para el gasto de su casa y para la siembra y el demás que con mil cien fanegas tengan de manifiesto, amasándolo el que tuviere forma en su casa». Algunos días después se volvieron a examinar las memorias detalladas y se «proveyó se guarde la cantidad de seiscientas cincuenta fanegas, las cuales se le manda notificar las tengan en su poder y de manifiesto y no dispongan de ellas hasta que por orden de dicho señor gobernador otra cosa se les mande y ordene». En 1612 se recogieron mil setecientas noventa fanegas, se reservaron mil ciento setenta para el consumo de los agricultores, «y se les manda tener de manifiesto y cuando se les ordene el número de seiscientas treinta». El año 1662 se ordena «que los alcaldes de hermandad corran las chácaras y reconozcan la cantidad de trigo que hay en los percheles y traigan razón de ello y la presenten luego que hagan la diligencia la qual se les encargará sea con toda brevedad».

Según las circunstancias, resuelve sobre la exportación de cereales. En 1666 se dice:

> que por falta de trigo que ay en la ciudad de Santa ffé y que será justo se ympida porque puede acontecer que falte en esta dicha

ciudad puesto que el trigo que tiene considera lo necesario para el abasto y no tanto que se pueda sacar en poca ni en mucha cantidad —y vista la dicha propuesta los capitulares acordaron que ninguna persona desta ciudad o fuera della saque ningun trigo ni harina para la de Santa ffé con ningun pretesto que sea, pena de que lo que se aprehendiese se le echa por perdido y mas 50 pesos corrientes.

En 1667 la cosecha fue abundante: 11.000 fanegas de trigo. En Santa Fe pasaban miserias. El Cabildo resuelve socorrerla permitiendo la exportación de doscientas fanegas, después de hechos los cálculos de las necesidades de la ciudad «al estado presente y por lo que le consta del gasto que a avido hasta oy en esta ciudad de trigo, y lo que se podrá gastar este año». De paso se recomienda a «S.Sa. dicho señor presidente que caso se le ayude a dicha ciudad con dichos granos sea por manos de los vecinos desta ciudad que lo puedan llevar y balerse de la ganancia y beneficio de dicho trigo».
Además reglamenta los precios, calculando los gastos de la cosecha, el estado económico de la ciudad. El derecho positivo y la jurisprudencia habían analizado con todo detalle la cuestión:

> tres cosas advierte fray Domingo del Soto y quatro Conrrado que deben considerar los gobernadores para tasar los precios de los mantenimientos. La primera es la copia, o falta que en la ciudad hay de la cosa que han de tasar; porque haviendo abundancia, ha de ser menor el precio; y si hay falta, han de considerar, si es por causa accidental o natural: porque la causa natural, que proviene por esterilidad de la tierra o falta de cosecha, es mas urgente para subir el precio, que la causa accidental que da esperanza de remedio: y porque en uno y otro caso siempre lo que es raro es caro y deleitable. La segunda, según Soto,

es la abundancia o falta de dinero, que hay en la tierra, porque la falta de él hace de menor estimacion las cosas. La tercera consideracion es, la disposicion del tiempo no apto, ni a propósito para traer vituallas por ser lluvioso, o de labranzas, o de guerras; lo qual tambien hace subir los precios. La quarta es, el cuidado, industria, peligro y trabajo de los vendedores en traer, o sazonar la cosa que se vende. La quinta consideracion es, si la mercancía se ha hecho de mejor o peor condicion, por la frecuencia y abundancia de los vendedores y de los compradores; por que haviendo muchos que vendan y pocos que compren, vale menos la cosa, y por el contrario vale mas si hay falta de ellos. La sexta es, si la gente de la tierra es sobria, y moderada en sus gastos, e inclinada al trabajo y a sus oficios, que entonces la falta de mantenimientos no obliga a subir tanto los precios, como si la gente fuese muy viciosa y gastadora; porque respecto del mucho o poco gasto de una cosa, sería mayor o menor la falta y precio de ella. La séptima y última consideracion es, si el mantenimiento que falta es de los necesarios para el sustento, como carne, pan, vino, pescado, aceite, sal, y otros, que en tal caso, como forzoso, es justo subirle el precio; porque es menos inconveniente valer caro un mantenimiento, o mercadería, y que se estreche la gente para comprarla, que no que padezca o perezca por no haberla. Yo siempre hallé por buen remedio y gobierno, faltando provisiones de alguna cosa, por culpa de los tiempos, y sin malicia o dolo de los dueños y vendedores, subir el precio de ella, porque luego cesa la falta; y se sigue la abundancia, conforme al refran que dice: mercadería cara debaxo del agua mana.

Aunque este sistema de control y vigilancia odiosos y la ley económica imperante limitaban los beneficios brutos, el comercio se ingenió para satisfacer sus ambiciones y valorizar artificialmente las mercaderías, escurriéndose por entre los reglamentos y prohibiciones. La tarea de las autoridades no era sencilla. Tenían que luchar con la avaricia de los agricultores que escondían los frutos, de los panaderos que amasaban cantidades insuficientes para mantener los precios altos, realizando sus ganancias literalmente y sin figura de retórica sobre el hambre de la población; con la complicidad de los mismos legisladores y funcionarios reales, socios o interesados en la mayor parte de esas inhumanas especulaciones. En 1620 se dice en el Cabildo: «que hay falta de trigo este año para la república y como se ha hecho inventario del que se ha cogido y porque los panaderos, que de ordinario tienen por trato amasar y vender pan en sus casas, plazas y pulperías, no tienen trigo, ni los chacareros se los quieren vender, por cuya razón hay gran falta de pan... se mandó que sacando a los chacareros la cantidad de trigo que les pareciera suficiente para su sustento y sembrarse, les mande con pena que el demas trigo lo amasen y vendan con la orden que les pareciere convenir...». El gobernador Dávila se quejaba que en 1636 de que no obstante la rica cosecha, la mayor que se ha visto, de muchos años a esta parte, escaseara el pan para los manejos de los vendedores. En 1652 la gente pobre se moría de hambre, los predicadores clamaban en el púlpito, los señores alcaldes y otros señores capitulares salieron por las veredas a exhortar a los vecinos ricos, pidiéndoles que trajeran el trigo a las casas de la ciudad, que el señor gobernador les pagaría buen precio. En 1685 se prohibe la venta del pan en el interior de las casas, el negocio clandestino muy usado entonces para eludir las tarifas oficiales, la vigilancia de pesas y medidas, y los impuestos, «y se puso informe como algunas personas venden pan dentro de sus casas y que por sus conveniencias lo venden todo junto y por mayor, a mercaderes y otras personas forasteras sin quererlo vender menudeado y que es causa de que los pobres padezcan grandes necesidades de pan... mandaron que todos los que vendieren lo envien a la plaza». En 1661 el gobernador Mercado y Villacorta habla del clamor con que los pobres de la ciudad buscan el pan de cada día y «que algunos poderosos y exentos de este Cabildo hacen en sus casas lo mismo de que se quexan los pobres». Cuatro meses después el mismo gobernador denunciaba la omisión de las justicias en el cumplimiento de sus deberes. En 1667 se dice en el Cabildo «que para remedio de la falta y necesidad que ay de pan haga nombre comisarios desinteresados que reconozcan las casas donde de ordinario se amassa para vender y les notifiquen con multas graves y que se procederá mayor demostración amasen y embien a la plaza pan de la calidad y peso que esta marcado por que todas las personas de la ciudad lo puedan comprar y alimentarse sin admitirles escusa». En la misma sesión se acordó que los alcaldes de la Santa Hermandad «reconozcan los percheles de todas las chácaras y estancias donde se ha sembrado y pongan por escrito la cantidad de trigo que hallaren notificando a las personas en cuyo poder le hubiere no dispongan del en manera alguna pena de 50 pesos y perdimiento del trigo que se averigue ocultado o bendido... y asimesmo por pena que se yncurriere en contrabención de este auto no pueda en tiempo de dos años sacar pan a bender, ni use desta granjeria en manera alguna so la dicha pena, perdimiento del pan que se aprehendiere». La especulación seguía indiferente a esa miseria, arrancando su último real al pueblo hambriento. Tuvieron que adoptarse medidas rigurosas. Se dividió la ciudad en tres secciones a cargo de distintos magistrados, y «con apercibimiento que si dentro de ocho días no estuviera abastecida de pan la república y remediado el exceso de vender escondidos el pan y demás mantenimientos en las casas, desde luego incurra cada uno en pena de dos meses de suspensión de sus oficios».

Año 1608 a 1616
Precios del pan   Una libra   2 reales plata
" 1617   " "   Medio real plata

" 1631 Dos lib. y media   1 real plata
" 1632 a   1634 Tres libras   1 " "
" 1644 a 1645   Una libra   Medio real plata

" 1648   Cuatro libras   1 real plata
" 1654   Dos lib. y media   1 real plata
" 1657   Tres libras   1 " "
" 1658   Dos libras   1 " "
" 1659   Una lib. y media   1 " "
" 1660   Dos libras   1 " "
" 1661   Dos lib. y media   1 " "
" 1664   Dos libras   1 " "
" 1665   Dos lib. y media   1 " "
" 1671   Una libra   1 " "

Precios del trigo
Año 1589   Una fanega   2 pesos plata
" 1620 a 1644   " "   2 " "
" 1659   " "   3 y 4 íd. íd.
" 1671   " "   12 íd. íd.

Precios de la harina
Año 1589   Una fanega   4 pesos plata
" 1597   " "   3 pesos y 4 rls.
" 1599   " "   4 pesos plata
" 1600   " "   4 y 5 íd. íd.
" 1601   " "   4 pesos plata
" 1603   " "   4 " "

" 1609   " "   6 " "
" 1612   " "   4 " "
" 1614   " "   3 pesos y medio
" 1614 a 1624   " "   4 pesos plata

Relacionando estos precios con el estado de la ciudad, población y riqueza de la cosecha del año, se llega a la siguiente generalización: durante el siglo XVII el valor no está regido por la ley de la oferta y la demanda, sino por el conjunto de las circunstancias provinciales, sin que influya sensiblemente, y salvo casos extremos, la abundancia o escasez del año.

No solo vigila el Cabildo las sementeras y cosechas, sino que cuida con la misma prolijidad los molinos. En 1607 resuelve pedir al gobernador: «que no salgan desta ciudad los flamencos que an hecho el molino de viento que hay en ella, atento a lo mucho que ymporta a la república su asistencia y entender dicho molino». En 1608 se queja un regidor de las irregularidades y abusos que cometen muchos molineros: «que los molinos de biento ay muchos desordenes en que llevan mucha plata y que no dán la harina que han de dar, y que se ponga remedio». Los precios de la molienda, como los de la harina, se mantuvieron firmes, con pocas variaciones.

Para mejor inteligencia del siguiente cuadro, como de los anteriores, debe tenerse presente que la unidad monetaria es el valor de la harina, equivaliendo legalmente 2 pesos de plata, a una fanega: «abiendo bisto los señores de este Cabildo que sobre los generos de monedas había pesadumbres, mandaron que las monedas balgan el precio de la plata que es de 2 pesos la fanega de trigo, y que todo lo demás balga en toda moneda como el balor de la plata».

Arancel de los molinos
Año 1589 a 1591   Una fanega   2 pesos plata

" 1605   " "   4 reales plata
" 1608   " "   3 pesos plata
" 1621   " "   4 " "

III

Para regularizar estas situaciones llenas de ansiedades, se establecieron los Pósitos, especie de bancos agrícolas, cuyo principal objeto era ayudar al labrador, previendo los tráficos usurarios y las especulaciones y socorrer a los pobres en las épocas de miseria. «Creados allá en la Edad Media por el movimiento de caridad cristiana, que llevó en nuestra patria durante la Reconquista la abnegación hasta el fanatismo y la largueza hasta la profusión; sostenidos y fomentados por la costumbre, que casi llegó a ser obligación, y que tenía todo cristiano viejo de fundar en su testamento algo nuevo, si podía, pequeño o grande, de aquella especie, llegaron a ser tantos y a reunir tan cuantiosos caudales, que podían subvenir y subvinieron a muchas necesidades.»[48] Además de sus funciones especiales, «ellos han subvencionado caminos, escuelas y establecimientos caritativos; ellos, pagando armamentos en dinero y suministrando en especie raciones y panadeos, contribuyeron a la defensa del país en luchas extranjeras y en contiendas civiles».[49]

En Buenos Aires su papel fue más modesto; se limitó a sus atribuciones propias. En una carta del procurador de la ciudad, fechada en 1589, se pide que se destine su trigo para los pobres, «atento a que la ciudad no ha menester de pósito, ni se puede sustentar en ella; porque, si el trigo está trillado dos meses, luego se come de gorgojo y se pierde, y no

---

48 Preámbulo del Real Decreto de 11 de junio de 1878.
49 Preámbulo citado.

se puede aprovechar».[50] Era una institución muy apreciada en el derecho antiguo, la mejor defensa de las ciudades contra la miseria. Por eso los legisladores la cuidan, detallan su administración, recomendando especialmente «que se deben encomendar a persona muy confidente, noble y fiel»;[51] que se les den buenos salarios, y se les prohiba negociar con los Pósitos. El tesoro se guarda con cuidados prolijos. Están sometidos a la vigilancia de la autoridad civil; «el visitar estos alholíes y graneros está muy recomendado al corregidor».[52] Los obispos y sus vicarios deben vigilar «los que fuesen instituídos por testamento o por otra disposición... como quier que tales memorias, arcas y pósitos de pan son obras pías».[53] Se les conceden varios privilegios de importancia:

> el primero, que sus deudores no pueden compensar otra deuda, aunque sea líquida, con la del trigo o dinero de él. El segundo, que no gozan del plazo y dilacion de quatro meses que el derecho concede a los condenados. El tercero, que se puede cobrar la deuda, no solo del principal deudor, sino también de los deudores de aquel. El quarto, que se contrahe tácita hypoteca en los bienes del deudor. El quinto, que puede la ciudad y concejo compeler a los vecinos a que compren el trigo que les sobra, o que se corrompe, aunque los vecinos no tengan necesidad de ello. El sexto, que en el Pan del Pósito no puede hacerse embargo, ni execución por deuda que debiere el pueblo. El séptimo, que los deudores del Pósito, aunque sean hidalgos, pueden ser presos por lo que deben y están obligados a dar fiadores de saneamiento. El octavo que puede el Pósito tomar a los arrendadores parte del trigo de sus arrendamientos a como les sale.[54]

50 Trelles, *Revista del Archivo*.
51 Bobadilla, *Op. Cit.*
52 Ibíd.
53 Ibíd.
54 Bobadilla, *Op. Cit.*

No obstante esta medidas precaucionales, el proletario del siglo XVII vivió en la inseguridad continua del pan de cada día, como se dice en los Acuerdos, rozando a cada momento la miseria negra. En cuanto mejor conviniera a sus negocios, una veintena de personas afincadas, influyentes, relativamente ricas, podían sitiar por hambre al pueblo pobre, ocultando los trigos, restringiendo las ventas, entendiéndose con el comerciante minorista para encarecer los artículos de primera necesidad. La intervención del Estado era inútil, nada podía en esa lucha con el particular desalmado e implacable que se escurría por entre las leyes, mentía, cohechaba a regidores de una moralidad fácil y complaciente. Todas las condiciones especiales de Buenos Aires, su aislamiento, los raros medios de comunicación y malos caminos, el sistema fiscal que absorbía la savia de la colonia, favorecieron la inicua forma de ganar dinero. Ya que no podían lucrar con el exterior, sino contrabandeando, se devoraban entre sí con ejemplar viveza y astucia. No habían venido a Indias para llevar la vida patriarcal, ni los tentaba el idilio del campo. Esa perfecta mediocridad de existencia era su desesperación. A toda costa ansiaban la fortuna. Habían corrido mil aventuras y peligros creyendo encontrarla fácil en las minas y en los indios: ¡faltaron las minas y los indios resultaron bravos! La salvación de los pobres en esas tristes épocas de miseria fue la abundancia y baratura de la carne. Su provisión era especialmente cuidada por el Cabildo. Las leyes le ordenaban que contratara el artículo, estableciendo los precios y demás condiciones de venta. Todos los años rematada el abastecimiento de la ciudad. El contratista debía matar dos reses por semana y vender carne fresca y buena a los precios convenidos. Una de las condiciones ordinarias de estos contratos era el estanco: «que ninguna persona, si no fuere el Obligado, o por su orden, pueda vender el tal abasto por peso».[55] No obstante estar prohibido en la Recopilación Castellana, «como por la utilidad pública pueden los vecinos ser compelidos a que vendan su trigo, y a que compren el de la ciudad corrompido, y otros mantenimientos para el pueblo, por la misma causa y razón se les puede vedar e interdecir que no los vendan; y así se practica, y es costumbre lícita y razonable, habiéndose de vender el tal abasto por obligación a cierto limitado precio»18. Se prohibe que la ciudad se abastezca directamente porque se les pagan a los propios muchos dineros de pérdida con los salarios del administrador y comprador. «Si administran regidores por semana, sale muy caro, pues muchas vías de aprovechamiento, que procuran con el dinero de la caxa, y paciendo a bueltas las Dehesas y Cotos con sus ganados, si los tienen, y si no, para este aprovechamiento los compran con los de la ciudad, y sales los suyos baratos y los de la ciudad caros; y si mueren algunos son los de la ciudad porque los suyos son inmortales.» Se prohibe también que los empleados puedan contratar por sí o interpósita persona, ni ser fiadores.

> Mandamos que ningun alcalde, ni justicia, ni Regidor, ni jurado, ni Merino, ni Alguacil, ni Mayordomo, ni Escribanos de Concejo, ni del Número, ni otros oficiales que han de ver hacienda del Concejo, no sean arrendadores ni recaudadores, por mayor ni menor, ni sean fiadores, ni abonadores, ni aseguradores de rentas de propios, y Concejales, ni de rentas reales de las Ciudades, Villas y lugares donde tuvieren los dichos oficios, ni de las Carnicerías de ellas, por sí ni por interpósitas personas.

El siguiente cuadro demuestra el valor de la carne durante la primera mitad del siglo XVII:

---

55 Bobadilla, *Op. Cit.*

Precios de la carne
Años

1589 a 1605	10 libras	1 real plata
1606	30 "	2 reales plata
1607	170 "	1 peso plata
1608	250 libras	1 " "
1616	Un cuarto de novillo	6 reales plata
1619 a 1620	Un cuarto de carnero	2 " "
1636	Un cuarto de vaca	2 " "
"	Una lengua	½ real plata
1644	Un cuarto de vaca	2 reales plata
"	Un cuarto de ternera	1 real plata
1658	Un cuarto de vaca	4 reales plata
"	Un cuarto de ternera	2 " "
1659	Un cuarto de vaca	3 " "
"	Un cuarto de ternera	2 " "
"	Una lengua	½ real plata
1664	Una res en pie	2 pesos 3 reales
"	Una ternera	1 real plata
"	Una lengua	1 " "
1671	Cuatro lenguas	1 " "
"	Cuatro ubres	1 " "
"	Una ternera	2 reales plata

Comparados con la carne, los demás artículos de primera necesidad eran caros. En 1632 una gallina vale un peso, una polla cuatro reales, un pollo dos; en 1665, cuatro, tres y dos reales; la docena de huevos dos reales; uno de los postres favoritos, los orejones hechos a cuchillo, 4 pesos la arroba y real y medio la libra; una torta blanca y buena y bien cubierta de azúcar, un real; las hauchas, lentejas, arvejas, porotos, 12 y 6 pesos, la arroba; las perdices grandes un real, las chicas a real la media docena; la vara de longaniza de carne de puerco, dos reales; seis postas de pescado frito, un real; la manteca a real y cuartillo; las velas de media vara de largo, seis por un real; la libra de queso, un real; los rábanos frescos, grandes y buenos, dos por un real.

No solo negociaron acaparando el pan y trigo, sino todos los demás artículos indispensables. En 1613 se hicieron especulaciones sobre la sal. En los Acuerdos se habla «de la escasez de la sal que hay por el acopio y ocultamiento que de ella hacen varios y que atento a ser especie tan precisa...». De 1609 a 1616 su precio fue de 9 pesos la fanega. En 1616 la había acaparado Antonio de la Abaca: «y por la Rason dicha padece la ciudad la necesidad que es notoria, a la justicia les an Representado diferentes veces muchas personas lo Referido y para que cese y no padezcan en la ciudad pobres religiones y otras personas, acordaron se le notifique al dicho Antonio de la Abaca benda la sal que tiene por menudo a todas las personas que la hubieren menester sin escusarse en manera alguna llevando a razón del precio de a un peso el almux». En 1661 se acaparaba la yerba, el sustento de la gente de trabajo, según decían los regidores. En el Cabildo se trató de que «estos días con ocassion de aver tenido nueva de Santa ffé de que no ay yerba del paraguay los que la tenían en esta ciudad la an ocultado para alterar y subir el precio de manera que no se halla a vender por menor». La libra valía dos reales plata, de 1621 a 1659; tres reales en 1662; cuatro en 1665. En el mismo año resolvió el Cabildo «que la yerba de yamini no se venda mas de tan solamente en una pulpería atento a que de venderse en muchas partes se a entendido que la buena la mezclan con la dicha de yamini».

Capítulo VII. Los negocios de la ciudad (continuación)

I

En el concepto de la época el comercio no era una fuente de riquezas y bienestar, sino un mal necesario, tolerado por los servicios que prestaba al público. Consideraban indispensable impedir su explotación, que el comerciante ganara más de los justo, para que viviera su familia con modestia. Los principios económicos de la filosofía escolástica hacían sentir todo su peso, robustecidos por tantos prejuicios feudales traídos de España, y que daban a esta ciudad nueva todo el aspecto doloroso de una vejez precoz.

Anualmente balanceaba el Cabildo las tiendas y pulperías, no solo para descubrir contrabandos y comisar géneros prohibidos, sino por su tendencia a mezclarse en los asuntos privados. Nada más curioso y sugestivo que su manera de actuar. Investiga el origen y procedencia de cada mercadería, el precio pagado por el comerciante, limitando su ganancia al veinte por ciento «por menudo se pretende vender con escesiva ganancia y porque conforme a ordenanzas se le debe poner con moderada, de manera que ganen a veinte por ciento Reglamenta las ventas y el orden en que deben ofrecerse al público los demás artículos, su preparación y conservación. No satisfecho con sus ordenanzas que obligan a todos los comerciantes a declarar sus mercaderías, «para que si los vecinos y moradores quisieren por el tanto la tercia parte se les dé», practican numerosas pesquisas cuidando su cumplimiento: así en la pulpería de Juan Ramírez inventariaron los visitadores cinco barriles de vino de Santa Fe y azúcar, y le ordenaron «que no vuelva el dicho vino de un barril a otro, sino que cada uno se venda de por sí y ansí mismo que acabado un barril dé noticia al fiel executor para que se venda por la postura que se quisiera».

En la de Luis Portillo había dos barriles de vino del Paraguay, dados en comisión por el fiel ejecutor. El pulpero dice

> que es corredor de ventas y como tal, tiene lo que está en la tienda para vender: Cuatro varas de telilla de Manuel de Ávila, y se las manda vender a peso y medio.
>
> Tres libras de hilo blanco delgado de doña María de Bracamonte y dijo se le vendiese la onza a respeto de 7 pesos la libra.
>
> Unas madejas de hilo de doña Leonor, muger del capitán Francisco de Salas.
>
> Catorce vidrios comprados a Bernardo de Sa y que no ha vendido ninguno.
>
> Tiene de Andres Lopez cuatro libras de zarzaparrilla y le a mandado benderla a 4 pesos libra.

Ya puede imaginarse el lector lo que era el comercio minorista en el siglo XVII. Impuesto el Cabildo del estado del negocio resolvió «que para todo lo que comprase para revender, tenga cuenta, libro e razón de las personas cuyo es, y a que precio se lo mandan bender, para que si algun vecino de esta ciudad lo quiere por el tanto lo pueda hacer; y la dicha cuenta y razón la a de tener en parte donde la vean todos, para que le consten los precios y quien los vende».

Cuando las circunstancias lo exigen también dirige y organiza las ventas: en 1605 prohibe que se venda vino en «las pulperías del Carnero del frances Flores hasta que se le mande»; en 1613 el vino extranjero, «para que sea preferido el de la cosecha de la tierra»; en 1670 se da preferencia en la venta de su vino a Diego Vilela, dándosele para ello todas las pulperías. En el mismo año leyose otra petizion que presentó el alferez Luis de Torres vezino de esta ciudad en que representa haber traido unos barriles de miel de caña de la provincia del Paraguay, y que los pulperos no se la quieren bender por las razones que se insinua en su escripto y bistia por el Cabildo, mandó se les notifique a los dichos pulperos reciban a bendage dicha miel apremiándoles para ello en atencion de la concepcion que tienen de poder tener dichas pulperías, y por defeto de que no se benda dicha miel en dichas pulperías se le conceda licencia a Luis de Torres para que una criada en su casa le benda y menudee y que el fiel executor le de para el efecto medidas.

En 1614 resuelve que los pulperos no amasen y vendan pan, salvo que tengan chacra propia, «y si quisiere ser panadero no sea pulpero so pena de privación de ambos oficios». En 1654 se ordena que los pulperos no puedan vender cosas propias, «sino que ayan de bender sino lo que le dieren a bendage». Para evitar las excesivas ganancias de los minoristas se dispuso en 1663 que los importadores ofrecieran primero sus mercaderías al público «para que los naturales de esta ciudad puedan comprar por menos».

II

De hecho, y a pesar de lo mandado en las Leyes Recopiladas, se estableció un régimen de monopolios, con la particularidad de que no estando debidamente legislados, dependían en absoluto del capricho arbitrario de los regidores. Ya para aumentar los propios del Cabildo, u obedeciendo a otros móviles inconfesables, se concedieron estancos en beneficio exclusivo de algún mercader de influencias, a veces en beneficio del público. En 1647, el capitán Luis Toro ofreció vender el vino a 8 pesos la arroba «con que hasta que se acabe el suyo no se venda otro por menudo». Igual concesión se hizo en 1648 al capitán Luis López, mediante el pago de un impuesto de 4 pesos por pipa. En 1666

> leyose una petizion presentada por Matheo de Aliende en que ofrece por via de estanco bender tiempo de un año el jabon de Tucuman a precio de dos reales con calidad de que otra ninguna persona le a de poder bender sino el o quien señalare. Y vista acordaron los capitulares de un acuerdo, y conformidad el que se admita dicho ofrecimiento y postura fecha por el susodicho. Y mandaron se den nuebe pregones a la dicha postura de estanco y aviendo mejor ponedor se admita la postura o posturas...

Puede imaginar el lector las consecuencias de esta política económica. El desenvolvimiento de los negocios dependía en absoluto del capricho del Cabildo. En cualquier momento el comerciante minorista podía ver suspendidas sus operaciones sobre tal o cual artículo, por orden superior; expuesto por lo tanto a la ruina, llevado a circunstancias difíciles, imposibles de prever, porque las creaba artificialmente el gobierno. Las *Leyes de Indias* lo trataron con una severidad llena de desprecio. «No deben gozar, ni gozan, dice Solórzano, de los privilegios ni inmunidades referidas, los que estándose en sus casas y tiendas, sin exponerse a navegaciones, y otros peligros, las compran y venden por menudo, y varean por sus personas, sino los que cargan y venden por grueso o trafican por esto de unos reinos a otros por mar o por tierra... los que venden por menudo no se pueden con propiedad llamar mercaderes, sino venalizarios.»

Así, toda una esfera de actividad que habría podido encauzara la clase social intermedia quedaba cerrada, llena de obstáculos que hacían difícil la marcha e imposible el éxito. El que no heredara tierra, el hijo de familia, se veía en una triste situación, condenados al ocio perpetuo o a trabajar de jornaleros, sofocando todas sus ambiciones, todos los buenos impulsos que se traducen en la riqueza del individuo y el bienestar general del país. Agréguese que las doctrinas morales y filosóficas, que servían de apoyo y fundamento a esa economía práctica, no tenían mayor prestigio en la sociedad colonial. Existía un divorcio absoluto entre las teorías científicas y el sentimiento público. Los europeos venían seducidos por un miraje de fortuna rápida y de aventura; los criollos no tenían mejores ideales. Cuando llegó a sus oídos la idea moderna del progreso, la refirieron en el acto a su faz material, de aumento de la riqueza. Habían heredado el carácter sensualista y el criterio práctico, que encierra al universo en límites bastante bajos. No tenían las compensaciones morales que consuelan y estimulan la pobreza, ennobleciéndola, colocando por encima la decoración moral y material que la hace simpática y estimable, que le da orgullo, la conciencia precisa de que en la vida efímera de los hombres solo vale lo que piensa y trabaja. Forzosamente tenían que germinar odios profundos hacia todo lo que en la esfera superior social gozaba ampliamente de la vida. Las sociedades contemporáneas aplacan estas envidias abriendo todos los caminos en que puede ejercitarse la actividad, borrando en lo posible los privilegios, igualando las circunstancias para que se tenga la ilusión, por lo menos, de que los felices triunfadores lo deben todo al propio esfuerzo. Así, el éxito aparece como un premio y sirve al mismo tiempo de estímulo. En la sociedad colonial la desigualdad era patente e inicua. Vallas formidables impedían el acceso a las capas superiores. El esfuerzo humano era un factor inútil, condenado a vivir en la inercia, envuelto por una complicada trama de privilegios y preocupaciones, por una legislación detallista y opresora que limitaba las fuentes de riqueza y cerraba todo horizonte al trabajo.

Los precios de los artículos más usuales fueron los siguientes:

Vinos Año 1617	Una arroba	12 pesos plata
" 1620	" "	14 " "
" 1639	" "	6 " "
" 1644	" "	12 y 14 "
" 1654	" "	10 y 12 "
" 1657	" "	10 y 12 "
" 1663	" "	14 " "
" 1664	" "	16 " "
" 1665	" "	12 " "
Varios Año 1621	Una arroba de vinagre	7 reales plata
" 1606	Un barril de aceite	19 " "
" 1621	Una libra de pasas	2 " "
" íd.	Una libra de higos	1½ " "
" íd.	Una arroba de miel	8 " "
" íd.	Una libra de azúcar	1 peso
" 1656	Un quintal de bizcochos	6 y 11 rls. plata
" 1631	Una libra de tabaco	1 real plata
" 1648	Un caballo de lujo	60 pesos plata

III

Las *Leyes de Partida* llamaban gente menuda a los industriales. En las Ordenanzas reales de Castilla al tratar de los caballeros se dice: «y otrosí, seyendo publico y notorio que estos tales no viven por oficios de sastres, ni de carpinteros, ni pedreros, ni terreros, tondidores, ni zapateros, ni usen de otros oficios baxos y viles. Y si los tales caballeros, y sus fijos no guardaren, y mantuviesen estas cosas juntamente, conviene a saber, que mantengan caballo y armas, y no usen de oficios baxos y viles, que no gocen de la franqueza de la caballería, mas que pechen y paguen en todos los pechos, asi reales como consejales». Era la manera más eficaz de incitar al pueblo a la vida ociosa. El trabajo era moralmente castigado con la infamia anexa al oficio; pecuniariamente con los impuestos de los que se exentaban al caballero.

Las mismas ideas y prejuicios que inspiraron esas leyes dominaban en la sociedad colonial. El artesano era el esclavo. Solo algún europeo muy pobre ejercía la industria. Calculando el precio de un negro adulto en 100 pesos, y en 5 o 6 % el interés del dinero, cada pieza debía producir 9 o 10 pesos mensuales, comprendiendo esa renta la amortización gradual del capital y los gastos. El negocio debía ser muy bueno, dado lo que se disputaban los cargamentos de negros. Pero los industriales realizaban sus más pingües ganancias especulando. En 1622 los zapateros combinaron un alza de precios, basada en la ocultación del cordobán, trámite indispensable de la operación comercial, ayudados por algunos funcionarios y gentes de alta posición «de los essentos de la jurisdicción hordinaria»,[56] que impedían la acción de las justicias. «Con esta ocasion subieron el precio y se venden los zapatos al respecto de como son comprados a excesibo precio y en contravencion de lo que está señalado y dispuesto por los de este Cabildo en gran perjuicio de la causa pública.»[57]

No se preocupaba el Estado del trabajo, para mejorar la condición del negro, limitar su tarea, establecer ciertas reglas de equidad. En su reglamentación trataba de defender a sus empleados y la clase dirigente, reduciendo las ganancias del

---

56 *Acuerdos del Cabildo de Buenos Aires.*
57 *Acuerdos cit.*

empresario, teniéndolo bien sujeto con las tarifas. Numerosas leyes recopiladas legislan las industrias con todo detalle, especialmente la de paños. Para ejercer un arte se requiere permiso del Cabildo, previa justificación de competencia ante un jurado de los del oficio. A efecto de seguirlo en sus operaciones imponen al industrial, entre otros deberes, el de comunicar a las autoridades respectivas todos sus negocios para proveerse de materia prima, expresando personas y precios: «que no compren cordobanes a persona alguna de cualquiera cantidad y condizion que sea sin dar quenta y parte a cualquiera de las justicias mayor y ordinaria... y que no corten pares de zapatos algunos de ninguna persona sin dar quenta a cualquiera de las justicias para saber e inquirir de donde son abidos y a qual precio».[58]

Los procedimientos eran expeditivos, las sanciones eficaces: «para poner el remedio que el caso pide se abian traido a la cárcel pública de esta ciudad a todos los maestros y officiales de zappateros que ay en ella».[59] Las penas de los infractores de estas ordenanzas eran las siguientes: «a los españoles de 50 pesos corrientes y más quince dias de carcel por la primera bez y a los yndios mulatos y negros ducienttos azotes y perdimiento de los cordobanes y cortees que se les allaren».[60] En 1610 se sancionó el primer areancel, resolviéndose que se pagaran los precios mitad en dinero y mitad en frutos. Por 15 o 20 pesos se vestía un conquistador de pies a cabeza, sin incluir la ropa blanca que no era muy usada. Su señora no le costaba más caro: el jubón llano o con molinillo valía 4 pesos, 2 el faldellín, y siendo a la francesa, 3; la hechura de los botines un peso, la ropa llamada de «raxa o raxelta con su ribete o pasamano, 6».

---

58 *Decretos del Cabildo de Buenos Aires.*
59 Ibíd.
60 Ibíd.

IV

Este comercio tropezaba con las dificultades monetarias que han caracterizado siempre la economía de la ciudad colonial y de la ciudad independiente. Desde 1589 se preocuparon las autoridades de las pesadumbres que avia sobre los generos de monedas. Seguramente solo conocían la de vellón, moneda fiduciaria emitida con todo escándalo en la corte y que traía como consecuencia la desaparición de la de buena ley de oro y plata, la incertidumbre de los negocios, sin contar las perjudiciales oscilaciones de los valores. «Las innumerables calamidades que afligieron a España, dice Shaw, bajo Felipe IV y Carlos II, condujeron a una inmensa introducción de moneda de vellón, tan inmensa que descendió el octavo de su valor precedente, complicando y aumentando los males.» La ciudad tenía que sufrir los efectos de la política económica del imperio. En 1589 resolvió el Cabildo que «todas las monedas balgan el precio de la plata que es 2 pesos la hanega de trigo y que todo lo demás balga en toda moneda como el valor de la plata», estableciendo un régimen de unidad monetaria y un valor fijo y oficial para las cosas. Pero sobre estas ordenanzas primaban las pragmáticas reales que establecían las relaciones de valores entre el oro y la plata y la moneda de vellón. Así en 1625, alarmado Felipe IV con los precios excesivos «a que ha llegado el premio del trueco y reducción de la moneda de vellón a la de oro y plata en daño universal del comercio de estos nuestros reinos en que es justo poner remedio», manda que el premio no pueda pasar de 10 %, que en las obligaciones o contratos ya hechos de pagar en oro o en plata, los deudores cumplan lo que no hubieren recibido en las dichas monedas, o en pasta, con pagarlo en moneda de vellón, «a razón de los dichos

10 %». Era una verdadera ley de curso forzoso que prohibía contraer obligaciones «a pagar en oro o en plata si no fuere lo que se hubiere recibido en ella».

En 1636 se fija el premio de 25 %. En 1628, creyendo que las mercaderías seguirían el precio legal del dinero se reduce a la mitad el valor de la moneda de vellón, «y porque hecha la reduccion de esta moneda, el precio de las cosas irá igualando con él, y cerrarán los excesos que ha habido en ello y en los truecos». En 1636 se aumenta su valor, previo resello, «y a de correr el quarto que hoy corre por cuatro maravedies por doce, y los ochavos por seis maravedies, de manera que la pieza que hoy vale y se llama dos meravedies ha de valer seis, y las piezas que llaman quartos y valen cuatro maravedies, valgan doce». En 1638, apercibido el monarca de los grandes males que trae el exceso de moneda de vellón, ordena que se vaya consumiendo o convirtiendo, como diríamos en estilo moderno, y

> para que esto se execute sin daño de los particulares y por los medios mas suaves y blandos, mandamos que todos los arbitrios, que están dados por los del mi consejo, y por otros consejos, juntas y tribunales, o ministros que han tenido y tiene comisiones mias, a algunas ciudades, villas y lugares de estos reinos, para donativos como para otros servicios, que las dichas ciudades me hayan hecho, compras, o pagas de deudas, corran y se continúen, y todo lo que de ello procediese después de pagada nuestra real hacienda, o las deudas, para que se otorgaron, se aplique y Nos desde luego lo aplicamos para el consumo de la moneda de vellon.

¡Es curioso y significativo cómo la vieja historia se repite en las diversas épocas! Con otros nombres, la cuestión monetaria del siglo XVIII presenta analogías sorprendentes con la actualidad económica. La moneda de vellón es nuestra moneda fiduciaria, que antes como ahora, perturba los precios, mantiene una inestabilidad molesta, se presta a especulaciones ruinosas para el público. Y antes como ahora se decreta su valor, se prohiben los negocios a plazos: «mandamos que ningun corredor, ni otra persona, trate, ni concierte trueques de estas monedas por via de cambio o interes fixo, a razón de tanto al año al fiado, en que se considere darle darse mas estimacion al oro, o plata por el vellon demas de los precios referidos, o en otra cualquier forma, ni sea medianero por semejantes contratos, pena de diez años de galeras y perdimiento de sus bienes»; se crea un armazón artificial para contenerla dentro de ciertos límites y regularizar su marcha. En 1653 resuelve el presidente de la Audiencia de la Plata que «la dicha plata resellada de a siete reales y medio valga como hasta aquí y ninguna persona dexe de recibirla, pena de 500 pesos corrientes y treinta dias de carcel siendo español y si fuese judío o persona de baxa calidad doscientos azotes».

Buenos Aires tenía intereses encontrados con la monarquía. Cuando en Madrid clamaban por la moneda sana, se sentía muy cómoda con la moneda enferma. Cuando se decretaba su consumo o conversión, su comercio representado por el Cabildo pedía que lo exceptuaran de la ley, o que se prorrogaran los plazos, «que por hallarse esta ciudad al presente, se dice en 1653, con el conflicto del consumo de la moneda por averse cumplido los ocho meses de término...». En el mismo año se concedió una prórroga de ocho meses «para que corra la dicha moneda resellada...». Es que la ciudad tenía su sistema monetario original. La moneda fina circulaba poco, servía para guardar los capitales que se ocultaban a las miradas rapaces de los gobernantes. La ciudad no producía ni oro ni plata, pagaba su saldo con los frutos del país. Su moneda internacional eran los cueros, cuyos precios se mantienen firmes y uniformes durante todo el siglo. Para las necesidades internas la moneda de vellón era perfecta, no obstante sus alzas y bajas. No representaba un equivalente de metal precioso como en España; era un signo, un sustituto de valores; cumplía un papel análogo al de las palabras generales en el lenguaje, que facilitan la rapidez del raciocinio permitiendo reemplazar con un nombre una serie numerosa de objetos que presentan una cualidad común. El real vellón era el signo, el sustituto de las riquezas privadas dentro de los límites de la ciudad, por una convención social tácita, impuesta por la naturaleza de las cosas, así como en los primeros años se usaban la harina y los cueros; convención análoga a la que da significado a las palabras de un idioma popular. El obrero sabía que su jornal de tantos reales representaba una cantidad de pan, carne, vino... Y esta relación la aprende desde su infancia, es un conocimiento instintivo, inconsciente; inculcado por la repetición continuada de los mismos actos, se incorporaría a su organismo como se incorporan las ideas de tiempo y espacio, que muchos filósofos creen innatas. Todos la aceptaban sin detenerse a reflexionar sobre sus condiciones intrínsecas y su relación con el oro y la plata: satisfacía una necesidad vital de la agrupación. Su consumo traía graves males a juicio de los contemporáneos, por «no tener otra ninguna de que balerse esta república para el comercio y uso de los vesinos». A nadie se le ocurría atacar ese convenio tácito; por instinto de conservación todos sentían su carácter fatal y necesario. Una de las tantas mentiras convencionales, si se quiere, del tiempo colonial, pero tan buena y eficaz como las que nos facilitan la vida en los tiempos contemporáneos. Sometido al criterio de los estadistas de Madrid, esa moneda falsa era un mal que debía repararse cuanto antes, sin ahorrar sacrificios. En nuestra economía de ciudad era un bien, el idioma de los negocios que permitía sustituir los valores por un signo barato y sencillo. Durante dos siglos se vivió en ese régimen, familiarizándose el pueblo con un sistema monetario original. Esos hábitos sociales, esos fenómenos que se observan todos los días, imprimen huellas en la inteligencia, constituyen categorías del espíritu como el espacio y el tiempo. Solo se verán y sentirán las cosas con la deformación peculiar producida por ese lente ya inseparable de la visón mental. Y el fenómeno económico del papel moneda, sustituto de la de vellón, tendrá un desarrollo original en nuestra evolución, no obstante las teorías económicas de la ciencia abstracta. Así lo pasado vive en lo presente, y las generaciones muertas siguen gobernando a las vivas, aun en esas esferas en las que parece debiéramos actuar con mayor espontaneidad, sometidos a influencias del momento; y cuando queremos comprender nuestra vida, tenemos que buscarlas para que nos indiquen la idea que se desenvuelve, con lógica inflexible en lo más íntimo de los hechos de la historia.

V

Como campo de experimentación económica, para observar el mecanismo íntimo del interés, del capital y de los precios, la naturaleza del valor, el origen y desarrollo de la renta, el siglo XVII ofrece un material de primer orden. Se pueden seguir paso a paso las acciones y reacciones de las fuerzas sociales con toda claridad y precisión; la sorda lucha siempre latente, entre el consumidor y el productor, los esfuerzos del Estado para normalizar por la violencia una situación creada y sostenida por sus propias leyes. Por entre el tejido de prohibiciones, reglamentos y ordenanzas, que sugieren una situación económica patriarcal, se desenvuelve otro tejido de argucias para violarlas, una vida de mala fe, de ocultaciones y mentiras, formidable lucha de avaricias que se agitan como hormiguero bajo la apacible y teocrática superficie. Entre otras cosas, permite constatar que el principio dominante de la economía de esa época era el más feroz egoísmo. Comprueba además, y de una manera irrefutable, la base psicológica de esa ciencia, el papel preponderante de los sentimientos y pasiones, la influencia marcada de la educación y el medio social en el desarrollo de la fortuna, en el carácter de los negocios, en la naturaleza del interés, la renta y los precios, en la orientación general de todos los fenómenos. Los economistas alemanes contemporáneos, Thorold Rogers y Ashley, en sus estudios sobre la evolución económica en Inglaterra, llegan a conclusiones análogas, especialmente a la nacionalización de la ciencia. Cada pueblo, cada región tiene sus leyes propias, sus verdades relativas, de aproximación, pero basadas en los hechos bien probados, en cifras, en el análisis prolijo de los fenómenos, bien descriptos y concretos, en las cosas que se palpan, cuya realidad viva salta a la vista; cada época, su teoría económica original, síntesis de sus fenómenos, verdadera en cuanto éstos no varíen, falsa desde que la evolución social los modifica.

Capítulo VIII. La administración de la ciudad

I

No obstante la retórica constitucionalista de los hombres de Estado, la metafísica sociológica de ciertos jurisconsultos y filósofos, en la realidad viva, contemporánea, una agrupación política es una sociedad de seguros mutuos, ni más ni menos, cuyo objeto primordial es asegurar a cada uno el uso y el goce de su trabajo, de su propiedad, de su familia y persona. Secundariamente vienen las demás funciones: educación, protección a la industria, comercio y agricultura; las facilidades y auxilios que debe prestar el Estado a las iniciativas privadas que redundarán en bien común; el estímulo de las ciencias, letras, bellas artes, factores esenciales en el progreso armónico de la sociedad; construcción de las grandes obras públicas que no podrían realizar las empresas particulares; fomento de las obras religiosas y morales que tienden a suavizar las asperezas de la vida, a calmar o siquiera engañar a los vencidos y a los que sufren, encaminándolos por la Fe, la Esperanza y la Caridad a la sabia resignación del filósofo y del cristiano.

En el concepto colonial la sociedad política es una dependencia del soberano, su bien, su patrimonio, una fuente de riqueza a explotarse. Los deberes del gobierno se reducen a lo más elemental, lo indispensable para que el organismo no perezca. Por lo tanto, toda la armazón obedecerá a este propósito. Las instituciones públicas, aparte de esas muy necesarias para la vida, serán instrumentos de percepción de impuestos, bombas aspirantes de la riqueza, que chuparán en las arterias mejor irrigadas sin cuidarse de la debilidad progresiva de la víctima. No solo se consideraba soberano, dice Lastarria, sino dueño de sus vasallos americanos y de todas las tierras conquistadas. El rey interviene en todo, hasta en las cosas más nimias. Ordenará una novena a la Virge,[61] el entierro de los «pobres difuntos que se encuentran en las calles y que los curas no quieren enterrar gratis»,[62] la compostura de alguna sala del hospital.[63] E interviene con ojos de propietario, y de propietario necesitado, que economiza con mano avara sus gastos de explotación; reprende desconsideradamente a un virrey por haber gastado 300 pesos en refaccionar un edificio público.[64]

Así el pueblo se acostumbra al rey tutor, paternalmente egoísta, encargado por una ley suprema y misteriosa de cuidarlo, educarlo y conducirlo en la vida, fuente inagotable de honores y recursos, encarnación de la Providencia en la tierra. Vicario de Dios, puestos sobre las gentes para mantenerlas en justicia y en verdad, por derecho divino rige los destinos de las naciones, las lleva según su capricho a la posteridad gloriosa o a la ruina. Caudillo de las huestes, juez sobre todos los del reino, legislador único, ese monarca español es una de las bellas cosas de la Historia. Su augusto cargo viene de lo alto, de Nuestro Señor Dios, que le dio poder de guiar a su pueblo y mandó que todos obedeciesen sus mandamientos, lo amasen y honrasen en su fama y en su cuerpo. Las Santas Escrituras lo dicen: todo hombre que murmure de su rey sea excomulgado como sacrílego, como Lucifer que se movió contra el poder de Dios y fue derribado de los Cielos, estragado con sus cómplices, metido en el fondo de los infiernos.[65] El pueblo no puede ser feliz sin su rey que es su cabeza; debe temer y amar al rey y a su seño-

---

61 *Acuerdos del Cabildo de Buenos Aires.*
62 *Revista de Buenos Aires.*
63 Ibíd.
64 *Revista de Buenos Aires.*
65 *Fuero Real*, libro I, tít. II.

río, cuidar todas sus cosas. El que por hecho o dicho osase ir contra el soberano, hacer levantamientos y bullicios en su tierra, dar armas y ayudar a sus enemigos, muera por ello. Y si por ventura el rey fuere de tan gran piedad que lo quiera dejar vivir, que por lo menos le saquen los ojos para que haya siempre amargosa vida y pena.[66] Y la Iglesia les repetía constantemente que habían nacido para vasallos, y el servicio de Dios y del rey se confundían sacrílegamente en la predicación colonial. Al recibir las reales cédulas, los altos funcionarios las besan, las ponen sobre sus cabezas, las obedecen con el respeto y acatamiento debidos, como carta y cédula de su rey y señor natural, a quien Dios guarde.

Nada más cómodo y adecuado al temperamento de la raza que dejar a cargo de un poder superior la previsión y remedio de todas las necesidades públicas y privadas. Así, mientras el Estado vela, y el indio o el esclavo aran la tierra y cuidan los ganados, se duerme la plácida siesta colonial. Reducida la vida a la sensualidad de las buenas digestiones, queda la nación preparada para soportar y hasta desear los innumerables despotismos constitucionales y de todo orden que le reserva el porvenir. Todo ese sobrante de fuerzas que los vecinos no empleaban en el manejo de sus negocios, que en las sociedades europeas se traduce en brillantes iniciativas privadas, actuaba en las sacristías, en las fiestas religiosas, en las eternas disputas y querellas de los empleados, en ese hormigueo de pasiones chicas que se disputaban las preeminencias y asientos en los sermones, y lo que ha tenido consecuencias más graves, en la constante invención de ardides para burlar las leyes fiscales, introducir y exportar por contrabando, con la complicidad de los funcionarios más encumbrados. Desde entonces, por la repetición de las iniquidades legislativas y de los abusos consiguientes para

---

66 Ibíd.

eludirlas, la ley perdió su carácter augusto, su aureola de justicia, imparcialidad y desinterés. El negociante se habituó a violarla; la tentación seductora invadiría los otros gremios, y poco a poco se infiltraron en la conciencia nacional sentimientos incompatibles con un régimen de vida libre, que tiene que apoyarse en el respeto instintivo, inconsciente de la ley. En las sociedades organizadas ese respeto es la resultante de la tradición, de la disciplina espontánea de los ciudadanos, de la cohesión entre los varios elementos de un mismo estado. Esas cualidades del carácter no se adquieren en una generación, ni en dos. Son el resultado de varios siglos de disciplina política y social, del respeto del pasado, de la influencia de las mismas preocupaciones que los teóricos satirizan, porque no las comprenden ni en su forma, ni en su fondo, ni en su utilidad social. La religión, por ejemplo, con todos sus agregados, conventos, corporaciones, hermanas de caridad, frailes misioneros, maestros de escuela, contribuye a esa disciplina con su predicación moral, sus ejemplos de caridad, abnegación y amor al prójimo, con su reprobación de todas las malas pasiones, de los sentimientos egoístas que impiden la cohesión social, es decir, que se forme con todos los sentimientos el sentimiento común, con la resultante de todas las aspiraciones, de todos los esfuerzos, el alma, la aspiración, el esfuerzo, uno en su esencia, que constituye una nación. El respeto y la obediencia al poder es también el resultado de una educación continuada durante varios siglos, del ejemplo repetido de justicia, equidad y altruismo dado por los que el azar ha colocado al frente de los destinos de un país.[67]

En sociología como en historia natural, el órgano que no funciona se atrofia. Durante el régimen colonial esas fuerzas sociales que en Inglaterra, Alemania, Francia, formaron

---

67 Baín, *Logique*; Stuart Mill, *Gouv. Représentatif.*

paulatinamente el idioma, el arte, el derecho y todas las instituciones de orden público y privado, permanecieron condenadas a una inacción forzosa. Deliberadamente el Estado pretendió dirigirlas, sabiendo por experiencia reciente que en su mano pierden toda su eficacia, su vigor y espontaneidad. Nada tiene de extraño que se atrofiaran, que al llegar los momentos críticos fueran incapaces de un esfuerzo serio y continuado para realizar un ideal político. Por espacio de dos siglos ese conjunto de influencias que las animan mientras permanecen en el seno del pueblo, habían sido oprimidas y sujetas a una disciplina odiosa y absurda. Por eso faltaron en nuestras revoluciones, convertidas en meras agitaciones de superficie, sin ideal ni raíces en la sociedad, que permanece indiferente, quieta, algo recelosa por sus bienes; simples dislocaciones del Estado, encabezadas y dirigidas por sus mismos instrumentos de acción, presidentes, congresos, gobernadores, militares, y que tienen por única base la fuerza oficialmente organizada que consiguen arrebatar.

Para demostrar estas verdades es necesario estudiar una por una las instituciones coloniales, en la teoría y en la práctica, notando su influencia y sus consecuencias. Tal vez los gobernadores patrios tuvieron la idea de tratar a sus pueblos como los gobernadores españoles a sus cabildos, por una imitación inconsciente obedeciendo a la sugestión hereditaria. Y en el desprestigio de nuestras asambleas, en la constitución práctica de la presidencia, ¿no podría notarse la tradición de los antiguos cabildos y gobernadores? La tarea es dolorosa, porque en resumen tiende a constatar científicamente una incapacidad orgánica para el gobierno libre.

II

En nuestra literatura política, el Cabildo despierta siempre recuerdos simpáticos. Por una asociación de ideas poco meditada, se le vincula con las comunas anglosajonas y los concejos de Castilla y Aragón. Se ha sostenido que el régimen de libertad y federación que tan bien nos lleva a la ruina, proviene del sistema municipal de la Colonia; que trasplantados a América los municipios de la Edad Media española, retoñaron como en terreno propio, con el vigor y riqueza de fruta de la selva. Las discutida libertad argentina y sus detestables formas constitucionales son el resultado de la combinación de dos escuelas radicalmente opuestas: la norteamericana y la francesa del siglo XVIII, con todos sus defectos y ventajas, su concepto del Estado y del individuo, su soberano absoluto e irresponsable, colocado abajo, en la turba inconsciente, que manejan desde el gobierno los delegados, verdaderos dueños de la soberanía, del porvenir y destino de sus súbditos.

Los Cabildos fueron una triste parodia de los Concejos castellanos destruidos por Carlos V después de Villalar. Nada tan sorprendente y bello en la historia del derecho como esas instituciones municipales que brotaban con toda espontaneidad en la anarquía feudal de los tiempos medios. Ninguna de las pretenciosas constituciones contemporáneas, producto de una pseudo ciencia política, basada en el plagio vil y desatinado de leyes exóticas, ha garantido mejor, ni con más eficacia y simplicidad de medios, los derechos primarios indispensables para que se desarrolle con holgura una sociedad. Ante todo la carta foral concede la franqueza del Concejo: «de voluntad digo por esto que non an ninguna cosa a dar al rey, ni a sennor ni a otro por fuero ni por derecho; ca yengo e libre lo fago de toda premia e de yudgo de rey e de sennor, e de toda pecha e de facendera e de funcion». Otorga el dominio libre y a perpetuidad de la tierra de los habitantes del lugar: «a primas do e otorgo a los que moran e a los que son por venir, la ciudad con todo su término, con montes et con fuentes, extremos, pastos, rios, salinas, venas de plata e de ferro e de cualquier metallo».[68] Esta propiedad es exclusiva, solo los vecinos pueden usarla: «si vecino de la villa fallare omne de fuera en termino, cazando con aves, canes, redes, ballesta; o pescando, o madera taiando, prendalo sin calonna ninguna, e sea en la prision fasta o se remida».[69] En defensa de sus derechos y privilegios, puede el vecino usar la fuerza, y hasta matar: «si algun Ric omne o Caballero fisiere fuerza en termino de la ciudad: e alguno lo matare o lo firiere sobre ello, non peche por ende calonna ninguna».[70] Para evitar que nadie moleste al Concejo se ordena que: «non aya mas de dos palacios, del rey o del Obispo. Todas las otras casas tambien del rico como del alto, como del pobre, como del bajo, todas ayan un fuero».[71] El Concejo solo debe servicio militar al rey: «non sea tenido de ir en hueste si non fuere el cuerpo del rey: et si el rey non quisiere que vaya con el, non vaya en otra hueste ninguna».[72]

El Concejo elige sus jueces y autoridades administrativas: «el juez, alcalde, mayordomo y escribano se nombra cada año», según el fuero de Córdoba. El de Sepúlveda prohibe que se permanezca en esos puestos más de ese tiempo, «salvo placiendo a todo el Concejo». La autoridad real estaba re-

---

68 *Fuero de Sepúlveda*, ley 185 repetida en el de Córdoba, que dice: ítem, ellos y sus hijos y sus herederos tengan todas sus heredades firmes y estables perpetuamente.
69 *Fuero de Sepúlveda*.
70 Ibíd.
71 Ibíd.
72 Ibíd.

presentada por un funcionario cuya única misión era vigilar el buen cumplimiento de las leyes generales del reino, cobrar la contribución que pagaban algunos Concejos al monarca y cuidar las fortalezas, castillos y demás obras de defensa. Pero no tenía jurisdicción ni autoridad sobre los vecinos: «ningun omne, nin sennor, ni otro non debe tener vecino fuero por calonna en que palacio aya parte sino el juez. Et el sennor non prenda vecino, magüer sea vencido por su debdo propio o por calonna, mas el juez lo tenga preso en su casa fasta que pague lo que debe».

En síntesis, cinco principios o garantías generales caracterizan todos los fueros:

1.º La igualdad ante la ley, expresamente establecida en el Fuero de Cuenca: «e si algunos condes, o potestades, o Caballeros, o infanzones si quier de mío rengo, si quier de otro, a Cuenca vinieren a poblar, tales calonas aian cuales los otros pobladores, tambien de vida como de muerte».[73] El carácter de vecino prima sobre todas las distinciones sociales. Esta igualdad era considerada tan esencial para el buen gobierno de la comuna que el *Fuero de Sepúlveda* prohibe vender raíces «a los cogolludos ni a los que Iyan el mundo».

2.º La inviolabilidad del domicilio. Nunca fue tan necesaria esta garantía como en la Edad Media: por eso los fueros la sancionaron con severas penas, hasta la de muerte. El de Lugo, dice: «qui casa aliena forzare echenli las sus en tierra, ni no tuviere casas el forzador peche el duplo... et sia ata tres sus dias e non pechare el pecho non coma ni beba ata que muera». Los fueros de Cuenca y de Sanabria establecen las formas de allanar los domicilios, con las mismas precauciones y respeto hacia el habitante que las legislaciones modernas más adelantadas. «Ningun merino o seyon, dice el de Sanabria, no entre en casa de poblador por calona nin-

---

73 Concuerdan los Fueros de Sanabria, Oviedo, Baeza.

guna, e nos tenemos por bien que non ni entre sinon con los alcaldes y con quatro homes de la villa si los alcaldes non ni fueren, e si el merino o el sayon entraren de otra guisa sinon como sobredicho es, el rey faga de el justicia.»

3.º Justicia. El vecino está sometido a sus jueces naturales elegidos por él o por su concejo, con excepción de ciertos casos especiales que corresponden a la jurisdicción real. «Los merinos, se dice en las Cortes de Valladolid, non puedan matar, nin prender, nin desputar, nin tomar a ninguno lo suyo, sinon aquello que juzgaren los alcaldes del lugar o los alcaldes que andovieren con el merino por justicia, en aquellas cosas que por si deven juzgar o los que devieren juzgar, con los jueces del fuero, como dicho es, que lo juzguen con ellos. E lo que en alguna de estas maneras fuere juzgado que los merinos que lo cumplan.»

4.º Participación en la cosa pública. Los vecinos eligen libremente los magistrados concejiles: «el principio de autoridad en los Concejos, descansa exclusivamente sobre la elección popular, que constituye por sí sola título legítimo a favor del elegido para el ejercicio de las funciones que le están encomendadas por el fuero, sin que para su validez sea necesario confirmación de poder alguno extraño a la municipalidad, incluso el mismo rey, cuya potestad no se extiende a intervenir directa ni indirectamente en el nombramiento de los magistrados municipales».[74] Los cargos públicos son amovibles y duran generalmente un año.

5.º Responsabilidad de los funcionarios públicos. La legislación antigua reglamentaba con mejor sentido práctico y político que la moderna este delicado punto de derecho administrativo y constitucional: «los perjuicios causados indebidamente a los particulares debían resarcirse con el duplo,

---

74 *Fueros de Baeza*, de Cáceres. — Sacristán, Municipalidades de Castilla.

y las infracciones del fuero o la prevaricación en el manejo de los intereses públicos, además de la pérdida del cargo, eran castigadas como alevosía. Lejos de servir de escudo las dignidades municipales para eludir la pena impuesta a los demás ciudadanos, se doblaba cuando el culpable era magistrado, considerando como circunstancia agravante el hecho de faltar a mayor obligación atendido su carácter público».[75]

III

No solo les faltaron a nuestros cabildos esas preciosas garantías, sino la fuerza que las animaba, las milicias de la Hermandad, el ejército de ciudadanos con el que pugnarían contra el osado que invadiera sus privilegios. El estudio prolijo de su constitución y atribuciones, de su acción en la sociedad y en el régimen legislativo, permitirá al lector hacer las comparaciones del caso, deducir las consecuencias a medida que vea cómo se forman y desenvuelven, cuáles son sus medios de acción y de influencia, dónde reside la fuerza que los anima y tonifica y sin la que es inconcebible la vida propia y eficaz de una institución de derecho.

A medida que los territorios se poblaban, se establecía un régimen legal y político, análogo al vigente en España, con ciertas modificaciones impuestas por las dificultades de comunicación con el gobierno central. Cabildos, regidores y demás oficios necesarios en tales repúblicas, nos dice Solórzano, los que todos los años habían de elegir entre los vecinos y ciudadanos sus jueces o alcaldes ordinarios. Un gobernador de Buenos Aires expone en uno de sus autos la constitución especial de nuestro Cabildo:

---

75 Sacristán, *Op. Cit.*

los oficios se an de probeer en personas capaces y de suficiencia para ellos y que no tengan impedimento contra el tenor de las leyes a las ordenanzas reales, y que sean de fuera de los que al presente son capitulares en este presente Cabildo, porque en los tales hasta que pasen dos años no se pueden elegir para alcaldes, ni para regidores hasta que pase uno, porque esto se guarda y oserba en la ciudad de los reyes del Cuzco y de la Plata y en todas las demas Indias, porque de todos los dichos oficios gocen todas las personas beneméritas.[76]

La elección se practicaba con regularidad todos los años, el primero de enero, en presencia del gobernador. Por real cédula de 1594 se recomendaba: «que los vecinos puedan hacer elección de sus Cabildos libremente». En varias leyes se ordena a los gobernadores que dejen votar a los alcaldes y regidores, «que no se interpongan por sus parientes, ni los de sus mugeres, ni otros allegados».[77] Pueden ser elegidos los vecinos y naturales de las ciudades, siempre que tengan casa poblada, para honrarlos y experimentarlos, con tal que no tengan oficios como «tiendas de mercaderías en que exerzan y midan actualmente por sus personas»,[78] debiendo preferirse a los descendientes de descubridores y pacificadores; y que sepan leer y escribir, aunque esto se disimule en los pueblos cortos.[79]

Ésta era la ley teórica, moderada, dentro del absolutismo monárquico, sensata, justa. La ciudad nombra sus jueces, administra sus propios, ejerce sus modestas atribuciones vecinales. Pero en la práctica la teoría legal fue adulterada y falseada por la misma autoridad que la sancionara, y es-

---

76 *Acuerdos del Cabildo de Buenos Aires.*
77 *Recop. de Indias*, libro IV, tít. IX, leyes 7, 8, 9.
78 Solórzano, *Política indiana.*
79 Ibíd.

pecialmente por los encargados de vigilar su buen cumplimiento. Nuestro primer Cabildo fue organizado por Garay en uso de las prerrogativas concedidas por el rey al adelantado Ortiz de Zárate. «A mí, dice el fundador,[80] me compete el derecho de los elegir, destablecer e nombrar e señalar e dar principio de su año y señalar el remate y día en que an de vacar y ser otros elegidos.» Los subsiguientes por elección de los regidores cesantes, aprobada y confirmada por el gobernador, que proveía directamente de vez en cuando, los oficiales concejiles. Así en 1590, Felipe II, atendiendo una petición del Cabildo, decía en real cédula al gobernador: «Muchas veces os habeis entremetido a nombrar jueces, oficiales reales, con voz y voto en Cabildo, por muerte o ausencia del propietario, y que los oficiales de dicha nuestra hacienda real, so color de decir que son regidores más antiguos, pretenden y se les ha encargado oficios de alcaldes, por muerte o ausencia del electo, de que resultan grandes inconvenientes... y Nos mandamos que, no teniendo cédula y poder particular de nuestra real persona, no os entrometais a nombrar ni dar los dichos títulos». En 1706 el Cabildo se quejaba al rey de que el gobernador Maldonado había llenado seis vacantes de regidores. Otro gobernador, Valdés Inclán, desagradado por la elección de alcaldes ordinarios, «pasó a nombrar sin consulta ni participación del Cabildo los referidos oficios de regidores vacos». Y a pesar de la resolución del rey, favorable al Cabildo, amenazó con multa a los regidores que le resistían, «en tal manera que, porque el alcalde de primer voto, a quien mandó por un auto que los citase para Cabildo, lo dejó de hacer hasta que ventilase su causa sobre admitirlos o dejarlos de admitir, ejecutó con tanto estrépito la multa de 200 pesos que le impuso, que sin atender a su carácter le trabó de su mandamiento el alguacil

---

80 *Acta de la fundación de Buenos Aires.*

mayor en una mulata su esclava».[81] En 1609 el gobernador Saavedra nombra alguacil mayor con voz y voto en Cabildo. No obstante la oposición de los regidores perpetuos el Cabildo resolvió negarle voz y voto; pero el gobernador los dominó amenazándolos con multa de 500 pesos. En 1616 se acuerda rechazar al alcalde de hermandad Francisco Muñoz y llevada la queja al gobernador Saavedra, se falla: «que atento a que el dicho capitán es persona de partes y que ha servido mucho a Su Magestad y tenido oficios en esta república, mando que el Cabildo lo reciba pena de 500 pesos».[82]

El derecho de confirmar las elecciones permitía que las revisara y anulara. Así en 1589 el Cabildo reeligió a los alcaldes Pedro Luys y Francisco Godoy. El procurador de la ciudad se opuso, y como insistieran los regidores, el gobernador Navarrete dijo: «que habiendo personas en esta ciudad que puedan usar los oficios de alcaldes guardando las ordenanzas de su magestad, mandaba que de nuevo voten dicho cargo». Y cuando no podían hacer uso franco de sus prerrogativas no se paraban en medios para imponer su voluntad. En el Cabildo de 1.º de enero de 1614 debía hacerse la elección de regidores para el año subsiguiente. Abierta la sesión, observa el capitán de Salas «que ante todas cosas, para hacer este Cabildo parezca el escribano que el justicia mayor tiene preso, y Domingo Gribes, regidor, que así mismo tiene preso maliciosamente». Se protesta y discute, y el justicia mayor corta el nudo, manteniendo sus actos y ordenando se proceda a la elección, «pena de 200 pesos para la Camara de Su Magestad, y por redimir vejación y molestia[83] callan y votan los regidores con arreglo a lo mandado».

---

81 *Acuerdos del Cabildo de Buenos Aires.*
82 *Acuerdos del Cabildo de Buenos Aires.*
83 *Acuerdos del Cabildo de Buenos Aires.*

La práctica abominable de vender los oficios concejiles completó la ruina del sistema municipal. Los reyes católicos prohibieron este comercio, pero, como dice Bobadilla, se debería «quitar la dicha ley, que no ocupe el libro de la Recopilación en balde, pues ya no se guarda, y se venden los dichos oficios por culpa de los tiempos, y por las grandes necesidades y obligaciones de Su Magestad». Un oficio era como cualquier otra propiedad, susceptible de ser gravado con derechos reales, ejecutable para el pago de deudas; «y se debe computar al hijo en legítima y mejora, y al marido y muger en las arras y ganancias: y debesele a la hija, si en nombre de dote se le prometió alguno destos oficios; y puedense obligar e hypotecar como la casa y la viña».[84] En Buenos Aires los cargos se adjudicaban en pública subasta, por Pascual, negro que hace de pregonero, en acto solemne, presidido por las más altas autoridades de la colonia, reunidas en la plaza, a las puertas de las casas del Cabildo. Y terminaba el acto con esta frase, que nos descubre en síntesis la secreta índole del régimen antiguo: que buena, que buena, verdadera pro le haga.

Si se recuerda que la filosofía y el derecho antiguos reprobaban la consagración de las energías de la vida al lucro, que en el concepto social los negocios traían aparejado un cierto descenso en la dignidad hijodalga, se comprende que esta política era la más adecuada para rebajar la función pública, habituando al pueblo a despreciarla. *A priori*, el tipo de funcionario tomó ciertos aspectos morales en la imaginación popular de venal, de corrompido, de egoísta. Esa idea del deber, de sacrificios, de altruismo, de desvelo por la felicidad común que constituía su aureola, su título al respecto de la sociedad, desaparece para no volver más; y los malos y los buenos irán confundidos en el mismo juicio escéptico y

---

84 Solórzano, *Política indiana*.

deprimente. Si se empeñan en comprar los puestos públicos que tienen modestos estipendios es

> para traher sus ganados por los cotos, para cortar los montes, cazar y pescar libremente: para tener apensionados, y por indios a los bastecedores, y a los oficiales de la república; para ser Regatones de los mantenimientos, y otras cosas en que ellos ponen los precios; para vender su vino malo por bueno, y mas caro y primero; para usurpar los propios y Positos, y ocupar los valdíos; para pedir prestado, a nunca pagar; para no guardar tasa, no postura comun; para vivir suelta, y licenciosamente, sin temor de la justicia; y para tener los primeros asientos en los actos públicos, y usurpar indignamente los honores agenos.[85]

En Buenos Aires los compradores de oficio desempeñaron sus puestos como negocios, buscando ante todo la satisfacción de sus intereses. Tenían que reponer el capital desembolsado y conseguir la buena pro anunciada por el pregonero. Ellos formaban la mayoría, la fracción aliada de los gobernadores, que los apoyaban en todos sus desmanes. Funes dice que toleraban negocios escandalosos, conculcando las leyes del reino, para obtener cueros a vil precio, y asegurarse en Cádiz protectores de sus conveniencias. Y más adelante agrega, que «su única profesión era el arte de adquirir, y muchos de ellos habían hecho sus primeros ensayos sobre materias muy humildes; por consiguiente, el interés individual debían mirarlo como el único bien a que era preciso sacrificarse lo demás». En 1660 expide un bando el gobernador Mercado, a propósito de la omisión de las autoridades de cobrar el tercio sobre las ventas, en el que reiterando la orden dice, entre otras cosas, refiriéndose a la excusa de ignorancia alegada por el Cabildo, «que más parece disimu-

85 Ibíd.

lación por hacer bien a los contratantes, que no ignorancia de la dicha ley y derecho, pues en la ciudad de Santa ffé se observa inbiolablemente». En 1665 se pide «que se hordene por hordenanza perpetua que ninguna persona que tubiesse ofizio o admistracion de justizia que en sus cassas ni fuera de ellas no puedan bender ningun genero de mantenimientos». Como consecuencia, el pueblo tenía que mirarlos con indiferencia y desprecio justificados.

Esta política trastornaba todas las nociones de buen orden y administración. Al vender los puestos el Estado, admitía de una manera implícita que son cosas explotables, que están en el comercio. El mal que nos ha hecho esta tradición es increíble. Es la raíz profunda de toda nuestra decadencia política. Resalta con todo relieve, si se compara con los orígenes institucionales de Inglaterra y Estados Unidos, donde los propietarios desempeñaban gratuitamente las cargas más difíciles, buscando mantener su influencia en la cosa común: «Y fue renunciando a percibir los emolumentos anexos al oficio de juez de paz, que poco a poco excluyeron a los jurisconsultos de profesión. Estudiaron asiduamente el derecho para que se encontrara en sus filas hombres expertos cuya presencia era necesaria en las comisiones de los jueces de paz».[86]

Los precios de los puestos públicos fueron los siguientes:

Años	Ventas	
1618	Alguacil mayor (a perpet.)	31.000 pesos plata
1644	Tesorero Contador	1.000 " "
1645	Depositario General	1.500 " "
1653	Escribano Público	1.300 " "
1657	Alguacil mayor	4.000 " "
1644	Regidor, más antiguo	1.200 " "

86 Bertollini, *Il governo locale inglese*.

	Regidor de segundo voto	900 " "
	Regidor	850 " "
	Regidor	830 " "
	Regidor	800 " "
	Depositario	1.900 " "
1671	Alcalde de Santa Hermandad	1.300 " "
1670	Regidor	830 " "
	Regidor	900 " "

Arrendamientos

1617	Escribano mayor de residencias, por año	300 pesos plata
1672	Alguacil mayor, por año	400 " "

En varias ocasiones aumentaron el número de regidores, probablemente mientras hubo demanda. De tres, que componían el Cabildo en 1613, llegó a tener dos alcaldes ordinarios, alcalde provincial, alguacil mayor, ocho regidores y depositario general, cuando se estableció la Audiencia. Es probable que el negocio se malograra por el exceso de oferta y se volvió a la antigua práctica de que el Cabildo eligiera sus miembros. Durante muchos años la pro sería buena, la inmoralidad cundiría envenenando al país, habituándolo a considerar al gobierno como un lugar de explotación, fuente de riquezas y placeres, de abundantes e inagotables sensualidades. El sistema político y social pecaba por la falta de ideales en los gobernantes y en los gobernados. Por sí sola, la fortuna no es un fin suficiente para llenar la vida de un hombre; menos la de un pueblo. Aun en medio del triunfo queda como un dejo de amargura la inutilidad suprema, lo efímero de tantos esfuerzos. Falta el fermento divino que levanta el alma, la obra a realizarse que justifica una vida, dándonos siquiera la ilusión de permanencia, de bondad y de belleza. Impunemente no se sacrifican todas las energías a las sensualidades materiales. El castigo viene con la platitud de la existencia, la monotonía desconsoladora de un horizonte siempre gris, sin un solo arrebol que lo coloree dándole interés y alegría.

IV

Así se formaba el Cabildo de Buenos Aires, por elección confirmada por el gobernador, nombramiento directo y remate público. Como en 1619 el Cabildo resolviera excluir de su seno «a los regidores anales en cuyo lugar entraren los perpetuos»,[87] ocurrió alguna vez que toda la institución había sido organizada al mejor postor. La crónica de Buenos Aires demuestra que no debía ser muy cómodo el cargo de regidor. En la legislación se les equipara a los consejeros del monarca. Deben ser nobles o de buen linaje, los más beneméritos y ricos de las ciudades, hombres de virtud y buena fama: «es tanta la calidad de los Regidores que representan al pueblo, y son toda la ciudad y cabeza de ella, y pueden introducir costumbres».[88] Gozan de varias prerrogativas importantes y de todo orden; están exentos de las cargas personales, y de los viles y humildes oficios, y cobranzas; se les debe dar por sus dineros la mejor carne y mantenimientos que se venden, y los menudos los sábados; pueden traer armas simples en horas y lugares prohibidos; y se ha de ir a su casa o tomarles juramento, y a que testifiquen, como a personas egregia y constituida en dignidad.[89]

Sin embargo, las autoridades reales no les guardaban mayores consideraciones. Las leyes daban poderes casi om-

---

87 *Acuerdos del Cabildo de Buenos Aires.*
88 Bobadilla, *Política.*
89 Bobadilla, *Op. Cit.*

nímodos a los gobernadores en su papel de presidentes del corregimiento. Los tratadistas coetáneos comienzan por prevenirles que «ningun trabaxo hay en los magistrados y gobiernos como lidiar con los ayuntamientos».[90] Ante todo, solo él tiene autoridad para congregar al Cabildo: «esté advertido del corregidor, que él solo, como cabeza de la República, y su teniente, y no otro alguno, si no es vacando el oficio, tienen poderio y autoridad para congregar y llamar a Regimiento; y sin su presencia no puede congregarse para tratar a voz de Concejo las cosas públicas, sin pena y castigo, porque la tal junta se presumiría ser ilícita y contra el rey y para mal fin».[91] Encamina y dirige arbitrariamente los debates, «para evitar en el Ayuntamiento bullicios, y ocasiones de pesadumbre, que los Regidores mozos, o modernos, no hablen mucho, y que tengan respeto a los antiguos, y ancianos, sin pretender votar primero, ni aducirlos a su parecer, ni interrumpirles las palabras».[92] Puede apercibirlos y mandarlos callar «so graves penas, enviarlos presos a sus casas o a la cárcel si el caso lo requiere».[93]

En Buenos Aires estas facultades se ejercerían con toda amplitud. En sesión de 5 de agosto de 1619, el portero del Cabildo dice «que no ha llamado al alguacil mayor porque como esta preso a muchos días que no se le halla en Cabildo y tampoco a llamado al resetor de penas de Camara porque tambien esta preso». En el acta de 3 de agosto de 1634, se lee: «declarase que no se hallaron en este Cabildo porque habiendose ido a llamar un portero dio fe de que estaban presos». Además de prenderlos y multarlos, el gobernador o su teniente no pierden ocasión de hacerles sentir todo su

---

90 Ibíd.
91 Ibíd.
92 Ibíd.
93 Ibíd.

desprecio de europeo y representante del rey. El maestre de campo don Jacinto Láriz no dejaba juntar a los capitulares

> para conferir y tratar las cosas conbenientes a esta republica quitandoles su libertad y estorbandoles el uso de sus oficios, pribandoles de sus botos con terrores y miedos que les ponía y que solamente se asian los cabildos quando era su bolunad y essos solos por sus particulares fines y previrtiendo la forma ordinaria e haziendolos en las calles en la plasa y en su cassa y en los portales que estan que estan en la plassa desta ciudad y finalmente como y en la parte donde quería y sin que se escriviese aun de la manera que los asia ni permitiese que constasen por escrito.[94]

El gobernador Mercado los reprende porque no asisten a los sermones y fiestas de la Iglesia: «no hallarse ellos los señores capitulares faltando a actos tan públicos las justizias a quienes no hallan los predicadores para reprehender lo mal obrado de la república con que parece que huyen el cuerpo y faltar a tales actos es asserse hechores y sabidores de lo que pueden reprehender».[95] Un procurador del Cabildo decía oficialmente: «los capitulares de la dicha ciudad, puerto de Buenos Aires, son bejados por los gobernadores, obligandolos a salir a todas las reseñas y alardes». En carta al rey dice el Cabildo: «porque siendo los gobernadores destas provincias tan absolutos en sus disposiciones, por la fuerza del presidio que tienen a su voluntad... queda este cabildo expuesto a los arrojos atropellados deste y demás gobernadores».[96] Pero nada tan explícito como el informe de un funcionario colonial, que describe la situación de los

---
94 *Acuerdos del Cabildo de Buenos Aires.*
95 Ibíd.
96 Trelles, *Revista del Archivo.*

regidores de Buenos Aires: «sin conveniencia ni emolumento alguno, como en otras ciudades, para que puedan sustentar el lustre de sus personas... y aquí los hemos visto prender por deudas y otros casos muy leves y ordinarios, hacerles otras molestias, de que se ha sacado harto escándalo y menosprecio que los súbditos, así de la republica como de los mismos oficios, de que se sigue notable perjuicio a la Real Hacienda, pues asi los que los tienen, por virse con inquietudes y menospreciados, los quieren dejar como así sucederá... y ha de ser necesario apremio para ocupar los oficios, aun de alcaldes ordinarios».[97] Y la predicción se cumplió: fue necesario acudir a los apercibimientos, prisiones y multas para que aceptaran los cargos. En un acta se dice: «en este Cabildo después de haber salido del el dicho Francisco Muñoz se acordó que el Justizia mayor de esta ciudad le apremie con prision y pena pecuniaria a que azete el cargo de regidor de este Cabildo».[98] En 1750 fue necesario castigar con multa de 500 pesos a los seis vecinos electos regidores para que concurrieran a recibir sus títulos.

Su inteligencia corría pareja con la moralidad. Vive todavía en los acuerdos, verdadero tesoro de psicología colonial, indispensable para el que desee penetrar la vulgaridad de aquellos colonos, su falta de alma, de los propósitos elevados que ennobleciendo la vida le dan interés y simpatía. Preocupados con su formalismo de etiquetas, cuidan sus prerrogativas hasta en el orden jerárquico de sus asientos las funciones de tabla, y las discuten en el idioma del gaucho,[99] con su vocabulario reducido, que satisface apenas las necesidades más indispensables de esa vida elemental, la sintaxis

---

97 Trelles, *Revista del pasado argentino*.
98 *Acuerdos del Cabildo de Buenos Aires*.
99 Sus modismos eran corrientes en las generaciones de la conquista; y en crónicas y en leyes, sus únicos monumentos literarios, podéis estudiar la gramática campesina; Estrada, Historia de Argentina.

contrahecha que tira trabajosamente las frases y las ideas, empantanándose a cada instante, una marcha de carreta pesada y chillona por los antiguos caminos; la ortografía ridícula que imita su pronunciación horrible, doblando las eses, las eres, las tes. Y las palabras más suaves dan una impresión de dureza: se diría que al pasar destrozan las gargantas y los labios.

Capítulo IX. La administración de la ciudad (continuación)

I

Mientras que no se propagaron en España los estudios de jurisprudencia, los tribunales funcionaron sin intervención de la ciencia, a verdad sabida y buena fe guardada. Era una justicia patriarcal y primitiva, con códigos breves y sencillos, relaciones de derecho fáciles, sin abogados, ni procuradores, ni jueces letrados. Las Partidas admitían con toda naturalidad el juez analfabeto. Los fueros de Molina y Salamanca prohiben la intervención de procuradores, «qui batayar voz agena, noi non de homes de su pan, o de sus solariegos, o de sus yugueros, o de sus hortelanos; si otra vez batayase peche cinco maravediz, e pártase de la voz». En las leyes generales del reino se mencionan los personeros y voceros legislándose sobre sus facultades, pero como dice Martines Marina, eran hombres buenos, personas de confianza, que cada uno podía nombrar para llevar su voz. En el libro II, título III, del Fuero Juzgo, encontramos varias disposiciones sobre los voceros. La ley I, con espíritu de sabia prudencia y previsión, ordena que los obispos y señores no estén en juicio personalmente:

> los sennores quanto mas deven iudgar los pleitos, tanto mas deben guardar de los destorbar. Onde si el obispo o el principe an pleyto con algun omne, ellos deven dar otros personeros, que traygan el pleyto con ellos. Ca desondra semeiarie a tan grandes omnes, si algun omne rafez les contradixiesse lo que dixiessen en el pleyto. Hy el rey si quisiese traer el pleyto por si ¿quien osará contradecir? Onde que por el miedo del poderio

non desfalezca la verdad, mandamos que non tracten ellos el pleyto por si, mas por sus mandaderos.

La ley III autoriza al que no sabe razonar por sí que lo dé escrito al vocero. La IX dice «que ningun omne non debe meter por personero de su pleyto omne mas poderoso de si, por querer apremiar su adversario por poder daquel. E si algun omne poderoso a pleyto con algun omne pobre, o non quiere traer el pleito por si mismo, non puede meter por personero si non omne que sea igual del pobre, o que sea menos poderoso del que lo mete. E si el pobre quisiere meter personero, puede meter por personero tal omne, que sea poderoso tanto como su adversario». El libro I, título IX, del *Fuero Real*, se ocupa de los voceros sus cinco leyes. La ley II prohibe que «ningun clérigo de orden Sacra, ni Beneficiado, no puede ser Bozero, sino de la Iglesia o de lo suyo»; y la ley IV dice: «mandamos que ningun Herege, ni judio, ni moro, no sea Bozero por Christiano, ni siervo, ni ciego, ni descomulgado, ni sordo, ni loco, ni home que no haya edad cumplida». El título X se ocupa de los personeros.

Pero con el adelanto de los estudios jurídicos, especialmente el descubrimiento del derecho romano y la población de las Partidas, esta situación ideal y plácida se modificó. Se requería mucho tiempo y contracción para dominar una materia tan vasta. Ya no eran posibles los jueces antiguos que «si supieran leer, e escriuir, saberse an mejor ayudar dello», ni la defensa personal del lego. Se introdujeron en los tribunales los golillas, como se llamaba en el siglo pasado a los licenciados en derecho, clérigos y seglares, monjes y frailes, para demostrar su letraduría.[100] Y comenzó la chicana, el desorden, las embrollas, la dilatación de los juicios, y las quejas del público que todavía continúan. «Que los clérigos

---

100 Martínez Marina.

beneficiados, dice el Concejo de Burgos, estan a los juicios con los alcaldes, e aconsejan a los que han pleitos, e por esta razón aluenganse los pleitos.» La grita y desesperación de los litigantes aumentó tanto, que don Alfonso dispuso «que los alcalles deben sacar ende a todos aquellos que entendieren que ayudarán a la una parte e estorbarán a la otra». Y para contener la insolencia de los abogados, dispuso «que non razonen los pleytos bravamente contra los alcalles, ni contra la parte». Don Jaime de Aragón, el emperador Federico III, don Alonso IV de Portugal, prohibieron la intervención de abogados en los juicios, persuadidos de que eran los autores de los males del foro.[101] A pedido de varios pueblos de Castilla, ordenó don Alfonso el Sabio «que los pleytos de Castiella e de Extremadura, si non han abogados segund su fuero, que los non hayan, mas que libren sus pleytos segund lo que la usaran».[102] Finalmente, en la sesión del 22 de octubre de 1613, el Cabildo de Buenos Aires tomó en consideración la proposición de su Regidor, Miguel del Corro, oponiéndose a que vinieran a la ciudad tres abogados, que estaban por llegar, fundándose en que la existencia de tales personas era perjudicial. La moción se discutió largamente; varios concejales hablaron, todos conformes en que se rechazaran. «El alcalde dixo que le parece en justicia las raçones propuestas; atento a que esta tierra es nueva, su parecer es que no conviene que a ella vengan letrados.» Francisco Manzanares dijo: «que atento a la pobreza de esta tierra y a los efetos que de haber letrados se siguen». El tesorero Simón Valdez, más categórico y expresivo, opina «que en esta tierra no es menester letrados, porque los que han veniddo a ella solo han servido de inquietar los oficiales reales con los governadores y a todos los demas vecinos del pueblo, y

---

101 Martínez Marina, *Op. Cit.*
102 Ibíd.

que los pleytos que aquí se ofrecen consisten en cumplir la cédulas y ordenanzas de S. M. Sr. Virrey y Real Audiencia, que están en romançe».

Como se ve, la entrada en la sociedad de nuestra profesión causó algunos trastornos que no han cesado, puesto que el público continúa quejándose. Don Alfonso, que tenía sus debilidades por los legistas, reglamentó la carrera y los estudios en la Partida III. La ley XIII, título VI, dice:

> Estoruadores e embargadores de los pleytos son los que se fazen abogados non seyendo sabidores de derecho, nin de fuero, o de costumbres que deuen ser guardadas en juizio. E por ende mandamos, que de aquí adelante ninguno non sea osado de trabajarse de ser abogado por otri en ningun pleyto, a menos de ser primeramente escogido de los judgadores, e de los sabidores de derecho de nuestra Corte, o de las tierras, o de las ciudades, o de las villas en que ouire de ser abogado. E aquel, que fallaren que es sabidor, o ome para ello, deuen le fazer jurar que el ayudará bien e lealmente, a todo ome quien prometiere su ayuda. E que non se trabajará, a sabiendas, de abogar en ningun pleyto, que sea mentiroso o falso, o de quee entienda que no podrá auer buena cima. E aun los pleytos verdaderos que tomare, que puñará que se acaben ayna, sin ningun alongamiento, que el fixiessee maliciosamente.

La influencia y predominio que tienen ahora el derecho privado francés y la Suprema Corte de los Estados Unidos, pertenecían entonces al Derecho romano y canónico. Los legistas se formaban estudiándolos casi exclusivamente; dos horas de Digesto, dos de Códice, dos de Decretales, ocupan el día de un estudiante de Salamanca. En 1752 el marqués de la Ensenada decía a Fernando VI: «la jurisprudencia que se estudia en las universidades es poco o nada conducente a su práctica, porque fundándose en las leyes del reino, no tiene cátedra alguna en que se enseñen. En las cátedras de las universidades no se lee por otro texto que el Código y Digesto, que solo tratan del derecho romano. En su lugar se pueden subrogar las del Derecho Real, con su *Instituta Practica*...». Desde un principio se preocuparon los reyes de corregir esta tendencia. En la ley II de Toro se ordena el estudio del derecho patrio, y don Fernando dispuso en 1505 «que los letrados en estos nuestros reynos sean principalmente instruidos e informados de dichas leyes».[103]

II

Aparte de su papel en los negocios y mantenimientos de la ciudad, explicados en un capítulo anterior, la principal atribución del Cabildo era la de justicia. La administraba en primera instancia por intermedio de los alcaldes de primero y segundo voto, elegidos todos los años, con jurisdicción civil y criminal. Los legisladores antiguos no creyeron que fueran necesarios los conocimientos técnicos para resolver los pleitos. Confiaban más en la hombría de bien, el sano criterio de los hombres de alta posición social, con experiencia en la vida:

> deuen ser de buen linage, para auer verguenza de non errar, buen entendimiento para entender ayna lo que razonaren ante ellos; e deuen ser apuestos, e sesudos para saberlo departir e judgar derechamente. E si supieren leer e escrevir, velerse an mejor ayudar deello, porque ellos mismos se leran las cartas e las peticiones.[104]

---

103 Nueva Rec., Libro II, tít. I, ley IV; Antequera, Legislación española.
104 Partida II, tít. IX, ley 18.

Se les permitía, y en los casos difíciles se les ordenaba, que se asesoraran con profesores de derecho, indemnizados con sus fondos particulares y los que pagaban las partes por cada firma. «Y a esto están obligados, dice Bobadilla, así por derecho común, como por leyes de estos reynos, y costumbres; y no lo haciendo serán nulas las sentencias; y esto aunque fuesen justas, y por tales se deben declarar, por no abrir puerta a los hombres seglares, y sin letras, para que sentencien por su cabeza, y sin asesores, aunque en realidad de verdad hubiesen de sentenciar lo mismo.» La ley comprende a los corregidores, gobernadores y justicias mayores: «eligiendo (cuando no fuese letrado) teniente letrado y sabio, con quien consulte los negocios de justicia y gobernación, y haga lo que el tal teniente le encaminase, pues de por sí solo es suficiente para alcanzar los fines de los pleitos; y a esto le obligan las *Leyes de Partida*, so pena de ser nulas las sentencias que de otra suerte dieren».[105] Además, el Cabildo intervenía en los pleitos por intermedio de otros dos funcionarios, de verdadera importancia social: el defensor de pobres y el defensor de menores.

Como tribunal de apelación conocía en todos los asuntos civiles cuyo valor no pasara de sesenta mil maravedíes.

> I mandamos, dice la Ley Recopilada, que el proceso pase ante el escribano, ante quien passó en la primera instancia, el quel lleve luego el processo original a los jueces, que fueren nombrados, los quales el dicho Concejo elija, nombrando entre ellos dos buenas personas, los quales en uno con el juez que dio la sentencia, hagan juramento que a todo su leal poder, i entender, juzgaran aquel pleito bien y fielmente, y ante ellos el apelante sea tenudo de cocluir el pleito, y ante el mismo Escrivano, dentro de treinta días desde el día que passare el quinto día, en

---

105 Bobadilla, *Op. Cit.*

que pudo apelar, y presentar, y después dentro de otros diez dias primeros siguientes, los dichos tres alcaldes diputados, o los dos de ellos, si los tres no se conformaren, den i pronuncien sentencia en el dicho pleito.

Carece de jurisdicción criminal. El legislador desconfía de su benevolencia, de sus contactos con el pueblo que pueden llevarlo a atenuar la severidad de las leyes: «como quiera que por ser de sus vecinos, y en que hay alvedrío, y ruego, dexarlas hian mal castigadas, porque comunmente profesan ser protectores, y Rogadores por los naturales que delinquen».[106] Por otra parte, su jurisdicción es anómala, extraña y limitada a la materia civil: «y no se puede ni debe ampliar, ni estender a lo que es de otro género, denominación y forma diferentes».[107]

Todos estos funcionarios, especialmente los jueces que se enviaban para entender en ciertas causas, han dejado tristes recuerdos de su paso por la colonia. Refiriéndose al cobro judicial de impuestos, dice el tesorero Montalvo, que debe buscarse un medio «en el que no tome parte la justicia por las mañas que tienen los deudores con las justicias». En carta del Cabildo al rey se dice que la principal causa de los males que afligen la ciudad «son causados por los jueces que an benido y sacado gran suma de dinero sin llevar V. M. nada de provecho». Y en un poder otorgado por el Cabildo, se lee este párrafo precioso: «que los jueces an sacado desta ciudad y provincia mas de 100.000 pesos de salarios y costas», todo en diez años, obligando a los vecinos a quedarse en la miseria, vender sus chacras, estancias y casas, para pagar costas y honorarios. El gobernador Valdez decía refiriéndose a los jueces especiales, mandados por la Audiencia

---

106 Bobadilla, *Op. Cit.*
107 Ibíd.

de Charcas, que «explotaron la real hacienda porque se les comisionaba para procesar y que de los culpables cobraban sus salarios, y que cuando no hubiera condenados los cobraran de la Real Caja. Pero que debido a esta última facultad, los referidos jueces se llevaron todo el dinero, pues sospechados por los culpables, los exoneraban de responsabilidad, para cobrar de la Real Hacienda sus excesivos salarios». El P. Lozano dice que «las justicias se habían hecho tan del bando de las injusticias, que varios caballeros se pasaron fugitivos al Brasil para asegurarse de sus tiranías». En 1635 se pedía al Cabildo que «ninguna persona que tuviesse oficio o administracion de justicia que en sus casas o fuera de ellas no puedan vender ningun genero de mantenimientos», y el historiador Funes dice: «que a pesar de que estas plazas dejaban por sí mismas al magistrado en su mediocridad, ellas abrieron en América la carrera de la opulencia, y el ejercicio de administrar justicia vino a ser el arte de enriquecerse».

Su rasgo característico es el orgullo. «Han exigido un culto, dice Funes, que ha oscurecido todos los demás; nada lo da a conocer como la manda de aquella piadosa mujer de Chuquisaca, destinada a solicitar una toga a favor del Santísimo Sacramento.»

III

Un contemporáneo enumera las demás atribuciones del Cabildo así: «la corporación administraba los pocos fondos que se le habían asignado bajo el nombre de propios y arbitrios: presidía los espectáculos públicos, cuidaba de la compostura de las calles y caminos, reglamentaba el precio de los granos, inspeccionaba las cárceles, los establecimientos de beneficencia, y en suma, tenía a su cargo toda la policía baja de la ciudad, sin que el rey o su tesoro lo gravase con un maravedí».[108] Pero aun en esta limitada esfera, su autoridad estaba subordinada a la del gobernador, carecía en absoluto de independencia. En sus modestas funciones propias su papel legal era de consejero, y ejecutor de las órdenes superiores: «solo es para dar su parecer a los que tienen la suprema autoridad, y no tiene poder, ni autoridad de mandar, ni determinar, ni poner en execucion sus pareceres, y deliberaciones, sino que se ha de referir en esto a los Corregidores; y lo contrario no lo deben consentir las justicias, porque es en perjuicio, y disminución y caída de la Magestad, que es tan alta, que de ninguna manera toca a los subditos llegar a ella».[109] Es tan estricta la política es este punto, que se prohibe el pregón de las ordenanzas en nombre de los señores justicias y regidores, «porque el executar los acuerdos del regimiento, y mandar pregonar imponiendo penas, o sin ellas, es acto que pertenece al mero, y mixto imperio del Corregidor, y así no ha de decir el pregón, sino: manda el señor Corregidor».[110]

Hay algunos casos, sin embargo, en que los regidores tienen jurisdicción: 1.º Si algún juez despojare a alguien injustamente de su posesión, tomándola para sí o dándola a otro, «los otros alcaldes de la ciudad o de donde acaeciere, restituyan a la parte despojada hasta tercero día; y pasado el tercero día que lo restituyan los oficiales del Consejo».[111]

2.º Si las justicias ordinarias no cumplieren y ejecutaren luego de plano los privilegios y cartas reales de situaciones, o libranzas de los contadores mayores.

---

108 Núñez, *Noticias históricas.*
109 Bobadilla, *Op. Cit.*
110 Ibíd.
111 Recop. Cast., lib. IV, tít. XIII, ley III.

3.º Si alguno por su propia autoridad prendiere a su deudor, no fugitivo, o le tomare sus bienes, podrán los Regidores del pueblo soltarle de la prisión y hacérselos restituir.

4.º Cuando alguna persona tomare maravedís de las rentas reales pueden los regidores defendello y resistillo.[112]

5.º Si algunas personas fueren inobedientes a las justicias, y receptaren malhechores, o los defendieren para que no sean presos, hicieren escándalos, y bullicios en los pueblos, y el Corregidor fuese remiso, y negligente en no echar de la ciudad a los tales poderosos que la alteran y escandalizan, pueden los regidores juntar al pueblo con mano armada, y echarlos de él, y executar en ellos las penas que las justicias les hubieren puesto.[113]

6.º Dilinquiendo alguno, y no haviendo allí ministro de justicia, podrá el Regidor, que se hallare presente en fragante delito, prenderlo, y quitarle las armas, y presentarlo con ellas luego ante la justicia.[114]

7.º Si muriere el corregidor sin dejar teniente en su lugar, pueden los regidores elegir persona que con vara de justicia administre el oficio de gobernador y juez hasta que el rey provea.

Como lo habrá notado el lector, en casi todos estos casos la situación política o privada es anormal. Pero en la marcha ordinaria de los negocios, en el funcionamiento regular de la vida administrativa, el papel político del Cabildo es inferior, subordinado; una comisión con facultades limitadas que podía suprimirse en cualquier momento; sin influencia en el pueblo con el que no tenía vinculaciones, sin fuerza material, tan pobre que apenas le alcanzaban sus rentas para las necesidades más apremiantes, despreciado y humillado por

---

112 Bobadilla, *Op. Cit.*
113 Bobadilla, *Op. Cit.*
114 Ibíd.

la única autoridad con poder efectivo, el gobernador dueño del presidio.

IV

En el concepto antiguo, el impuesto no era la retribución de un servicio prestado por el gobierno al contribuyente, única razón que lo justifica y autoriza, sino el cumplimiento de un deber político, moral y religioso, en la relación de rey y súbdito.

Los monarcas cuidaron bien de sus rentas: la bomba aspirante instalada en el centro no toleraba que se interpolaran aparatos locales que podían desviar la corriente de riqueza. Y cuando lo admitían era con toda clase de precauciones, averiguando bien las cosas; no fuera a debilitarse el organismo económico por sangrías hechas mal a propósito. En lo que toca a echar derramas y tributos sobre los vecinos, se establece el principio general de «que solamente es permitido a los Ayuntamientos hacer repartimientos sin la dicha licencia real hasta tres mil maravedíes».[115] Sin embargo, se admiten excepciones bien fundadas:

> quando el repartimiento se hiciere, no por apremio de la justicia, sino de voluntad y beneplácito de los contribuyentes, para gastar lo que procediese de él en cosas dirigidas a buen fin;
> quando por algun peligro urgente que sucediere, no se pudiere aguardar licencia real para el remedio de él: como sería para defensa de enemigos, para reparar la ruinosa puente, o el río, por el ímpetu e inundación de las aguas, o para aderezar los conductos de las fuentes, que dexaron de correr; para matar la langosta que hay en los términos, o los lobos, y otros animales nocivos, o para defensa de la justicia, y jurisdicción de ella, en

---

115 Bobadilla, *Op. Cit.*

algun caso accidental que ocurriese, o para echar alguna gente de guerra de la tierra, y que se alojen en otra parte, por redimir las vejaciones que se hacen de ella;

para traher trigo o otras vituallas en tiempo de hambre y gran esterilidad;

quando algunos Cofrades o Parroquianos de su voluntad hicieren repartimientos entre sí, para hacer alguna imagen, frontal, ornamento, campana o custodia, o alguna fiesta, toros o representaciones en el día de su festividad; si entre algunos particulares se acordare seguir algún pleito, y para los gastos de el quisieren repartir algunos dineros entre sí: o si en el Ayuntamiento se acordare por algunos seguir algun pleito, o residencia, que no tocase a todos, sino a ciertos perticulares;

se puede compeler a las personas ricas, que sin interés alguno presten, hasta que lleguen los plazos de los propios, o se recoja por menudo el repartimiento, para comprar trigo, o carnes, o vino, en tiempo de mucha necesidad.[116]

Aparte de estos casos el Cabildo no cuenta con más recursos que los autorizados por el rey y las rentas de sus propios. En Buenos Aires los primeros eran pocos y de un rendimiento ridículo: 300 o 400 pesos plata por año. «Los únicos impuestos que tenía la ciudad, dice V. G. Quesada, estaban reducidos en los primeros tiempos al impuesto o patente de 20 pesos que pagaban cuatro pulperías o tiendas, que ascendía en su total a la suma de 80 pesos; a un real por cada botija de vino que entraba a la ciudad; al corte de la leña de los montes, impuesto que después percibían los gobernadores, y al anclaje que pagaban los buques en el puerto. Estos impuestos ascendían a la suma de 320 pesos por año.» Además, cobraba un tanto por el arrendamiento de la mojonería y pregonería, y de dos aposentos de sus casas. En 1708

---

116 Recop. Cast.; Bobadilla, *Op. Cit.*

pide al rey le conceda cuatro licencias de pulperías; en 1744, que le permita cobrar un tanto a las carretas, y «sobre cada botija de aguardiente que se introduce»; somete a su aprobación un impuesto a los navíos. En 1752, para atender los gastos de la guerra de fronteras, decretó un impuesto sobre los cueros y aguardientes, que fue sometido a la aprobación del rey. Y como es lógico suponerlo, el rey contenía estas veleidades del Cabildo que podían mermar sus rentas. En 1761 se le concedió el derecho de cobrar anualmente 5 pesos sobre cada cuadra de las que poseían sus vecinos en el ejido.

Continuamente se queja de su pobreza. En 1666 no podía salir a levantar pendones con motivo del advenimiento del sucesor de Felipe IV porque «las masas de Cabildo a tiempo que están empeñados en cantidad de 200 pesos».[117] En 1779 se dice en una información oficial que por la exigüedad de sus propios la ciudad se halla empeñada en 27.000 pesos plata. En 1744, escribía[118] el apoderado de la ciudad sobre «el estado tan miserable en que se halla de no tener aquellos propios precisos y necesarios para la subsistencia, y hoy clamorea mas con la noticia que se participa de que se teme se retoque la posesion y amparo en que se halla esta ciudad de los derechos de pregonería y mojon».

No obstante sus modestas atribuciones y el descuido absoluto en que tenía el progreso de la ciudad, su renta apenas alcanzaba para la vida decorativa. «Entre los gastos más considerables, dice V. G. Quesada, figura una partida para gastos de cera en las funciones de iglesia de los patrones de la ciudad, que se fija en la suma de 500 pesos. De manera que en cera se gastaba más de lo que producían las rentas municipales.» Tendrían una importancia extraordinaria estas fiestas. Cuarenta y nueve días en el año, aparte de los

---

[117] *Acuerdos del Cabildo de Buenos Aires.*
[118] Trelles, *Revista del Archivo.*

domingos, en los que la población se distraía de sus quehaceres.[119] Y sin embargo, la época colonial fue triste, no tuvo regocijos populares, los desbordes espontáneos de alegrías tradicionales en otros pueblos. Era una sociedad melancólica y silenciosa, como si un aura de abatimiento, de opresivo desconsuelo envenenara la atmósfera. Aun en estas cosas que dependen de peculiaridades de temperamento, la gente no se movía si no la azuzaba el estímulo del látigo oficial. En 1667, para la celebración de la fiesta de San Martín patrón, se acordó «que se eche bando en la plassa publica hordenando que pena de 50 pesos corrientes salgan a jugar dichas cañas y alcanzías las dichas personas nombradas y señaladas en la dicha lista fecha para el caso que esta fijada en las puertas destas casas de Cavildo y se declare el que todas las dichas personas susodichas se allen en ensayo general que a de haser el día veynte del corriente y dichas cañas se han de jugar el día siguiente y el otro las alcanzías y se les apersiva que se procederá a otra demostración».[120] En 1669, no obstante la ordenanza del Cabildo, se resistieron a divertirse el día de San Martín, y se mandó «se les saque a cada uno a 4 pesos de condenacion y se les ponga presos en esta carcel publica».[121] En 1671 se manda publicar un auto, «para que todos los vezinos de la ciudad pongan luminarias, desde la víspera de la colocazion de la Iglesia nueba asta que se acaven los dias señalados de dicha festividad. Y que asi mesmo por las calles por donde biniere nuestro señor para su colocazion se limpien y agan altares en todas las esquinas».[122]

Así desde sus orígenes el sistema financiero de la ciudad se caracteriza por el déficit; el administrativo por la imprevi-

---

119 *Almanaque de 1800.*
120 *Acuerdos del Cabildo de Buenos Aires.*
121 *Acuerdos del Cabildo de Buenos Aires.*
122 Ibíd.

sión. Se administra en una forma infantil. Lo necesario cede siempre a lo superfluo. El gasto vano y decorativo, el despilfarro, es la idea madre, dominante en el proceso histórico de esta economía colonial. Antes de arreglar algún camino, cegar los pozos que imposibilitan el tránsito por las calles más centrales, atender cualquiera de las necesidades apremiantes no satisfechas, se pagan luminarias, toros y cañas, se atiende a la vanidad decorativa del Regimiento, que ocupa su puesto de honor en esas representaciones.

V

La literatura política nacional se ha servido de una modalidad de esta institución, invocada como precedente de vida democrática: los Cabildos abiertos. A primera vista, por la eufonía del nombre, parece que se trataba de una asamblea popular, convocada en los casos graves, para resolver a la manera antigua y clásica los asuntos de la ciudad. Desgraciadamente todo no pasa de una simple ilusión causada por las palabras, sugerida también por el vivo deseo de encontrar los santos gérmenes democráticos en cada uno de los recodos de la historia, hasta en la crónica de esa monarquía de Austria, y de Borbón, la más injusta y atrasada, la más dura y tiránica en sus procederes.

Un Cabildo abierto era una reunión de los notables de la ciudad, que se agregaban a los regidores para deliberar en casos graves, en general algún impuesto o donativo extraordinario pedido por el rey.

> Algun caso tan grave e importante se podría ofrecer, dice Bobadilla, en que conviniese para mejor acierto, llamar algunas personas de buen celo, parecer y experiencia, de fuera del Ayuntamiento, que asistan en él al trato y conferencia del negocio, y

en tal caso, no es cosa agena de razón, y de utilidad llamarlos, y que den su voto y parecer: y aunque esto se usa pocas veces, yo lo he visto y proveido alguna de voluntad, y gusto de los Regidores: de lo qual el pueblo se satisface mucho, por ver que es deseo y zelo de acertar: y esto se puede hacer, aunque haya contradiccion de la menor parte.[123]

Hasta 1671 se celebraron tres o cuatro Cabildos abiertos en Buenos Aires, para acordar algún donativo extraordinario, resolver en casos de amenazas de invasiones de indios. El de 1671 fue una junta de guerra, siendo invitadas «las personas de toda calidad y que an ocupado oficios y puestos de justicia y guerra como an sido de corregidores, justizias mayores, Capitanes de milizias y de la infanteria española de la guarnicion de este presidio».[124] En su memorial el gobernador se queja «de la flojedad con que algunos de menos obligaciones acuden a los llamamientos de los alardes y muestra de armas que aunque nuestra demasiada blandura a intentado obligarles... el rigor no a vastado como se experimentó este último alarde».[125] En el de 1672 se convocó a veintitantos notables para que discutieran «sobre el castigo que se debe hazer a los indios serranos que acostumbraban venir a esta jurisdiccion y estancias en donde an hecho diferentes robos y muertes».

En el de mayo de 1810 la revolución tomó al Cabildo como instrumento. Era lo único que tenía a mano para operar dentro de la legalidad. Pero nada tienen que hacer con el funcionamiento ordinario de los Cabildos, nada revelan sobre su naturaleza, esos períodos excepcionales de la historia. Entonces el Cabildo cerrado y el abierto salieron de su órbita

---

123 Bobadilla, *Op. Cit.*
124 *Acuerdos del Cabildo de Buenos Aires.*
125 *Acuerdos del Cabildo de Buenos Aires.*

constitucional para servir consciente o inconscientemente la causa revolucionaria. No se debe juzgar las instituciones por su acción en las circunstancias anormales, cuando todos los resortes se aflojan o se rompen, en la elaboración difícil de una sociedad nueva que sale penosamente de la antigua. En realidad no fue el Cabildo quien hizo la revolución, sino dos o tres hombres bien templados, dueños de la fuerza armada, sostenidos por una tendencia ciega, subyacente, irresistible, que se venía preparando y creciendo desde el día en que se fundara a Buenos Aires. En ella entraban varios componentes factores políticos y sociales, en especial los económicos, que le comunicaron toda su eficaz energía: necesidad de tierra, de libertad de trabajo para el proletario, de tierra también para la burguesía que tenía conciencia de su rápido descenso. El régimen opresor cerraba todos los rumbos en que podía aplicarse la actividad y condenaba a la gran mayoría a la vida ociosa y deprimente del proletariado y del rentista.

VI

Para que el lector pueda completar su juicio sobre los Cabildos, y ver hasta qué punto se ha falseado la historia relacionándolos con los norteamericanos, bastará enunciar someramente la primitiva organización de esas colonias. Las diferencias son tan radicales, en la forma y en el fondo, en el espíritu político y social que las animaba, que el método comparativo solo procede para establecer el contraste.

Desde 1617, dice Bancroft,[126] los emigrantes de Virginia sintieron la necesidad de poseer los derechos políticos. En 1621 se sanciona una constitución cuyos propósitos eran «el mayor bien y ventaja del pueblo y el medio de prevenir la injusticia, los errores y la opresión». Un gobernador y un

---

126 *Historia de los Estados Unidos.*

consejo permanente nombrado por la compañía colonizadora; una asamblea general que se reunía todos los años, compuesta de dos diputados elegidos por los habitantes de cada población y los miembros del consejo, con la plenitud del poder legislativo, salvo el veto del gobernador; el derecho de examinar y rechazar las órdenes de la asamblea de accionistas residentes en Londres; el juicio por jurados, constituían los elementos del nuevo organismo político. En 1624 esa asamblea resuelve que «el gobernador no podrá percibir impuestos sobre la colonia, ni sobre sus tierras o productos, sino con autorización de la asamblea general, que decidirá su forma de percepción y empleo»;[127] confirma las garantías de la libertad individual, limitando las prerrogativas del poder ejecutivo y decreta la libertad de precios del trigo. A mediados del siglo XVII, los virginianos gozaban de los beneficios de una legislación colonial independiente; aplicaban los impuestos por medio de sus representantes; aseguraban la libertad de trabajo de todos los ciudadanos; guardaban sus fortalezas con sus propios soldados y a su costo, y daban a sus estatutos la mayor publicidad, ejerciendo ampliamente todos los derechos políticos».[128]

La carta de Maryland consagra el gobierno representativo y garantizaba la igualdad y libertad en materia civil y religiosa. En 1639 los colonos rechazaban un código propuesto por lord Baltimore, reclamando como un derecho de su intervención en las leyes.

Nada es tan notable en la historia primitiva de los Estados Unidos, dice Bancroft, como el apego de las colonias a sus franquicias; las asambleas populares tuvieron en todas partes la conciencia de su importante misión, y probaron inmediatamente

---

127 Bancroft, *Op. Cit.*
128 Bancroft, *Op. Cit.*

su aptitud para dictar leyes eficaces. La primer asamblea de Maryland había reivindicado la jurisdicción de la colonia; la segunda había sostenido sus derechos a la confección de sus leyes; la tercera examinó cuáles eran sus deberes, manifestando el espíritu del pueblo y de la época al formular una declaración de derechos, confirmando a los habitantes de Maryland todas las libertades inglesas. Estableció un sistema de gobierno representativo y atribuyó a las asambleas generales de la provincia todos los poderes que ejerce la Cámara de los Comunes de Inglaterra.

No se contentaban con dictar estas sabias leyes y constituciones, sino que las ponían en práctica, animándolas con su espíritu ardoroso lleno de fe e ideales, defendiéndolas contra los ataques de los más encumbrados, inclusive el rey. A mediados del siglo XVII la asamblea de Massachusetts declaraba «que si el rey o cualquiera de sus agentes hacían la menor tentativa contraria a la república, era el deber de todos, exponer para defenderla sus fortunas, sus vidas y todo sin hesitación, y que en el caso de que el parlamento mismo viniera a manifestar más tarde un espíritu de hostilidad, entonces, si la colonia creía tener la fuerza necesaria, debería asistir a cualquier autoridad que pretendiera ejercerse en su detrimento».[129] Y no son casos aislados, ni actitudes momentáneas, que a los más indican la presencia de un hombre de temple, o un arrebato pasional y fugitivo de multitudes, como los comunes del Paraguay. Era un espíritu público vivo, una preocupación continua de los ideales políticos y religiosos, una alta conciencia de su dignidad de hombres y de ciudadanos, del bien y felicidad comunes. «En 1636 se discutieron en Boston, con ardor apasionado, los problemas más profundos que se relacionan con los misterios de

---

129 Bancroft, *Op. Cit.*

la existencia humana y las leyes del mundo moral.»[130] En Massachusetts, en la misma época «el espíritu público estaba agitado por las discusiones sobre la libertad de conciencia y la independencia de jurisdicción de Inglaterra».[131]

Compárese esta atmósfera moral y política con la de Buenos Aires, con aquellos regidores que decían amén a todos los despropósitos reales, acariciaban la mano que los abofeteara, y al recibir las cédulas que les quitan hasta el derecho de vivir, las besan, las ponen sobre sus cabezas, las obedecen «con el respeto y acatamiento debido, como carta y cédula de su rey y señor natural, a quien Dios guarde».[132] Van arrastrando una vida moral precaria, a la espera de algún contrabando que les permita volver a España ricos, o haciéndose poco a poco a esa existencia de miserias. ¡Siquiera hubieran tenido esos sentimientos nobles, las ideas fecundas que a la larga transforman unas cuantas aldeas coloniales en un emporio de civilización y cultura!... Desde el primer momento la población y conquista del Río de la Plata había sido inspirada por móviles esencialmente interesados, ante todo, por la avaricia. Las expediciones eran aventuras comerciales, costeadas por los adelantados, que arriesgaban su vida y su dinero, seducidos por las leyendas de tesoros, un mundo desbordante de riquezas, que abría sus fecundos senos al más audaz. El rey poco o nada exponía. En la capitulación de Mendoza se estipula que todos los gastos y equipo corren por cuenta del Adelanto: «hasta el salario de dos mil ducados oro nos han de ser pagados de las rentas y provechos a Nos pertenecientes en la dicha tierra que hubiésemos, y no de otra manera alguna». Al pisar el nuevo continente sus primeras indagaciones eran sobre los yacimientos de oro;

---

130 Ibíd.
131 Ibíd.
132 *Acuerdos del Cabildo de Buenos Aires.*

sus primeros actos organizar la explotación de la tierra y de los hombres con la distribución de indios. La propaganda religiosa era la faz decorativa. Su verdadera religión era un paganismo modificado, con sus innumerables supersticiones, sus adivinos y sus magos. La moral del Evangelio continuaba siendo una teoría, tema de sermones en las iglesias y de consejos en las leyes. Si alguna vez se violaron todos sus preceptos, fue en la colonización del Río de la Plata.

Estos malos gérmenes, la corrupción oficial, el derroche administrativo, la falta de ideales y propósitos desinteresados en la dirección de la cosa pública, se multiplicaron con la mala semilla, e incorporados al organismo físico, individual y colectivo, serán uno de los más poderosos motivos de la voluntad nacional en toda la evolución histórica. La vida se vuelve tan vulgar e insignificante como las instituciones maleadas, cuando el sentimiento y la idea no la impulsan a desenvolver en toda su feliz plenitud y armonía, el arte, el derecho, la religión y la ciencia.

VII

En esta constitución colonial, dados los principios legales y prácticos imperantes, tenía que predominar en absoluto la autoridad del gobernador, derivada directamente del rey. Los comentaristas del Código de Indias hablan con unción de estos funcionarios. «Se pusieron así en la Nueva España como en el Perú y en otras provincias que lo requerían, dice Solórzano, Corregidores o Gobernadores en todas las ciudades y lugares que eran cabecera de provincia, o donde parecieron ser necesarios para gobernar, defender y mantener en paz y justicia a los españoles e yndios que los habitan... a los cuales en el Perú llaman Corregidores, y en la Nueva España Alcaldes mayores y los de algunas provincias mas dilatadas tienen título de gobernadores.» A su prestigio extraordinario, casi religioso, de representante del soberano, une el que da la fuerza material: «el numeroso presidio de mil soldados, que le guarnece, y tiran sueldos competentes con haberse al presente aminorado»,[133] que le obedecen como a su jefe militar, y que representa durante mucho tiempo más del 10 % de la población. De hecho y de derecho, por la índole de sus poderes, tiene en su mano el resorte eficaz en materia judicial, legislativa y ejecutiva. El lector lo habrá observado en los párrafos anteriores. El Cabildo es autoridad consultiva; quien decide y manda es el gobernador. Y en su época esta constitución era sensata, dada la política española. Si se hubiesen creado poderes iguales o autónomos, su choque habría sido fatal y necesario, con el grave inconveniente de que la autoridad superior, capaz de solucionar estos conflictos, quedaba demasiado lejos para que su acción fuera oportuna. Asimismo la máquina no funcionaba sin tropiezos: no obstante la disparidad de fuerzas, las precauciones tomadas, los roces se producían muy a menudo.

Además de intervenir, como se ha visto, en los mantenimientos, negocios, justicia, comparte con el Cabildo el derecho de distribuir la tierra pública, facultad que por su naturaleza correspondía exclusivamente a los municipios. En 1635 el gobernador Dávila hizo varias mercedes de suertes de estancia que constan en el archivo, sin consultar ni oír al Cabildo. Dispone y resuelve caprichosamente sobre el derecho de avecinarse en la ciudad, invadiendo lo más íntimo y peculiar de la institución municipal. Decreta penas por su propia autoridad y de las más graves: destierro, azotes, hasta la de muerte. En 1598 Hernán Arias promulgó un bando contra «los que se embriagaban y emborrachaban, bebiendo vino demasiado dañosamente, haciendo juntas y

---

133 Lozano, *Op. Cit.*

corrillos en algunas casas de esta ciudad y chacras y que lo tiene de costumbre»; los condena a desierto perpetuo, y «al que hallaren ebrio en la calle que lo suban en un caballo flaco, las manos atadas y los pies asimismo atados, y de la cintura para arriba desnudos y de doscientos azotes por las calles públicas de esta ciudad con voz de pregonero, manifestando su deshonra para que sea pública su infamia». El teniente gobernador Meléndez, decretó las penas de azotes y multa contra los indios, negros, mulatos y gente baja que hurtaban a sus patrones «carneros, tocinos, puercos y otros mantenimientos y los venden ocultamente en las pulperías y otras casas». El gobernador Dávila estableció la pena de muerte contra los cuatreros, y Negrón, contra los que ocultan a los extranjeros.

En materia de edificación tiene facultades especiales. Las leyes y la política decían no haber nada tan loable como los edificios públicos y excitaban el celo de los corregidores. A este efecto pueden expropiar los bienes privados, pagándolos al contado o al fiado; echar sisa y contribución en vecinos de la ciudad y tierra; compeler sin licencia del Consejo a los vecinos ricos, que presten dinero, sin cambio ni interés alguno, a pagar para cuando los haya; a los hidalgos y otros exentos seglares, que contribuyan con sus haciendas para hacer reparar los muros, fortalezas, fuentes, puentes, puertas, caminos, calles y calzadas; apremiar a los deudores de las rentas de los propios y aun a los deudores de aquellos, a que paguen antes de llegar los plazos; hacer a costa de propios nuevos edificios útiles, contra voluntad de los regidores.[134]

No solo tiene en su mano la vida pública, administrativa y política, sino también la vida privada de cada uno de los vecinos. Es la faz teocrática de su autoridad, y también la

---

134 Bobadilla, *Op. Cit.*

más odiosa: toda la persona cae bajo su garra y no queda un sentimiento que pueda expandirse con libertad. Censor de las familias, vigila las buenas costumbres y el estricto cumplimiento de los preceptos morales. Casi no hay acción indiferente. El gobernador inquiere si el súbdito es buen padre, buen hijo, o buen esposo; si ayuna, se confiesa, asiste con regularidad a misa. Si tiene hábitos disipados y desatiende a su familia, lo llama al orden y con toda crudeza, haciendo pública la infamia y el escándalo. En 1661, el gobernador Mercado promulga un auto contra varios individuos «que viven escandalosamente, son casados y están ausentes de sus mugeres», los condena a unirse con ellas en término perentorio, y «a que por el gran escándalo que han causado les multa a cada uno en 10 pesos». En 1603 Arias ordena a un vecino «que dentro de veinticuatro horas salga de esta ciudad y vaya via recta hacer vida con la dicha su muger». Sandoval prohibía a los vecinos que fueran a sus chacras sin pedirle permiso previamente. En Santiago de Chile Zambrano formulaba en estos términos la teoría política de los gobernadores:

> ... que siendo el principal escudo de la defensa de nuestros enemigos, y el principal acierto y felicidad de los gobiernos, el santo temor de Dios y el ejercicio de las virtudes, se procuren estas con todo esmero, evitando los escándalos y pecados públicos, las enemistades y rencillas que con ocasión de cualquier ocurrencias se hubieran podido provenir, lo que se olvidará eternamente, conservándose en todo el más cristiano amor y la más constante armonía.

Nada más lógico, dados estos antecedentes, que su ensimismamiento. Es la nota dominante en el funcionario público el orgullo; un orgullo exorbitante que imprime su sello indeleble a todos sus actos, y como consecuencia la arbitrariedad, el despotismo y el abuso. Esos ángeles custodios de provincia, como los llama Solórzano, eran generalmente españoles pobres, más o menos endeudados. Venían a Indias por cinco años, para aprovechar el empleo y volverse a vivir de rentas en Madrid. En 1689 se dice en una real cédula: «que por los tenientes gobernadores han sido repartidos solares e tierras a los vecinos los cuales por vos las dichas justicias se la quitaba... vos mandamos no los despojeis de las tierras y solares que tuvieren sin ser primero oidos». En 1693 pide el Cabildo al rey «que los gobernadores no hagan prision de sus vecinos con soldados ni oficiales militares, en negocios de justicia y gobierno político, sino con los alguaciles, procediendo jurídicamente, ni sean presos en torres ni castillos, sino en la cárcel pública». El juez que residenció al gobernador Mercado «encontró, dice Funes, ciertos descaminos de real hacienda, por donde vino a conocer que a sus manos no le faltaba alguna lepra». Robles se distinguió por su desenfrenada codicia. Velazco cometió tan escandalosos excesos, «que habiendo llegado a la corte las más vehementes indicaciones, se despachó juez pesquisidor con facultad de reasumir el mando».[135] El gobernador de la Rosa se había hecho odioso por su inepcia, su orgullo y sus rapiñas. Todos llevarían en el pecado la penitencia: «que es plaga ordinaria de los cuales adquiridos en Indias, no alcanzar a los nietos de los que afanaron por conseguirlos quizás por las injusticias que suelen acompañar la negociación».[136]

---

135 Funes, *Ensayo histórico*.
136 Lozano, *Op. Cit.*

Capítulo X. La ciudad capital

I

En 1716 Buenos Aires había merecido el título de muy noble y leal ciudad. En 1712 don Juan de Ulloa la llama ciudad famosa. «No la conocemos los que entonces la vimos, dice el P. Lozano, hase aumentado michísimo el número de los vecinos, y se ha extendido el sitio casi doblado y mejorado en toda la calidad de los edificios.» Desde esa época comienza su crecimiento sensible. Consolidadas las fortunas adquiridas por el ahorro sobre el trabajo esclavo y proletario, durante el siglo XVII, la riqueza modificaría los sentimientos de la clase dirigente, facilitando la comprensión simpática de la nueva filosofía liberal, dominante entonces en Europa. La revolución se nota en el estilo de los documentos públicos, en las tendencias humanitarias de los gobiernos, en cierta curiosidad por las cuestiones que se refieren al bienestar social, en el deseo de educarse que se manifiesta por la matrícula de los colegios. «Los quince mil blancos que había en Buenos Aires en 1773, dice Gutiérrez, dan una población escolar de mil doce alumnos, fuera de los que hay en casas particulares en que también se comprende bastante número.»

En cuanto pueden notarse las cosas morales en una época sin literatura y arte, el sentimiento nuevo que aparece es el de la patria. A principios del siglo XVIII el P. Neyra emplea la palabra en sus viajes, sin relacionarla con el rey o su servicio:

> es tan cierta la amorosa inclinación a la patria, dice, que no ay hijo por más inutil que sea, que alentado no se ofrezca, o a defenderla, si escucha que se la injurian, o a publicar las bondades

que la idea le propone, si acaso ella no las tiene, pues la pasion le ha de hazer, que precisamente las halle: con lo raro, que ha sucedido enterrarse algunos vivos en celebracion de dilatarle sus terminos. Assi lo hicieron aquellos dos hermanos Philenos, que saliendo al desafío con los otros dos de Ciro, vencidos estos en la carrera, intentando hacerles la apuesta droga, propusieron que se confesarian superados si los Philenos se enterraran vivos en el sitio: en lo que vinieron gustosos, por ver dilatada su Cartago: que a esto se sacrifican los hijos, quando encuentran ocasiones de engrandecer sus Provincias y Ciudades.

Siendo, pues, la congenita inclinacion a la patria, tan eficaz promotora; para que le impongan o refieran su belleza, como pudiera sufrirlo la mía? Y mas, cuando no son identicas sus bondades; sino tan conocidas de tantos sus influencias apacibles.

En su concepto la patria es su ciudad. Era el concepto antiguo y clásico que se amoldaba bien con las condiciones geográficas y políticas del país. En esa vida aislada las diversas agrupaciones sociales no se compenetraron jamás, y en el amor de la patria-ciudad entran como elementos principales el odio al extranjero y la fe en la grandeza del país.

Este odio había sido hábilmente fomentado por España. Era una de las tantas maneras de preparar un alma colectiva, adecuada para la dependencia política y social. Especialmente los ingleses eran objeto de una propaganda incesante. Las rivalidades políticas se complicaban en este caso con las religiosas. «Los ingleses, dice Gutiérrez,[137] no eran conocidos en estos países, antes de 1810, sino como enemigos mortales de la religión que se profesaba, fuera de la cual nadie esperaba salvarse. Todos hablaban del gobierno, de la nación, de

---

137 *Revista de Buenos Aires*, se funda en Núñez; *Noticias históricas*, véase en la edición de 1898, pág. 73.

las leyes y costumbres inglesas, como de objetos de perversidad y corrupción, de cuyo contacto era necesario huir, como se huye del infierno.»

Como base de orgullo y amor propio, indispensables para que surja el patriotismo, estaba el sentimiento de la grandeza del país. A fines del siglo XVIII podía apoyarse en su corta historia, animada por unos cuantos incidentes guerreros suficientemente decorativos y románticos, para impresionar las imaginaciones. Las varias empresas de conquista de los holandeses, franceses e ingleses, todas rechazadas; las aventuras con piratas que pretendieron saquear la ciudad, Fontono en 1582, Cavendish en 1587, Pointis en 1698; las luchas con los portugueses, formaban una tradición popularizada por las guías o almanaques. «El conocimiento de estas acciones, dice Núñez, era común en Buenos Aires entre españoles y americanos. Ellas habían formado entre los habitantes de este pueblo, pero con más especialidad entre los hijos de los españoles, un sentimiento vanidoso, que se fortificaba por los progresos en que marchaba la población por los adelantos que se hacían en los estudios.»

Estos adelantos, cuyo principal efecto era darle conciencia de sí misma a la ciudad, se habían difundido, no obstante los propósitos radicalmente contrarios de la monarquía. Los primeros síntomas eran los vivos deseos de instruirse que dominaran a aquellas generaciones: «toda la juventud, penetrada de la insuficiencia de su educación, procura suplirla buscando ávidamente instrucción en los libros extranjeros. Se ven pocos jóvenes que no aprenden con el único auxilio de diccionarios a traducir el francés y el inglés, haciendo toda clase de esfuerzos para aprender el primero de estos dos idiomas de preferencia. Ellos no participan del error de sus mayores, que la geografía es una ciencia superflua, que la historia no da luz alguna sobre el porvenir».[138] En 1769, para satisfacer los vivos deseos de los padres de familia, el Cabildo se dirige a la Corte, proponiendo la creación de casas de educación con los bienes confiscados a los jesuitas. El amor a los libros era general en toda América, pero especialmente en Buenos Aires. «Fueron célebres en su tiempo, dice Gutiérrez, las librerías del uso particular de los doctores Maziel y Rospugliosi, las cuales al comenzar este siglo se tasaron y anunciaron a venta, la una por el valor de 4.162 y la otra por 1.400 pesos fuertes. En la Gazeta de los años 1811 y 1812, se encuentran repetidas donaciones de obras importantes, hechas por vecinos de Buenos Aires, para formar nuestra biblioteca pública: por estas donaciones se puede inferir la riqueza de los libros selectos, introducidos en la capital del virreinato aun antes de su emancipación.» El semanario *El Telégrafo* tuvo doscientos cincuenta y seis suscriptores y una entrada mensual de 500 pesos.

Todos estos anhelos que flotaban vagos y confusos, sin rumbo fijo, algo como la sospecha, el presentimiento de que existían conceptos del mundo, de la sociedad y sobre todo de la vida, dignos de conocerse, que traían implícito el progreso moral e intelectual, el bienestar material, eran fuerzas sociales irresistibles. La tendencia hacia lo bueno o lo mejor era demasiado contagiosa para que pudieran limitarla. Bastaría la propaganda, tal vez inconsciente de algunos españoles distinguidos, o altos funcionarios en misión especial, como Cerviño, Azara; de algunos frailes estudiosos que hallaron los libros reveladores y sugestivos, el padre Neyra, el canónigo Maziel, ¡y tantos otros que permanecerán eternamente ignorados! El rasgo característico de todos esos hombres era el liberalismo; un sentimiento profundo de simpatía humana

---

138 Depons, «Voyage à la partie orientale de la Terre-ferme», en *Revista del Río de la Plata*.

que salvaba los límites estrechos de la patria, de la religión y hasta de la raza, una tolerancia universal, una benévola indulgencia en su intelectualidad. La capital era cosmopolita, sustituiría el viejo rencor español contra el extranjero y el hereje, con el amor y la simpatía, seducida por el optimismo de las nuevas doctrinas de progreso indefinido, las generosas ideas políticas y sociales de la filosofía del siglo. Y todos estos factores morales, conjunto de sensaciones e ideas frescas y vigorosas, reaccionaban sobre el sentimiento de la futura grandeza del país, fortificándolo. Ese progreso indefinido, ese porvenir brillante que profetizaba la teoría, en ninguna parte se realizaría mejor que en Buenos Aires, país nuevo, con recursos inagotables, una situación geográfica y un clima privilegiado, un campo abierto para que vivieran felices millones de hombres. Y su imaginación latina se exaltaría ante estas soñadas prosperidades, un miraje prodigioso de riquezas y de cultura que perturbaba sus inteligencias, haciéndoles exclamar con un énfasis lleno de ingenuidad:

> Calle Esparta su virtud,
> Su grandeza calle Roma.
> ¡Silencio! que al mundo asoma
> La gran Capital del Sud.

Si el concepto no era del todo sensato, era eficaz como fuerza social. No es lo mismo para el desarrollo de la vida, tener el convencimiento de un destino miserable, creerse perseguido por la fatalidad, ser misántropo y en consecuencia débil e inerte, que la vanidad del petulante optimista que se arroja a cualquier empresa con la convicción íntima y orgánica de su fuerza, el prejuicio de que los dioses lo protegen. Podrá ser criticable, sobre todo cuando no se tiene éxito; pero lleva generalmente a los pueblos, como a los hombres bien dotados, a los mejores destinos.

II

De todas maneras obstaculizaron el progreso intelectual de la ciudad: negándose a fundar colegios y universidades, distrayendo las nobles vocaciones. Dos causas tenía esta conducta. En primer lugar, su inconsciencia: aplicaban, con sus restricciones, el mismo régimen educacional imperante en España. Seguirían creyendo que la ciencia es enemiga de la religión y de la felicidad humana, y que bastan para un pueblo los conocimientos elementales que puede trasmitirle su cura párroco. En 1797 un alto funcionario describía la condición intelectual de la Metrópoli en estos términos:

> ¿puede caber cultura en una nación que no tiene dotados los maestros publicos? ¿Puede serlo, la que apenas tiene enseñanza de las verdaderas ciencias, e infinitas cátedras de jerga escolástica? ¿Puede serlo alguna, sin geografía, sin aritmética, sin matemáticas, sin química, sin lenguas, sin historia, con leyes romanas, cánones, teología y medicina peripatética?
> Apenas se conoce en toda España más que una Universidad, en donde los catedráticos tengan que comer con su dotación, y en todas las demás, el ser catedrático no es destino, como debía ser, sino un baño o decoración para pretender otro.
> Mirando como de paso la enseñanza no se pueden hacer progresos en ella; y mientras las ciencias no tienen maestros consumados que solo se dediquen a sacar buenos discípulos, se hallaran en su cuna.
> Sale la juventud de las Universidades, con unos malos rudimentos de la lengua latina, una mala letra, y ningunos conocimientos de geografía y aritmética; cuando no debía admitirse

en ellas, al que no tuviese principios de geometría, geografía, historia y griego, y supiese muy bien la lengua latina. Van a cursar las que, no sé porque, se llaman ciencias mayores, y para comprender estas ciencias mayores no están más en la Universidad, que desde San Lucas, o Todos Santos, hasta Carnaval, a lo más hasta Semana Santa, como si la naturaleza hubiera criado al hombre para trabajar solo cuando hace frío, y divertirse en la primavera, y vegetar en el verano. Como los estudiantes vayan materialmente un cierto número de inviernos a la escuela, y presenten certificados de sus catedráticos, en lo que no se dispensa la menor formalidad, poco importa que hayan estudiado o no, para conseguir los grados de bachiller y doctor en la facultad que han cursado, pues en los exámenes se les hace todo favor, ya que no se les hace en el número de cursos, sino en la propina. Así es que se hallan doctores sin saber palabra en la ciencia en que se han graduado, y se oyen más necedades en un claustro o junta de dichos doctores, que pudieran oírse en una junta de zapateros.

Es preciso que el gobierno reforme los estudios empezando desde las escuelas de escribir.[139]

A todo esto, puede agregarse que la autoridad religiosa prohibía la explicación de los mejores maestros en ciencia política y social, entre otros Montesquieu y Beccaria. Si los prohibía en España, con mayor razón en América. En la Universidad de Córdoba[140] solo se estudiaban la lengua y literatura latinas, la filosofía, que duraba tres años, la teología, servida por dos cátedras de escolástica, una de moral, otra de cánones y Escritura. Bajo esta enseñanza oficial actuaban las

---

139 Villalba, *Apuntamientos para una reforma en Europa y América*, citado por M. R. García, en *Revista del Río de la Plata*.
140 Consúltese la concienzuda obra de J. M. Garro sobre la Universidad de Córdoba; Gutiérrez, *Anales de la Universidad de Buenos Aires*.

nuevas ideas. Iniciado el movimiento, entreabierta la puerta que dejaba ver el horizonte moderno, no había fuerza capaz de contenerlo. Hay que pensar lo que significaría en aquella época la nueva física, encantada con sus primeros hallazgos preñados de maravillosas consecuencias, en oposición a la antigua que estudiaba las propiedades ocultas de las cosas; la nueva filosofía llena de generosidades, de nobles aspiraciones, soñando su idilio político, clara y nítida, fresca como vida nueva, y la vieja escolástica, difícil, oscura, árida, sin estilo, inelegante, con su sistema de argumentación silogístico, más monótono todavía aplicado a cosas abstractas y abstrusas.

> En Córdoba, dice Gutiérrrez, circulaban revueltas las añejas ideas de Aristóteles con los bárbaros comentos de los árabes, convirtiendo la lógica en el arte del sofisma y la física en un estudio infructuoso de accidentes y cualidades ocultas, que nada tenían que ver con el conocimiento de los fenómenos naturales. La teología envuelta también en las redes de la escolástica, corría cenagosa, apartada de sus fuentes puras que son los Santos Padres, por el campo de las sutilezas y de las disputas frívolas a que daba lugar el espíritu de facción introducido en las escuelas monásticas que declinaban ya.

Especialmente se oponían a que se fundaran casas de estudios en la capital. «Buenos Aires, que había llegado a ser ya una ciudad populosa, a punto de tener en el mes de setiembre de 1773, doscientos treinta y siete estudiantes, sin contar los que se educaban fuera, en la Universidad de Córdoba, en Chile, en Charcas, no había podido conseguir durante siglos que la autoridad peninsular la dotase de un colegio, de un Seminario siquiera, ya que no de una Universidad.»[141]

141 Gutiérrez, *Revista de Buenos Aires*.

Se creía que un puerto no era lugar adecuado para fundar casas de estudios. No iban errados, si se tienen presente sus propósitos políticos. No solo Buenos Aires era un centro de intercambio de productos, una plaza comercial de primer orden; era además, un lugar donde las ideas circulaban con mayor rapidez que las mercaderías, activo, impresionable, de una inteligencia liberal y simpática y todas las novedades. Poner estudios, equivalía a traer un fermento, fuente de graves trastornos.

Sobre todo, las ciencias político-sociales y el derecho eran en especial peligrosos. La filosofía política había analizado con una prolijidad extraordinaria los elementos del Régimen, demostrando con claridad matemática que las sacrosantas raíces eran falsas, los fundamentos absurdos; que el origen, naturaleza y fin del Estado, eran muy diversos de los enseñados por la política teológica de los legistas de la monarquía. Entre otras cosas, demostraba que el fin de todo gobierno era alcanzar la felicidad de sus súbditos, mejorando su situación moral e intelectual, dictando leyes que consultaran sus intereses; la prueba evidente de que el Estado o el rey no llevaban un plan aparte o implícito, diverso del interés de la comunidad.

Si esta manera de pensar podía admitirse en España, no era tolerable en América, destinada a ser siempre la materia explotable en obsequio de la grandeza y felicidad peninsulares.

> Huían sobre todo de facilitar medios para que se formasen abogados entre los criollos. Hubo un gobernador en Buenos Aires que profesaba tal malquerencia a esta profesión, que dándole cuenta al virrey del Perú del derrumbamiento repentino de la catedral antigua, en el año 1762, atribuyó la catástrofe a castigo del cielo por los continuos pleitos, odios y rencores que fo-

mentaban los abogados entre los vecinos. Más tarde los ilustrísimos obispos, deseando mantener la superioridad de la sotana sobre la toga y de la teología sobre el derecho civil, hicieron de una parte cuanto pudieron para que la juventud no entrase en el sendero que lleva a esta última ciencia.[142]

El obispo don Manuel Antonio de la Torre decía, refiriéndose a un pedido de los vecinos de Buenos Aires para que se fundara la Universidad, «que no tendría más consumo de escolares que los porteños, y porque de la cátedra de leyes no se sacaría más que mayores enredos, pues habiéndolos hoy con cuatro abogados, que fuera con muchos más que se crearían faltos de práctica y de aplicacion, que en mi tierra se dicen de abogados a la legua».

Es que los abogados, además de su conocimiento en ciencias peligrosas, eran competidores en las carreras administrativas, posibles émulos y censores ilustrados del gobierno. Había un interés inmediato y económico, en evitar que se formaran clases dirigentes criollas, para que la fuerza natural de las cosas conservara a los españoles el monopolio de los puestos y de la influencia en todos los asuntos públicos. Diecinueve años se tardó en tramitar un pedido de erección de Universidad. El mismo rey se apercibió de las contradicciones que demoraban la tramitación. «S. M., dice una real cédula, ha extrañado semejante morosidad y abandono en negocios de tal importancia, no menos que la contradicción que se advierte de haber dejado sin cumplimiento, por una parte las tres reales cédulas citadas, y por otra haber continuado instando y recomendando el breve despacho que depende de aquel informe pedido diecinueve años hace.»[143]

---

142 Gutiérrez, *Revista de Buenos Aires*.
143 *Revista de Buenos Aires*, «Noticia histórica» de J. M. Gutiérrez.

No obstante, las nuevas ideas cundían. A falta de colegios y universidades, los hombres se formaban a sí mismos, estudiando sin guías ni profesores. Lo prueban las buenas bibliotecas privadas, y algún hombre representativo que sobresale, como Maziel, que completa su educación a fuerza de voluntad e inteligencia. «Sin más libros extrangeros, dice Funes, que los pocos que podían llegar a sus manos por el comercio de una nación como la española siempre a la zaga de su siglo, él supo purgarse de las antiguas preocupaciones por la crítica, por el estudio de los Padres, por el de la historia y por el de los libros amenos.» En 1772 pedía la libertad de enseñanza, sosteniendo que los maestros, «no tendrían obligación de seguir un sistema determinado, especialmente en la física, que se podrían apartar de Aristóteles, y enseñar, o por los principios de Cartesio, o de Gasendo o de Newton o algún de los otros sistemáticos, o arrojando todo sistema para la explicación de los efectos naturales, seguir solo la luz de la experiencia por las observaciones y experimentos en que tan útilmente trabajan las academias modernas».[144] En la misma época la Universidad de Salamanca declaraba, «que no se podía apartar del sistema del Peripato; que los Newton, Gasendo y Cartesio, no simbolizan tanto con las verdades reveladas, como las de Aristóteles, y que ni sus antepasados quisieron ser legisladores literarios introduciendo gustos más exquisitos en las ciencias, ni la Universidad se atrevia a ser autora de nuevos métodos».

Maziel representaba en su mejor esencia la índole intelectual de su ciudad, sus tendencias dominantes y características, el espíritu flexible y dócil que se escurre por entre los prejuicios, especie de tabla rasa donde se pueden grabar siempre cosas nuevas sin temor de resistencias, que ante todo busca la claridad en la forma y en el fondo. Una materia

---

144 Gutiérrez, *Op. Cit.*

prima excelente para que la modele con facilidad un buen educador, tal vez demasiado susceptible e impresionable.

Las consecuencias de esta transformación moral e intelectual de la sociedad eran señaladas con disgusto por los funcionarios españoles. El virrey Arredondo decía en su Memoria, después de elogiar la fe y buenos principios de sus gobernadores, refiriéndose a la activa propaganda del clero para sostener los derechos del imperio y del santuario: «por si acaso ha podido minar hasta estos parajes remotos la nueva halagüeña y engañadora filosofía, de modo que este justo y entendido celo de los eclesiásticos, que dos años atras parecía aquí una injuriosa, e intempestiva declamación contra gentes que siempre se habían mostrado fieles a Dios y al rey, se ha hecho hoy tan necesario, como lo es el cuidado que se ha tenido por parte mía, y de mi orden por los magistrados reales para impedir el progreso en esta capital de la seducción, que parece quiere cundir por todas partes». En una institución para los alcaldes de barrio de principios de siglo, se habla «del vicio dominante que insensiblemente se ha ido radicando en gentes ociosas y díscolas de censurar y criticar las providencias y disposiciones del gobierno, exceso que sobre ser tan reprensible, ocasiona la desconfianza pública». De cualquier punto de vista que se le mirase, el régimen colonial español no resistía un minuto de crítica. Era innecesaria la nueva filosofía, habría bastado el simple buen sentido.

Capítulo XI. El comercio de la capital

I

Lo que caracteriza la economía del siglo XVIII es la aparición del capital. Durante el siglo anterior los conquistadores y sus descendientes habían acumulado pingües fortunas, con el sobrante del trabajo de los esclavos y proletarios; un trabajo apenas remunerado con los alimentos, es decir, lo indispensable para que no se mueran; se les otorga la vida precaria y miserable, y todavía de vez en cuando les exigen agradecimiento, lealtad y hasta sacrificio. Es uno de los tantos crímenes del terrateniente argentino: haber mantenido en la abyección, sumido en la miseria moral, cooperado en la ruina definitiva, de una raza bella, viril, inteligente y con serias cualidades de carácter. Las exportaciones de cueros, el comercio con el interior, le dieron destino al capital, facilitando la consolidación de las fortunas.

El hecho se demuestra hasta la evidencia con los documentos privados, ventas, hipotecas, préstamos, inventarios y testamentos; un material abundante y sugestivo que aún no ha sido utilizado, el más exacto y verídico, porque raras veces se miente cuando la mentira puede traer responsabilidades civiles y criminales. En 1605 el general francés de Beaumont otorgó carta dotal a favor de la hija de su amigo el gobernador Valdez, y entre otras cosas le da ciento veinte marcos de plata labrada que valen 1.800 pesos, negros, vestidos, muebles, que importan 6.014 pesos En el inventario de los bienes del licenciado Horta figura una larga lista de útiles de plata, setenta y ocho volúmenes cuyo catálogo permite formarse una idea de las lecturas de la época, un crédito por 5.000 pesos, y varias escrituras por cantidades menores que suman 5.800 pesos, a parte de varios solares. Doña María de Bracamonte declara en su testamento que le deben 2.500 pesos, que es dueña de una estancia poblada y sembrada. Parte de la fortuna de don Baltasar Quintana se compone de unas casas que valen 4.000 pesos. En 1612 Bartolomé Ramírez reconoce deber 700 pesos plata a un hermano. En 1605 Juan de Dios Ojeda dice haber recibido de sus suegros, como dote de su esposa, en tierras, útiles y objetos de valor, 5.803 pesos plata, «que fueron tasados a su justo valor y precio por personas que lo entendían». En el mismo acto da en arras a su esposa y propter nuptias 2.000 pesos plata, de a ocho reales de peso, «que confieso que caben en la décima parte de mis bienes», pudiéndose calcular por lo tanto su fortuna en 20.000 pesos. En 1647, doña María de Vega presta al gobierno 1.000 pesos plata.

En el censo de la colonia portuguesa residente en Buenos Aires levantado por el gobernador Cabrera en 1643, se enumeran las siguientes fortunas:[145]

	Pesos	Esclavos
Juan Rodríguez Estela	3.000	6
Manuel Rodríguez Flores	2.000	2
Ambrosio Perera	2.500	7
Diego Fredes	5.500	6
Manuel Méndez Pallero	2.000	2
Agustín de la Guerra	5.500	3
Tomás Machado	1.000	4
Gonzalo de Acosta	5.000	6
Antonio Gonzales	5.000	7
Antonio Rodríguez	5.500	3

[145] En la estimación de su fortuna los declarantes incluyen el valor de los esclavos. En esa época un buen negro adulto valía 100 pesos plata.

Francisco Álvarez	1.500	6
Francisco Gonzales	10.000	12
Miguel Rodríguez	300	
Francisco Ribero	4.000	8
Francisco de Pedrosa	2.500	2
Manuel Núñez	5.000	3
Juan Macil	1.500	3
Diego Suárez	800	
Juan de Pintos	800	2
Alfonso Caraballo	3.000	4
Luis Caraballo	1.000	3
Juan Claros	2.500	4
Antonio Álvarez	2.000	6
Domingo de Rocha	3.000	
Manuel de Cyas		2
Jacome Ferrera	2.000	3
Manuel de Fonseca	2.000	2
Manuel González	3.000	5
Melchor Correa	500	1
Manuel Cuello	1.400	
Juan de Cerquera	1.000	
Francisco Núñez	600	1
Antonio Rodríguez	4.000	3
Antonio de la Rocha	5.000	3
Gerónimo Fernández	1.500	1
Francisco Gaspar	400	
Juan Martín	1.500	1
Gonzalo Olivera	1.500	12
Lorenzo Pérez		1
Antonio de Pino	5.000	7
Bernardo Perera	2.000	2
Sebastián Dami	5.000	7
Jacinto Pereyra	3.500	5

Antonio Viera	2.000	
Francisco Rodríguez	1.500	2
Blas Gómez	1.000	2
Manuel de Ávila	1.500	2
Juan Veloso	500	1
Paulo Juárez	500	1
Pedro Fernández	600	2
Martín González	300	1
Cristóbal Rodríguez	4.000	
Miguel Días	4.000	5
Gonzalo Álvarez	700	1
Francisco Fernández	1.000	2
Cristóbal Cabral	1.600	22

[146]

Y debe observarse que se trata de gente de condición más bien humilde: veintiséis son artesanos, treinta y tres labradores, seis comerciantes y dos empleados.

A fines del siglo XVII un viajero francés[147] escribía lo siguiente sobre las riquezas de los comerciantes de Buenos Aires: «El mayor número de los traficantes en ganados estan muy ricos, pero de todos los negociantes, los de mas importancia son los que comercian en mercancias europeas, reputándose la fortuna de muchos de estos en doscientas a trescientas mil coronas o sean sesenta y siete mil libras esterlinas. De modo que el mercader que no tiene mas que de quince a veinte mil coronas es considerado como un mero vendedor el menudeo. De estos últimos hay como doscientas familias en el pueblo». Y la apreciación no es exagerada. Diversos datos, donaciones privadas, suscripciones, producido de los impuestos, demuestran su exactitud. Así en 1717 don

---

146 Trelles, *Revista del Archivo*.
147 *Revista de Buenos Aires*.

Juan de Narbona dio 20.000 pesos para la fundación del convento de los Recoletos. El mismo Narbona, que era un contrabandista distinguido, construyó, esta vez como empresario, el convento de las monjas catalinas, estimado en 53.000 pesos metálicos, dados por el doctor Dionisio Torres Briceño. En 1743 los principales vecinos levantaron una suscripción de 500 pesos por cabeza, en beneficio de las monjas capuchinas. En 1750 don Manuel López de Anaya regalaba un arco de plata para adorno del nicho de la virgen de las Mercedes «que se compone de ochenta y cuatro piezas de plata que pesan ciento sesenta y dos marcos y seis onzas, con mas de diecisiete espejos y su armazon de madera que todo tiene de costo 2.000 pesos corrientes de a 8 reales». En 1752 el impuesto sobre hierros, cueros y alcoholes se calculaba produciría 32.000 pesos anuales.

La impresión que dejan las crónicas de los siglos XVII y XVIII es de abundancia y riqueza, de vida fácil. En las fiestas de la coronación de don Fernando VI salió la «compañía de vecinos, oprimiendo los brutos en sillas de bridas muy costosas, con hermosos mandiles y tapafundas así bordadas de oro y plata en la Europa como fabricadas en esta ciudad con galonería y rapacejos de oro y plata y todos vestidos de ricas galas, que para este fin mandó hacer cada uno». El virrey Arredondo decía en su Memoria, refiriéndose a la edificación de la ciudad: «es una maravilla ver como se está edificando y fabricando casas de nuevo, todos los días y en todos parajes; y esto nos da a conocer que hay caudales en Buenos Aires». Con motivo de la coronación del nuevo monarca, dice el mismo funcionario, «el comercio celebró junta con permiso mío, para acordar y repartir entre sus individuos la cantidad que pensaban invertir en una pública demostración de su amor y fidelidad al monarca que se proclamaba: acordó y repartió nada menos que la cantidad de

10.000 pesos». Y a fines del siglo XVII Azcarate du Biscay[148] se sorprendía del adorno de las casas: «las de los habitantes de primera clase están adornadas con colgaduras, cuadros y otros ornamentos y muebles decentes, y todos los que se encuentren en situación regular son servidos en vajillas de plata y tienen muchos sirvientes». En 1770 las monjas catalinas tenían 20.000 pesos colocados a censo. En 1778 el Cabildo gastaba 2.278 pesos fuertes en la recepción de Véritz.

II

De tres maneras se habían levantado esas fortunas durante el siglo XVII y la primera mitad del siglo XVIII: por el contrabando, la explotación del trabajo humano, los monopolios y privilegios concedidos mediante provechos ilícitos, y con el pretexto de la unidad pública.

Era una situación económica y social curiosa la que fomentaba y mantenía el régimen del contrabando. Indiscutiblemente se requiere cierta moralidad superior, aun en las épocas más cultas, para comprender la justicia de las leyes fiscales y el elemento criminal que implica su violación. Pero la base de esta idea tiene que radicar en la equidad del impuesto, en la forma que grava al contribuyente y en su destino. Cuando el dinero se exige para malgastarlo, o lo que es igual, para darle un empleo ajeno o indiferente al interés del que lo paga, dejándolo en medio de necesidades, desatendiendo los servicios más elementales, es fácil el trastorno de las nociones de moral cívica, y que el individuo se sienta, y con razón, víctima de un despojo inicuo y abusivo; que la ley pierde su respetabilidad, transformándose en un instrumento de explotación. No solo la sociedad de los siglos XVII y XVIII consideraba estas defraudaciones como actos ilíci-

---

148 *Revista del Río de la Plata.*

tos, sino que las miraba con simpatía; un derivativo lleno de emociones del espíritu aventurero de los colonos, castigado por el legislador en defensa de intereses odiosos.

> El fraude tiene mas cómplices que reos de primera intención, dice el marqués de Loreto, siendo estos innumerables, y admira el abrigo con que cuentan los agresores y el que libran mas cierto entre las personas cuyo estado y ministerio las constituye intérpretes de la mas sana moral, razón porque mientras esta no se hallase mejor entendida, el gobierno, sin recurso a estos auxilios, se ve obligado a suplirlos con su diligencia, y resta que sea suficiente, no pudiendo contar sino con la fuerza donde falta la disciplina de los principios, mas bien que esté remisa su observancia.

Necesidades vivamente sentidas y contrariadas inspiran desde un principio sanas ideas de política a los pobladores de Buenos Aires, ercarnándose en el instinto de las masas, como consecuencia lógica, el desprecio de la ley, única causa del malestar público a juicio de los contemporáneos. «Ni los frailes de los conventos, dice Gutiérrez, fueron ajenos a la tentación de lucrar con el fisco, y se vieron entrar al claustro a los agentes de policía a aprehender delincuentes entre los más condecorados, lectores y definidores.» A falta de minas el fraude, base de todas las especulaciones y monopolios descriptos,[149] permitía llegar con rapidez y facilidad a la relativa fortuna, contando con la indulgencia interesada de los magistrados.

Sobre este tópico las pruebas abundan en las crónicas y documentos coetáneos. En cédula de 1620 se habla «de los muchos fraudes y encubiertas de los navíos de negros y mercaderías y que los causadores principales de este daño

---

149 Véase el capítulo sobre los «Negocios de la ciudad».

son los guardas que poneis en el interin que vais a hacer las visitas». En la misma cédula se reprende a los oficiales por su incuria y demora en los descaminos, que facilitan las denuncias de terceros, socios del empleado, en perjuicio de la Cámara de S. M. y real fisco, «apercibiéndolos que demas que se cobrará de vosotros lo que pareciere se dejó de aplicar a mi cámara y fisco por vuestro defecto». En 1622 se queja el rey de que no se cumplen sus prohibiciones, «por no haber ejecutado el mismo gobernador y oficiales de las dichas provincias del Río de la Plata las penas en ellas impuestas en los transgresores, antes por sus fines particulares lo han disimulado y consentido». En 1639 decía en un auto el visitador Juan de Palacios, «que la misma ocultación ha corrido en los años pasados, como siempre se ha hecho, valiéndose de los ministros y guarda caminos que debiendo estorbar... lo han disimulado y dejado pasar, sin haberse visto, ni sabido, ni entendido se haya dado por perdida alguna cosa en pro y utilidad de la real hacienda, conmutando en sus particulares utilidades y aprovechamientos». En 1658 se resolvió que en los juicios de residencia formara capítulo especial la violación de las leyes y reglamentos de comercio; «pues como la experiencia ha demostrado no ha bastado esto para reparar abusos, ni tampoco el estar impuestas penas de privación de oficios, y otras pecuniarias, a los gobernadores, alcaldes mayores y oficiales de mi hacienda que contrabinieren a ello para atender mas a sus fines particulares que a la ejecucion de las dichas ordenes». El virrey Loreto decía en su Memoria: «pero no se encuentra solo con estos estorbos, cuando se trata de refrenar el vicio del contrabando, si de él se han contaminado las personas, que por sus empleos, y el gravísimo peso de sus responsabilidades, habían de estirparle».

Todo se combinaba para favorecer el contrabando. Una costa vastísima y desierta, casi imposible de vigilar, que ofrecía comodidades especiales para ocultar las mercaderías; los celos y discordias de los altos funcionarios interesados en excluirse del conocimiento de las causas e inspección de navíos, para aumentar sus partes en los «descaminos». En 1622 decía el gobernador Góngora:

> que los oficiales reales tienen negligencia en hacer lo que está a su cargo como es notorio, pues hasta hoy no han salido con su merced aunque se lo han dicho y requerido muchas veces, y no han cojido, ni buscado, ningún negro ni otra cosa descaminada, ni ha habido ocasión que toda la noche hasta otro día mas de la una ha estado su merced haciendo diligencias en navíos dentro del Riachuelo y en el río, sin ayuda de los dichos oficiales, y halló escondidos y ocultos gran cantidad de negros de que resultó grande interés de pesos a la real hacienda... que lo que han hecho los dichos oficiales es competencia y protenciones.

A su vez replican los oficiales: «que el dicho señor gobernador ha admitido denunciaciones de negros y mercaderías y va procediendo en ellas sin haber dado noticia a los dichos jueces y oficiales reales». Y el contador Salcedo expone con toda franqueza que no solo es verdad cuanto se ha escrito «tocante a la poca jurisdicción que los jueces oficiales reales tienen en este puerto por habersela usurpado el dicho gobernador con su poder absoluto, mas antes por estar ya tan tímidos por los rigores y amenazas que les ha hecho temiendo su demasiada cólera precipitacion y diligencias que de ordinario ha hecho no han osado los dichos oficiales reales dar cuenta como debían». En cédula de 1630 se reprende al gobernador Céspedes por haber sometido una causa de contrabando, «a don Juan de Cespedes nuestro hijo, alcalde ordinario de la dicha ciudad para que conociese el solo de ella, y la sentenció y determinó aplicandose para el y el denunciador la tercera parte del dicho descamino». En una de las reuniones de la junta de hacienda celebrada en 1627, decía uno de sus miembros: «que en la dicha ocultación son muchos los interesados, y es fuerza valerse los unos de los otros para encubrirse, y por medio de la averiguación que se va haciendo nadie ha declarado donde puede estar un esclavo de los ocultos».

En 1660 se modificaban los principios más elementales de la prueba, creándose un procedimiento de excepción para combatir el contrabando. Se suprimen todos los privilegios y fueros, «aunque sean caballeros de las órdenes militares, capitanes, soldados actuales o jubilados de cualesquiera milicias, oficiales titulares con ejercicio o sin él, familiares de la Santa Inquisición, ministros y oficiales de la Santa Cruzada». Se admiten testigos singulares que depongan de diferentes hechos, aunque no concuerden, «y sean menos idoneos, de suerte que siendo tres los que depongan, se haya su deposición por bastante y legítima probanza de estos delitos, aunque sean singulares y cada uno deponga en ellos de diferente hecho», suspendiéndose el trámite de la ratificación en plenario «por su ausencia, larga distancia u otro impedimento». En 1661 se agravaron estas reformas, declarándose que «eran bastantes probanzas las noticias que dieren los ministros y personas públicas, a quien por el grado en que estan empleados se les da justamente fe y crédito».[150]

Procuraban todos estos funcionarios obedecer las leyes fiscales, pero sin cumplirlas, según la forma inventada para salvar los respetos debidos al monarca. Las visitas de buques se efectuaban con aparente severidad, recibiendo declaración jurada a los tripulantes, revisando prolijamente la carga.

---

150 Trelles, *Registro estadístico*, año 1867.

Tenga el corregidor mucho recato, dice Bobadilla, para asegurar su persona, llevando bastante gente, usando de industrias; como dando a entender que va a buscar algun delincuente, y haga quitar las velas, porque no se metan a la mar y lo lleven a él y a los demás consigo... Y meta hombres prácticos, e inteligentes de este particular, para saber descubrir y escudriñar donde va el dinero, que suelen esconderlo en el lastre, y en el corazón de las maderas, y en otras mil partes inopinadas.

Nada de esto impedía que los bajeles corsarios y navíos sueltos arribaran continuamente a Buenos Aires, invocando mil pretextos para desembarcar sus cargamentos, a pesar de la rigurosa pena impuesta a los maestros y pilotos de «diez años de galeras al remo y privación perpetua de oficios, para que de allí en adelante no los puedan usar ni ejercer so pena de la vida». Así los holandeses aprovecharon, en sus negocios con las Indias, los permisos concedidos para perseguir al comercio de Francia y Portugal; los ingleses su asiento de negros, un comercio tan importante que «en el solo puerto de Buenos Aires se declararon perdidos ocho mil novecientos treinta y dos negros, en los veinte años que corrieron de 1606 a 1625, los que produjeron a la cámara real 745-453 pesos, y 659-256 a los demás explotadores legales, jueces y denunciadores, formando ambas cantidades la suma de 1.404.709 pesos, arrebatados a los capitales y esfuerzos particulares de los que se permitían especular en el tráfico de esclavos siguiendo el ejemplo del soberano».[151] Los vizcaínos cargaban hierros y otras mercaderías en Francia y las traían valiéndose de análogos ardides: durante el año 1658, salieron del puerto de Pasajes, en Guipúzcoa, cinco buques. El siguiente cuadro demuestra el valor de las mercaderías comisadas:

151 Trelles, *Revista de Buenos Aires*.

Años		
1586 a 1596	92.878	reales plata
1590 a 1605	64.604	" "
1606 a 1615	3.654	" "
1616 a 1625	5.041.149	" "
1626 a 1635	952.907	" "
1636 a 1645	1.250.094	" "
1646 a 1655	1.339.926	" "
Suma	8.745.212	" "

A estas cifras deben agregarse los valores de los contrabandos tolerados o que las autoridades no descubrían. Las mercaderías prohibidas se ocultaban con toda facilidad en las chacras y estancias. Hasta los frailes eran cómplices en el delito: en cédula de 1654 se dice: «para que en lo de adelante, se evitasen los daños que resultavan de las ocultaciones que se hacían de los géneros extraviados en los conventos de los religiosos».

La exportación fraudulenta no era menos valiosa. «Las naves españolas, dice el P. Gervasoni, cargan a su regreso cuarenta y cincuenta mil cueros y mucho mas de contrabando los ingleses y portugueses.» Los precios de las lanas, cebos y cecinas fueron los siguientes:

Años		
1589	Una arroba de lana	3 pesos plata
1612	" " " "	6 reales plata
1614	" " " "	1 peso plata
1626	" " " "	1½ peso plata
1634	" " " "	1 " "
1635	" " " "	1 " "
1589 a 1700	Un cuero de vaca	1 " "

Dada la escasa población de Buenos Aires en esos años, y la abundancia de los frutos, no se podría explicar esta firmeza de los valores, especialmente de los cueros, si el comercio internacional no hubiera concurrido a mantenerlos. Era un comercio próspero y rico, con el extranjero y con el interior. En 1661 el gobernador Mercado embarcaba 30.000 pesos plata. Con esta ocasión, dice Lozano, «otros dos navíos desembarcaron porción considerable de mercaderías y en trueque de ellas recibieron cantidad grande así de cueros, como de barras, piñas, plata sellada y labrada de que dio cuenta al señor Felipe VI su enviado de Holanda don Estevan Gamarra que se halló presente al desembarco de las mercaderías y se decía llevaba tres millones». En 1729 el padre Gervasoni se asombraba del tráfico que mantenía Buenos Aires con el interior, «que la moneda mas baja que corre es de medio paolo».[152]

Según las estadísticas oficiales, el comercio de exportación e importación durante la primera mitad del siglo XVII, fue el siguiente:

Años	Importación	Exportación
1586 a 1596	1.810.314	84.758
1596 a 1605	1.411.282	753.436
1606 a 1615	7.534.123	1.151.678
1616 a 1625	7.857.579	360.904
1626 a 1635	1.792.427	255.974
1636 a 1645	1.708.204	288.196
1646 a 1655	1.875.537	98.500

---

[152] Moneda de plata, equivalente a un décimo de escudo. Ha variado de valor entre 54 y 60 céntimos de nuestra moneda, *Revista de Buenos Aires*.

La exportación, dice Vicuña Mackenna,[153] cerrada por decreto, ascendía anualmente desde 1748 a 1753, en un término medio por año, a 1.620.752 pesos, en cuya cantidad figuraba como producto propio el precio de 150.000 cueros al pelo. Lo demás era oro y plata que venían de Chile y el Perú a pasar como en un canal natural por aquella vía. En once años, desde el 1 de enero de 1754 al 31 de diciembre de 1764, los valores de los últimos metales exportados por el Plata ascendieron a 35.811.591 pesos, figurando el oro, cuya procedencia era generalmente de los lavaderos de Chile, por 10.942.846 pesos y la plata por 24.868.745 pesos.

Las diferencias entre la exportación que se nota en las cifras del movimiento comercial se pagaban con cueros y frutos de Buenos Aires y oro del Perú; el contrabando restablecía el equilibrio. En un documento de 1594 se dice que «por cuanto conviene dar orden y asiento en las cosas tocante a la Real Hacienda de S. M. y su buena administracion y cobranza, atento a que se va entablando la contratacion de este puerto con los estados del Brasil y reino de Angola, de donde han venido y vienen algunos navíos a desembarcar a este dicho puerto demas que los mercaderes y contratantes que ocurren de los reinos del Peru y otras partes son muchos...». Impresionado por las palabras subrayadas, el señor M. R. Trelles, una de las personas que han prestado mejores servicios a la historia nacional, dice en su *Registro estadístico*: «que eran los mercaderes del Perú y otras partes los que compraban los artículos que se importaban de Buenos Ayres; y los pobres pobladores de esta ciudad estaban reducidos a la miserable condición de recoger las migas del festín comercial que celebraban los mercaderes del Brasil con los mercaderes del Perú y otras partes; gracias al sistema mercantil que se practicaba

---

153 *Revista del Río de la Plata*.

entonces, y a las aberraciones de una época en que la ciencia económica ni habia nacido siquiera». No es probable que negociantes del temple y carácter de aquellos osados especuladores y contrabandistas se contentaran con observar cómo traficaban y ganaban dinero los del Perú. La firmeza de los precios de los cueros y frutos, los datos anteriormente expuestos sobre la fortuna privada, demuestran el activo y provechoso papel que desempeñaban los negociantes porteños. Y para oponer texto a texto, una de las razones que daba el procurador de León, en su protesta contra la cédula que prohibía la introducción de moneda, era «que los vecinos de este puerto están, fuera de el en el Perú y otras partes cobrando sus haciendas», y más adelante se refiere «a las cosas que los vecinos tienen que cobrar de sus haciendas en el Perú y otros reinos».

Lo que ha inducido en error sobre la economía de Buenos Aires es el carácter de la documentación oficial, un perpetuo lamento, una continuada queja de miserias y proezas, que contradicen los documentos privados. Es que la monarquía no miraba con agrado el desarrollo de las grandes fortunas particulares: la prosperidad podía ser una fuente de peligros. Para ejercer el comercio, dice Bauzá,[154]

> se necesita licencia directa del rey, con largas informaciones previas sobre conducta personal, posesión de bienes raíces y ciudadanía en ejercicio, y luego de concedida la licencia quedaba el comerciante bajo la vigilancia continua de las autoridades de uno y otro hemisferio, viéndose expuesto a ser suspendido en su tráfico a la menor insinuación de que su negocio era perjudicial o lucrativo en exceso. Los que han podido darse cuenta del parsimonioso giro de la cancillería española comprenderan las angustias de aquellos que se exponían a la tramitación de

---

154 *Historia de la dominación española en el Uruguay.*

solicitudes para comerciar; y los que saben la suspicacia y el espíritu receloso de las autoridades de la misma nación en los dominios americanos, se imaginarán lo expuesto que estaba a perder sus utilidades el comerciante abandonado a merced de la menor denuncia. En cuanto a los extranjeros, después de trámites duplicados, no se les concedía pasar jamás de los puertos cuando obtenían licencia comercial; y de no tenerla, pagaban con la vida y perdimiento de bienes aquellos naturales o habitantes de América que comerciaban con ellos.

Además, el comerciante se veía expuesto a persecuciones arbitrarias, si no conseguía el favor de las autoridades. El virrey Loreto arruinó por capricho la fábrica de carnes saladas de un empresario uruguayo. El ministro Gálvez prohibió el cultivo de viñas y olivares. En 1784 se monopoliza por el Estado la lana de vicuña.

> El rey se hallaba con noticias positivas, dice en su nota Gálvez, del uso que se hace en esos reinos de la lana de vicuña, especialmente en la capital de Lima, donde se emplea en las fábricas de sombreros que se han establecido en ella, contraviniendo a lo dispuesto por las leyes y con grave perjuicio de las fábricas de España. En esta inteligencia me manda S. M. prevenir a V. E. muy estrechamente, que, sin expresar esta contravención, sino el justo motivo de que dicha lana se necesita toda para surtir las reales fábricas de la península, tome las providencias que juzgue más precisas, a fin de que cuanta lana de vicuña se adquiere y cosecha en las provincias de ese virreynato, se compre en ella misma de cuenta de S. M. a los precios corrientes.[155]

Una legislación inadecuada, que violentaba las tendencias naturales del país, produjo como consecuencia forzosa la co-

---

155 Funes, *Ensayo histórico*.

rrupción general. La podredumbre se inicia en las capas superiores, desciende y se infiltra en todo el organismo social, corroyendo sus fuerzas más vivas. Las personas de elevada posición, los acaudalados, consiguen las concesiones, monopolios y privilegios, cohechando a los funcionarios; los otros se arriesgan en el delito. Desde el alto empleado hasta el esclavo, todos viven en una atmósfera de mentiras, fraudes y cohechos. La sociedad se educa en el desprecio de la ley; idea tan dominante y arraigada que a poco andar se transforma en sentimiento, se incorpora al porteño, pervirtiendo su inteligencia y su moralidad. Lo peor del caso es que el historiador no puede condenarla; una suprema necesidad excusa y justifica todo; se veían obligados a fomentar el germen pernicioso que continuará debilitando a la sociedad argentina; por eso ha preferido siempre los hombres a las leyes y los caudillos a las ideas.

III

En una representación elevada por los labradores de Buenos Aires, a fines del siglo pasado, se atribuyen a tres causas las crisis de los negocios de trigo y harinas: la falta de cosecha, la demasiada abundancia y una mal entendida economía de abastos.

La primera no los preocupa mayormente. El maíz y la carne bastan para la alimentación del pobre en los años difíciles. En cambio el labrador hace su agosto, realizando sus cosechas a precios subidos. El miraje de lucrativos negocios les lleva a falsear la historia económica y social. Olvidan las hambres y penurias que soportaba el pueblo en las malas épocas, al afirmar que «jamás se ha oído que hayan faltado granos en esta tierra, y así no ha de intimidar un mal que nunca se ha experimentado en general».[156]

La abundancia sí es un peligro serio, porque no hay libertad de comercio, y el mercado de Buenos Aires es reducido. La intervención del Estado los arruina. Sus medidas para prevenir posibles escaseces son absurdas: «como si el impedir el giro y la salida que es lo que anima la industria y aumenta los productos, no fuera secar los manantiales de los frutos y caminar directamente hacia la esterilidad y la pobreza».[157] La tasa arbitraria de los precios quita toda seguridad, no permite hacer cálculos ni planes. Si bien en 1765 se prohibió la intervención del Cabildo en estos negocios, no le faltaban medios indirectos para venir a su fin. «El año pasado de 85, se dice,[158] pretendió el Cabildo de esta ciudad poner tasa al precio del trigo y lo contuvo dicho virrey pasándole para ello la Real Pragmática en la que se prohibe, desde cuya época no pudiendo abiertamente imponer esta cruel ley a los labradores que vienen a la plaza a vender su trigo a los panaderos que son los únicos que lo compran para el abasto de la ciudad, han prescripto a estos los fieles ejecutores bajo de penas, que no pasen en sus precios de tal o tal precio que les señalan en el número de onzas que deben fabricar cada pan.» En otras ocasiones el Estado impone precios irrisorios para atender sus necesidades: «en los años 76 y 77 cuando llegó la expedición de don Pedro de Cevallos y a tiempo que corría el precio de cincuenta o sesenta reales la fanega, se les estrechó a los labradores que lo vendiesen al de veinticuatro reales».

El más bajo precio que podían soportar los agricultores era de 4 pesos la fanega. «Pierden dinero, se dice en *El Te-*

---

156 Representación de los labradores, *Revista de Buenos Aires*.
157 Representación de los labradores, *Revista de Buenos Aires*.
158 Ibíd.

légrafo, vendiendo el trigo a 2 pesos, y no siempre a cuatro ganan; demostrando probablemente que diez fanegas de trigo sembradas, guardadas hasta el tiempo de segar, tienen de costo 150 pesos, y otro tanto en la cosecha hasta ponerlo en la plaza; suman ambas partidas 300 pesos; si el rinde es a quince por uno es regular la cosecha, rebajado el diezmo y primicias, quedan ciento treinta y cuatro fanegas y media, que vendidas a 2 pesos producen 269 pesos, y resultan treinta y uno de pérdida.» En los años más fértiles el trigo sube porque el chacarero de necesidades modestas, atesorador y prestamista con garantía hipotecaria, lo oculta y destruye si teme la pesquisa del Cabildo. A su vez el pulpero e industrial le hacen sentir sus respectivas habilidades de mala fe, explotando sus circunstancias, a costa del pueblo pobre, verdadera víctima del negocio. «Cuando el trigo vale menos de 3 pesos, dice un redactor de *El Telégrafo*, no contentos con la equidad, importunan inconsiderablemente a los labradores, ya demorándoles, ya exagerando injustamente la calidad del grano a vista, ciencia y paciencia del infeliz que lo ofrece; de suerte que el mas excelente trigo se desprecia, diciendo que es de masa corta...»

La regla del comercio es lo arbitrario del momento. No se pueden hacer cálculos basados en situaciones estables; todo depende de la mayor o menor flexibilidad de los regidores, del carácter manso o duro del gobernador o virrey, de su moralidad. Cuando se consigue sobornarlos prosperan los negocios, encarece la vida, y en medio de la mayor abundancia, como no se a bisto, el pueblo sufre hambres y miserias. En las épocas normales, de buenos gobernadores, los precios vuelven a su nivel natural; los sobrantes de frutos se almacenan a la espera de una oportunidad de contrabandearlos. Hasta fines del siglo XVIII el pueblo vivió en esa terrible inseguridad del sustento. En 1795 se vendía la fanega de trigo a 12 y 14 pesos. «Se consiguió comer en los seis primeros meses del año con equidad; pero yo que los estaba observando, dice el redactor de *El Telégrafo*, temía la carestía, que todos saben sucedió después por el mismo fundamento, viendo que se comía el pan mas grande que lo que debía ser con concepto a la cosecha... el pueblo se aflije y con razón cuando pasa de 6 pesos al valor del trigo.»

Capítulo XII. El proletariado de las campañas

I

Ese proletariado de las campañas —5.897 en 1744 frente a 186 propietarios—, que sorprendía por su amoralidad a un gobernador de Buenos Aires, se había creado cuatreando en una atmósfera moral en la que andaban confundidas y mezcladas las ideas de lo bueno y de lo malo. Dos instituciones forman la base de la civilización moderna: la propiedad y la familia. El proletario no tenía la menor idea de la primera. Su sensación es que la pampa y sus numerosos rodeos pertenecen a todo el mundo, un don de Dios del que usa paseando sus tropillas, carneando cuando tiene hambre, levantando su rancho donde quiere, con o sin permiso del dueño. Con sus ligeras e inconscientes tendencias comunistas las autoridades lo confirman en esta idea. En 1669 el Cabildo resuelve «que los vecinos que tuviesen estancia poblada están obligados a tener y dejar en ellas dichos ganados (de accioneros) para su conservación y mantenimiento Rodeo en la cantidad que sea bastante»; y en 1667 se ordena por el mismo Cabildo «que los montes silvestres de la Rivera han sido y son comunes a todos los vecinos y deven gozar dellos y otros qualesquiera de que se pretendan aprovechar siendo silvestres». Por otra parte, el origen de derecho de propiedad era demasiado reciente para que pudiera inspirarles respeto. Lo habían visto nacer por un golpe de fuerza, distribuida la tierra, los animales y los hombres, según el capricho del conquistador, el favoritismo del gobernador generalmente interesado; no era posible envolverlo con las prestigiosas tradiciones del trabajo ímprobo, creador de las riquezas, rodearlo de todas las virtudes, economía, probidad, que forman su aureola ordinaria. Las fortunas crecían y se multiplicaban por sí solas, con el simple funcionamiento de los instintos naturales. Además una triste experiencia les enseñaba que el trabajo era una aptitud que para nada les servía. En las estancias se ocupaban los esclavos, mucho más barato que los asalariados. Con 100 pesos plata se compraban los quince o veinte años de trabajo que podía dar un negro esclavo, el equivalente de 3.000 o 4.000 pesos de jornales. Al principio del siglo XVII un peón de campo ganaba 6 u 8 pesos mensuales, apenas lo indispensable para cubrir sus más apremiantes necesidades, «por cuyas causas no adelantan, por más que anden en el verano sedientos y fatigados, y en el invierno trémulos, yertos y hambrientos». Por gracia se le permitía vivir arrimado a las casas, empleándolo en acarrear contrabandos, las faenas ilícitas y clandestinas.

> Todas estas estancias, se dice en un informe especial, están llenas de gauchos sin ningún salario; porque en lugar de tener todos los peones que necesitan, los ricos solo conservan capataces y esclavos; y esta gente gaucha está a la mira de las avenidas de los ganados de la sierra, o para las faenas clandestinas de cueros; en trato son a tanto por cuero de cortar, desollar, estaquear y apilar; que todo el importe es de dos o tres reales, según el convenio de ajustar las operaciones en caballos del que le manda o propios suyos; conforme a la distancia, el riesgo o el pago en dinero o ropa.

Si más emprendedor, con la voluntad firme de mejorar su condición, se arriesgaba a poblar en las tierras realengas de la frontera, la triste experiencia se repetía, más dura y penosa, porque se le despojaba, tarde o temprano, del resultado de su esfuerzo casi heroico, de una vida agitada, rodeado de indios y malhechores, por el personaje de influencia cerca del gobernador o virrey, que deseaba adquirir en propiedad el suelo valorizado por el proletario. Tenía que salir con su pequeño rodeo, levantar el rancho, dejar su hogar, la tierra cultivada a costa de tantos sacrificios. Así los verdaderos habitantes de la campaña dependían en absoluto del capricho del metropolitano bien relacionado, los altos bonetes coloniales que monopolizaban a título de concesión o irrisoria compra las grandes áreas de campo. El proletario avanza sobre la línea de fronteras en busca de tierra libre donde fijar su hogar, construir la choza definitiva, cansado de vagar por las estancias, harto de una existencia de miserias, tipo heroico de nómade que tiende a la vida civilizada. Durante todo el período español no pudo realizar su ideal, porque el rey no autorizó nuevos repartimientos de tierras, produciendo una situación llena de dificultades y penurias. «No cabe duda, dice un procurador del Cabildo, que la estrechez a que está reducida la población de nuestras campañas después de doscientos veinticinco años corridos desde su repartimiento, debe mirarse como el origen de los gravísimos males que ha sufrido el bien general del estado.» Después de la independencia el personaje español fue sustituido por el politiquero criollo, más simpático pero igualmente voraz. La situación del proletario empeoró. La anarquía y el caudillaje, los gobiernos de desorden, la amoralidad característica de la agrupación que no se había modificado por los decretos de las juntas, favorecieron el acaparamiento de las tierras.

> En todos los partidos de campaña, dice en un informe oficial el coronel García,[159] resonaban los clamores de los infelices ganaderos y labradores. Se había formado una liga de propietarios para arrojar a aquellos de sus hogares con varios pretextos que daban colorido a la injusticia y que eran el velo que la cubría.

159 El coronel de ingenieros don Pedro Andrés García.

Estos hombres, ocupados de una descomunal ambición, procuraban eludir las más activas medidas del gobierno; y la ley que prescribe la protección de las propiedades, la hacían servir a sus intereses, sobreponiendo éstos al celo de aquél, mientras que entregado a sus meditaciones benéficas, formaba los planes más útiles de conveniencia general para la provincia.

Y más adelante agrega que era necesario

dispensar la protección y amparo a estas familias y a sus intereses, porque en otra forma iban a ser víctimas de la miseria, perdiendo la provincia los brazos agricultores ya formados, sin otro recurso que el de la mendicidad, que no podrán soportar con resignación, ni dejar de sentir del modo más vivo la indiferencia con que se mirase sus ruinas... estos desgraciados tocaban ya la raya de la desesperación; y no tanto, se empeñaban en permanecer en sus hogares, como en procurar terrenos donde mudarse, aunque a costa de grandes atrasos y quebrantos en sus haciendas y poblaciones. Que entre éstos se contaba gran número de labradores, y muchos hacendados de mil, de dos mil y tres mil cabezas de ganado, y a más los lanares, caballares y de cerda. Que era consecuencia necesaria de este despojo la mengua considerable de nuestras cosechas de granos, pues los propietarios no podían sustituirlas en muchos años. Que creía oportuna una medida que acomodare a unos y aquietare a otros, contraída a prevenir, por medio de una circular a los propietarios, que en el término de un año no innovasen, ni perturbasen a los situados en sus terrenos, dentro del cual procuraría el mismo gobierno proporcionarles otros en que pudiesen retirarse con sus ganados.

Poco a poco nace en el fondo de su alma el sentimiento del desprecio de la ley; en su imaginación es el símbolo de lo arbitrario, de la fuerza brutal y caprichosa, encarnada en un funcionario mandón, más o menos cruel y rapaz, «un alcalde pedáneo, manejado tal vez por un charlatán que solo se distingue de los otros en saber formar muy mal cuatro renglones, de que nacen la impunidad de los delitos, la multiplicidad de malévolos, la incivilidad y el desorden, la ruina e indepresión de las poblaciones»; dispuesto siempre a torcer la vara de la justicia a favor del hacendado prestigioso, con vinculaciones en la capital, amigo de los conquistadores, con casa y quinta en la ciudad, chacra en las afueras, y cuanta suertes de estancias puede acaparar, todo bien poblado por la naturaleza, que multiplica las innumerables piezas de ganado. Sabe que no tiene derechos, es decir, tiene la impresión clara de que su bienestar, sus cosas, su familia, son átomos insignificantes, que tritura sin mayor preocupación el complicado mecanismo oficial.

II

Como consecuencia de semejante estado de cosas desaparece la familia cristiana en la clase proletaria, desecha por el nuevo medio. No se la concibe sin la propiedad inmueble que permite establecer la casa, consolidar el nuevo organismo, darle cierta estabilidad indispensable para que nazcan los afectos y puedan cumplirse los deberes filiales. El precarista o siervo de la Edad Media estaba garantizado por el interés de su señor, por los vínculos feudales, que si bien daban enormes derechos los compensaban con obligaciones de primer orden; por la influencia de la Iglesia, que lo amparaba con todo su prestigio y sus riquezas. Con el trascurso de los siglos llegó a hacerse dueño del suelo, transformando su contrato de precario y servidumbre en el derecho de propiedad moderno. No solo conservó la organización sana y civilizadora de la familia, sino que la consolidó, vinculándola al sitio solariego que se transmite indefectiblemente de padres a hijos, que no puede salir del grupo familiar. A su alrededor se extienden las diversas ramas, unidas por el afecto e interés. Todas las generaciones son solidarias; los hijos y los nietos, la descendencia continuada en el porvenir infinito, verán germinar la semilla trabajosamente plantada, convertirse en arbusto, en árbol, en el bosque que trae la opulencia. Los sufrimientos, el penoso esfuerzo, todas las iniquidades de que son víctimas se suavizan ante más risueñas perspectivas, lejanas, es cierto, pero que algún día se realizarán con toda su soñada belleza. Con estos sentimientos bien arraigados, con el supremo consuelo de la fe, el hombre es capaz de cualquier cosa. El proletario de lo pasado trabajó con tesón admirable, forzando la tierra para poder vivir en medio del laberinto de impuestos, la red de injusticias del régimen antiguo. El proletario colonial nace del amor libre, se cría al azar, ante los animales, sin casa, ni más protección que la material indispensable para no morir.

En cuanto su físico precoz se lo permite, monta a caballo y sale a buscarse la vida, cómo y dónde pueda: «se hacen de caudal a su modo, que consiste en yeguas, caballos y espuelas de plata, chapeados y alguna ropa, armas y abalorios para comprar dos, tres y cuatro mujeres (a los indios); contentando con aquellas especies a los padres y hermanos, que es en lo que únicamente consiste el casarse, y tantas veces cuantas pueda hacer estas compras».[160] De por sí viciosos y relajados, los vínculos se desatan al primer roce, y tras ellos desaparecen los deberes morales, la educación, la formación del carácter, las expansiones filiales que desarrollan en el alma los gérmenes de la simpatía, el hábito de obedecer y respetar la autoridad paterna que prepara al hombre para

---

[160] P. A. García, *Viaje a Salinas Grandes*.

someterse a la regla de la vida civilizada, lectividad, acatar espontáneamente al superior. Aprendizaje difícil en las sociedades cultas y normales; más difícil en las semibárbaras donde predominan las impresiones fuertes, las pasiones impulsivas e irresistibles; necesario para que se restablezca un orden sano en el grupo social.

En teoría se puede discutir sobre si el individuo o la familia son la célula del organismo social. En la historia se encuentran sociedades que responden a los dos tipos. Las cristianas que han hecho la civilización europea pertenecen al tipo familiar. Lo que no se puede negar es que la salud plena de ese elemento primo es indispensable para que se desarrolle una agrupación bien ordenada, capaz de progresar. No solo la familia prepara al hombre social, cultivando ciertos instintos, determinando sentimientos altruistas y simpáticos, habituándolo a la disciplina, dándole las primeras ideas de jerarquía y autoridad, sino que crea los vínculos entre las diferentes agrupaciones, extiende los horizontes más allá del círculo estrecho individualista, desarrollando el espíritu de solidaridad. Por ese largo aprendizaje, el ejemplo cotidiano, la repetición continua de los actos de obediencia, de las ideas y de los sentimientos simpáticos, el adulto entra espontáneamente en el molde colectivo preparado por la tradición histórica, se somete sin violencia a regla común, al poder constituido, que sustituye instintivamente en su inteligencia a la autoridad paterna, contrae relaciones en los distintos grupos a que lo llevan las analogías de tendencias, necesidades e ideas. Si la célula elemental es el individuo, el Estado tiene que cumplir la misión complicada de la familia, inculcando en esa pasta humana la clase de ideas, sentimientos y aspiraciones que se necesitan para el buen funcionamiento del mecanismo político: el respeto a las autoridades religiosas y civiles, el culto del ejército y de la patria, de ciertas costumbres que son el fundamento de todo el edificio.

III

Un sentimiento, nacido espontáneamente como los cardos silvestres de la pampa, por la especialidad del medio físico y moral, salvó al proletariado porteño de la disolución completa: la fidelidad, rezago del régimen feudal traído por los conquistadores, que sujetaba al hombre a la voluntad o servicio de otro, por un orgullo especial fundado en la lealtad, en la constancia de las afecciones; un orgullo tan intenso y eficaz como el culto nacional del coraje, con el que tiene estrechas afinidades; una de las mentiras convencionales de la Edad Media que disimula la humillación del servidor o vasallo, dándole otros móviles a su conducta, revistiendo de cierta noble aureola las relaciones del patrón y de sus peones, de manera que salga ilesa y realzada la dignidad humana. En esa miseria moral sofocante los dos sentimientos, el culto del coraje y la fidelidad, son las fuerzas en que se apoya para resistir a la barbarie que lo asedia. Empresa difícil, porque en el contacto diario con los indios su regresión a la barbarie era casi inevitable. Tenían sus virtudes, las cualidades que él estimara, exageradas hasta sus faces horribles de pasiones brutales, y el contagio se producía con una intensidad creciente y amenazadora: «las clases de gentes aquí pobladas son poco menos feroces e inciviles que los mismos indios: de su roce y trato resultan las frecuentes clandestinas entradas en las primeras tolderías de nuestros compatriotas, llevándoles el aguardiente, la yerba y el tabaco que ellos apetecen. Se entregan a la lascivia y forman los proyectos de las extracciones y robos de haciendas, unas veces en unión con ellas y otras proporcionándoles las haciendas en los puntos que conciertan». Se considera noble y bueno en medio de sus vicios, porque es valiente. Es caballero, digno de estimarse, no obstante su carrera de presidiario, por su fidelidad al patrón. Y el monólogo mental sigue en las soledades del desierto, robusteciendo esos sentimientos, dándoles el papel predominante de las ideas fijas. Constituyen el sostén de su orgullo, realzándolo ante sus propios ojos. Son los vínculos sociales que unen al peón errante con el estanciero y el Estado, bastante poderosos para mantener la cohesión del grupo durante dos siglos. En el fondo de toda nuestra evolución histórica aparecen los dos sentimientos impulsando irresistiblemente a los caudillos y sus secuaces. Los gauchos seguirán a sus jefes, seducidos por su valor, la cualidad que en su criterio debe gobernar al mundo, la noble por excelencia. De las otras que priman en los pueblos civilizados, no tenían la menor idea: la política, forma de gobierno, el progreso, todo se traducía en la fórmula simple del acto de fuerza, de arrojo o heroísmo. Su concepto de la civilización era un campamento. El día en que un conjunto de circunstancias impuso otra manera de ser, el sentimiento declinó siguiendo una curva rápida, dominado por otros factores sociológicos. Pero no desaparece por completo; así como el individuo tiene su fondo de ideas y sentimientos que viven en la región inconsciente, pronto para salir a luz en la primera oportunidad favorable, así también hay una serie de tendencias psíquicas colectivas, que aunque no aparezcan ostensiblemente, subsisten y pueden en un momento dado, ya sea por la inercia o debilidad de las otras tendencias, o porque los acontecimientos las vigorizan, actuar en primera línea. Periódicamente, en las épocas revolucionarias y de agitación social, resurgen con nuevos bríos esos sentimientos coloniales, y con la misma energía de antes, cambian momentáneamente los ideales, los gustos y las aspiraciones comunes.

Si el lector tiene presentes estos rasgos sociológicos, comprenderá que las montoneras argentinas y la anarquía subsiguiente al movimiento de 1810, son consecuencias lógicas y fatales del estado intelectual y moral, de la situación económica del proletariado, independientes en absoluto de la actitud política de determinados doctores en derecho y milicia, que creían con toda candidez hacer la historia, imprimir rumbos conformes a sus libros a todo el país. Si el rey de España hubiera tenido ciertas nociones elementales de economía, si subdivide la tierra, permitiendo que se formara una sociedad estable, con familias arraigadas al suelo, con intereses que proteger, con los hábitos de trabajo e industria consiguientes, la organización política definitiva se habría hecho con toda facilidad sin mayores trastornos, como en Estados Unidos. Debido a su inepcia se formaron las dos clases rivales de unitarios-propietarios y federales-proletarios, opuestos y antagónicos en sus tendencias y maneras de ser. La primera tenía en su mano la tierra, la riqueza, se desarrollaba con el sano equilibrio, las justas proporciones de lo que está bien organizado, con sus medios y fines armónicos; el grupo satisfecho, conservador, amigo de la monarquía constitucional, del orden que le garantiera la plácida posesión de sus leguas de campo, adquiridas sin mayor esfuerzo; el trabajo gratuito de la infeliz peonada vagabunda. Aprovechando todos estos dones de la Providencia, las fortunas se redondearían con facilidad y felicidad. Ideaba su sistema de gobierno con todo el aparato de libertades y constitucionalismo que necesitaba su clase, con el capricho arbitrario de sus funcionarios para la dirección de la turba proletaria, bajo la forma de democracia suiza, romana, francesa, griega o inglesa, reservándose en el hecho, y no obstante las leyes, el monopolio de la tierra para el grupo de familias patricias y sus amigos. La segunda, inestable, caótica, irregular, salvaje, sentiría una aspiración vaga, indecisa e inconsciente, hacia esas cosas mejores, «vagaba deseosa de fijarse en la tierra».[161] El choque fue espantoso, toda la sociedad se sacudió durante cincuenta años, con pequeñas y grandes erupciones, según los momentos. En medio de la confusión de batallas, crímenes y caudillos, se destaca de relieve el factor psicológico, predominante en la infernal crisis: el culto nacional del coraje, que polariza todas las ideas, sentimientos y aspiraciones de las multitudes. Y la sociedad no se asienta hasta que la dura mano de Rosas, triunfador de los propietarios, le da una relativa satisfacción. A los veinte años de ese régimen, que todavía no ha sido estudiado en su faz íntima y social, sale mágicamente un organismo político hecho, que se consolida en poco tiempo, convertido en nuestra Argentina republicana democrática, llena de pequeños propietarios, alegremente laboriosa. Con o sin el fusilamiento idiota de Dorrego, con o sin el cautiverio de Paz, la acción de Lavalle y el formidable carácter de Rosas, el proletariado habría triunfado, como triunfó en Roma, en la Edad Media, en la Revolución Francesa, como triunfará en el porvenir. La iniquidad económica colonial solo habría podido prolongarse si el proletario, contagiado por los indios, se hubiera incorporado definitivamente a la barbarie. La República, convertida en una oligarquía territorial, con un grupo de familias ricas, dominantes, opresoras de la masa popular, constituida en forma conservadora y retrógrada, estaría en plena guerra social.

---

161 Bauzá, *Historia de la dominación española en el Uruguay.*

Capítulo XIII. La administración de la capital

I

Con su título de clarísimo y excelentísimo representante, alter nos de la persona del monarca, desde que sale para su destino goza el virrey de prerrogativas casi reales. En Sevilla se le hospeda en el Alcázar, en los aposentos de afuera. Se embarca en la nave capitana, y puede llevar para defensa de su persona una docena de alabardas, espadas, dagas, arcabuces, cota con sus guantes morriones, cascos y 6.000 pesos de oro en joyas y plata labrada; no puede traer sus hijas casadas, hijos, ni yerno o nuera. Es recibido en todas las ciudades de sus provincias con grandes fiestas y gastos, bajo el palio: «que solo la persona de mi virrey ha de entrar debajo del palio porque representa la mía y no Prelado ninguno, ni otra persona de ningún Estado, preminencia ni calidad».[162] Sigue derecho a la Iglesia mayor y allí «le salen a recibir procesionalmente el Obispo, Dean y Cabildo hasta las gradas de ella, con cruz levantada, la qual se queda en los umbrales de las puertas de la misma Iglesia y de allí la adoran los virreyes en apeandose. Y en las mismas Iglesias, y otras, siempre que van a ellas, se les pone estrado y sitial en medio de la capilla mayor, con almohadas, cubiertas con tapetes de seda o brocato».[163] Gozan de facultades casi omnímodas: en tesis general pueden ejecutar todos los actos de gobierno que no les han sido expresamente exceptuados: «provean todo aquello que Nos podríamos hacer y proveer, de cualquier calidad y condición que sea, en las provincias de su cargo, si por nuestra persona se gobernaran, en lo

162 Solórzano, *Política*.
163 Ibíd.

que no tuvieran especial prohibición». Así les corresponde, previa consulta con la Audiencia, la provisión de todos los oficios públicos, salvo los casos de alta importancia que se reservan al rey y su supremo consejo, y que solo provee interinamente, oidores, alcaldes de Audiencia, prebendas de las Iglesias Catedrales. Encomienda indios, asiste a la vista de los pleitos y a su votación en su carácter de presidente de la Audiencia, pues «obra mucho su intervención para el buen despacho, como no muestren, ni aun con leves señales, que desean favorecer a algunos de los que litigan».[164] Conoce en primera instancia en toda causa de indios, «despacha jueces contra los corregidores, o alcaldes mayores, que les hacen agravios y vexaciones, como lo dispone otra cédula de la misma data. Pero esto es solo para que hagan informaciones secretas sobre los dichos agravios, y hechas se le traen al Virrey y si le parecen sustanciales las remite luego a la Audiencia, para que allí proceda en forma jurídica».[165] Cuidan la administración de la real hacienda, pero no pueden hacer gastos nuevos sin consultar al rey, y en los casos urgentes reúnen el Acuerdo general de hacienda. «Y fue muy justo y conveniente encargarles tanto de este cuidado, dice Solórzano, mas en las provincias de Indias, por los muchos fraudes y desperdicios, que de ordinario se cometen, y hacen en lo tocante a la dicha hacienda y gastos de ella... son muchos los que hincan la uña en los derechos reales y que asi apenas le queda al rey la quarta parte de ellas.»

Están encargados de la guarda y defensa por mar y tierra de sus provincias. Pueden observar las órdenes reales, y suspender su ejecución y cumplimiento siempre que resultare algún grave inconveniente, «porque en tales casos no incurren en crimen, ni aun en nota alguna de inobediencia, antes

164 Ibíd.
165 Solórzano, *Política*.

son vista ajustarse a la volutad real, que siempre se presume ser a que solo se obre y haga lo que convenga».[166] Pueden perdonar delitos. Concedemos, dice el Código de Indias, «la facultad a los virreyes del Perú y Nueva España, para que puedan perdonar cualesquier delito y exceso cometido en las provincias de su gobierno, que nos, conforme a derecho y leyes destos reinos podriamos perdonar, y dar y librar los despachos necesarios para que las justicias de todos nuestros reinos y señorios no procedan contra los culpables a la averiguación y castigo, así de oficio como de pedimento de parte, en quanto a lo criminal, reservando su derecho en lo civil, daños e intereses de las partes, para que le pidan y sigan como les convenga». Finalmente otra ley prohibe que los virreyes, oidores, alcaldes del crimen y fiscales de las audiencias,

> traten ni contraten, ni tengan crías de ganados mayores, ni menores, ni estancias, ni labranzas, ni otras negociaciones, ni labores por sus personas, ni otras interpuestas, como en las dichas leyes con mas expresión se contiene, y porque al paso que es mayor la dignidad y autoridad de los Virreyes, y mas inmediata su representación a nuestra real persona, será mas grave la culpa de incurrir en este delito, para declarar las deudas que se han ofrecido, expresamente prohibimos a los virreyes de nuestras Indias todo género de contrato y granjería.

Tendría muy graves motivos el soberano para usar tantas precauciones contra sus virreyes. Solórzano les recomienda especialmente que no reine en sus pechos la avaricia, ni hinquen la uña. Desgraciadamente le hincaron y bien, de todas maneras y en todas formas, abusando escandalosamente de su poder para negociar los puestos públicos, con más o

---

166 Libro III, tít. III, ley XXVII.

menos cinismo y disimulo; «y el que adquiere uno de estos empleos por beneficio, ya sea descubierto o disfrazado, haciéndose cargo de que tiene a su favor el apoyo y patrocinio del virrey, no se detiene en nada, y con tan buena sombra lo atropella todo a fin de sacar el mayor producto para resarcir el gasto y quedar utilizado, sin parar en los prejuicios ajenos».[167] Su asistencia a la Audiencia en la que no deben mostrar «ni aun con leves señales que desean favorecer a algunos de los que litigan», les facilitaba sus negocios y prevaricatos. Una vez, cuenta Ulloa,

> el Virrey le preguntó a un oidor honesto con gran disimulo, si habían pretendido cohecharle en alguna ocasión para ganarle el voto, y si había despreciado el regalo por no faltar a la obligación de su empleo ni a la rectitud de la justicia. El ministro respondió que sí, y fue refiriendo las ocasiones en que había sucedido. El Virrey le aplaudió grandemente su entereza y desinterés, y llegándose a una mesa que estaba en medio de una pieza, levantó una toalla y descubriendo una gran fuente de oro colmada de textos, de caxas llenas de oro en polvo y de doblones, le dixo que no se admiraba de su mucha justificación y limpieza, porque tal vez todas las tentaciones que le habían acometido no pasarían de alguna caxa de oro, de algún candelabros y otras piezas de plata, que por su poco valor eran despreciables, pero que si le tentasen con una fuente como aquella, sería capaz no solo de sacrificar la justicia, mas de hacer mil sacrilegios en un día si tantos le pidieren.

Las tentaciones son tan grandes, el medio moral tan corrompido, que pocos escapan al contagio. Desde que llega el virrey todo el mundo lo asedia con obsequios y atenciones de todo género para propiciarse sus buenas gracias; el día de

---

167 Antonio Ulloa, *Noticias secretas de América*, 1826.

su nombre recibe más de 80.000 pesos. La administración es tan prolija, interviene tan de cerca en todos los negocios, para cobrar el impuesto, vigilar la importación y exportación, que casi no es posible prosperar sin la complicidad del funcionario público. Así se explica que «lo mismo que sucede con los demás gobernadores, ministros de las Audiencias y demás jueces, con sola la diferencia de no ser los regalos tan cuantiosos, y de que no suelen ir disimulados con el embozo de obsequios, porque el desahogo es tanto mayor, que llega al extremo de tratarse en público el ajuste de los negocios con el mismo desenfado y libertad que se hiciera en cualquier contrato permitido; originándose de esto que quien da mas tiene también más justicia».[168]

En las costas del Atlántico no existió la pomposa corte de los virreyes del Pacífico, ni el estado económico y social se prestaba a semejante corrupción. Faltaba el elemento principal, el dinero, el oro extraído por los esclavos de las minas, las piedras preciosas, la riqueza prodigiosa y fácil del Perú. Buenos Aires era sobria, no por virtud, sino por pobreza. En 1776 se creó el virreinato del Río de la Plata, según Funes porque «la vasta extensión de este virreynato no permitía que las leyes reprimieran debidamente los abusos, ni que la fuerza pública tuviese la influencia que pedía la seguridad del Estado. Establecida la silla de gobierno en la ciudad de Lima, a novecientas ochenta y dos leguas de Buenos Aires, según las distancias itinerarias, preciso era fiar a la lentitud del tiempo y a la pesadez de las consultas los momentos mas ejecutivos». La distancia era un gran obstáculo para la buena administración. El rey, única autoridad directamente interesada en el correcto manejo de la cosa pública, quedaba demasiado lejos. Los mismos virreyes tropezaron con serias dificultades para hacer efectivas sus órdenes: «se contenta-

---

168 Ulloa, *Op. Cit.*

ban con el reconocimiento en principio que de su autoridad se hiciera, con saber que ellos sepan nuestra superioridad y su obligación».[169] Los gobernadores y cabildos procedían más o menos a su antojo. En 1615 decía un virrey del Perú:

> esta potestad del Virrey cual la hemos pintado tiene su ejecución en mil doscientas leguas Norte-Sur a lo largo, y no llega por latitud a trescientas; comprende las Audiencias de Panamá, Quito, Lima, Chuquisaca, Santiago de Chile, y en el distrito de cada una diferentes provincias... pero sea advertencia que no debe obrar la mano del Virrey igualmente en todas partes por hallarse algunas en tal desvío; y donde no la fuerza, apenas aun llegan las puntas de los dedos; y en estas pide la conveniencia y necesidad, dejar mucho a cuenta de la confianza de gobernadores particulares, que bien se ve cuan estorbado y detenido andaría el despacho si los oficios de tierra firme y las plazas del ejército de Chile absolutamente pendieren de la voluntad y elección del Virey y con ellos otros expedientes embarazosos a la dilación, fáciles a la brevedad.[170]

II

El establecimiento del virreinato del Río de la Plata, no solo implica el triunfo de Buenos Aires, que por su importancia y valor se impone a los hombres de estado de España, después de un siglo y medio de lucha, sino la iniciación de una época de reformas, la lenta difusión de los principios de la nueva filosofía en las clases elevadas. Nada más adecuado para formarse una idea de este fenómeno social que la lectura de las memorias de nuestros virreyes, comparadas con las actas de los Cabildos y notas de los gobernadores. Lo primero que

---

169 Ramos Mejía, *El federalismo*.
170 Ramos Mejía, *Op. Cit.*

cambia es el estilo; el antiguo idioma pintoresco y expresivo, pero bárbaro, pesado, con frases enredadas y repeticiones fastidiosas, períodos que se desenvuelven dolorosamente en medio de las dificultades de un vocabulario muy escaso que apenas da lo indispensable, sucede el lenguaje oficial, amorfo, inocuo, pero claro, preciso con su gramática y ortografía, que raciocina con cierto orden, pone sus premisas y luego sus conclusiones, con lógica y método. Es que el nuevo funcionario, de mayor categoría y mejor condición social, no es el aventurero impulsivo, militar de grado inferior, de audacia y empuje, con un temperamento inculto, dominado por pasiones primitivas; ha hecho estudios, conoce la filosofía de Aristóteles, le han llegado los ecos reformadores de Francia e Italia, sabe pensar y calcular como estadista, se da cuenta de que hasta para ser una buena fuente de explotación, el organismo social requiere ciertas consideraciones y cuidados. La memoria de Vértiz, modelo en su género, es la más interesante. Una buena parte está dedicada a los asuntos eclesiásticos, curatos, seminario, diezmos, relaciones con el obispo. El ejercicio del Patronato real había originado serias desavenencias entre el virrey y la autoridad eclesiástica, «que en todo suscitaba disputas y tropiezos que no de otro modo se podrán allanar que judicialmente y por los términos propios de la autoridad: siendo aún mucho mas notables las irregulares e imprudentes partidos que tomaba, y entre otros el de no cumplimentarme en el día del augusto nombre de nuestro soberano, retirar públicamente sus vestiduras pontificales de la Iglesia por mi precisa asistencia a ella». Parece que en esta contienda intervenían con espíritu incómodo los religiosos franciscanos, pues nos dice «que ha tenido que contener la indiscreta libertad o las expresiones poco meditadas con que han declamado en los púlpitos en odio a las providencias del gobierno». Respecto del seminario se expresa con toda malicia, vengando cortésmente sus agravios personales: «el último prelado lo convirtió en habitación suya desde su llegada a la capital». Los procedimientos son más corteses; en la época de los gobernadores se cambiaban las excomuniones, los insultos y las violencias; es la influencia progresista del espíritu cortesano que se hace sentir benéficamente en la sociedad.

Bajo el título de «providencias generales de gobierno» enumera las distintas medidas que ha tomado en los ramos de justicia, policía y hacienda. Hace de legislador, higienista, se atribuye funciones municipales, reúne facultades que nuestra actual administración distribuye entre varias oficinas de importancia. Así, como presidente de la Audiencia, recomienda a los jueces, abogados y escribanos el pronto despacho de los juicios, especialmente de los criminales; determina que mensualmente se le dé cuenta del estado de las causas, que los escribanos no admitan escritos con exposiciones ajenas al debido honor de los jueces, ni injuriosas a las partes. En materia de policía e higiene ordena el aseo y composturas de las calles y calzadas, reparo de las entradas de la ciudad, cercado de los huecos, atahonas y canchas, porque abrigaban en las noches delitos y delincuentes; prohibe que se arrojen a las calles inmundicias, las almohadas y otros paños con que se llevan a enterrar los difuntos; manda que se dé razón de los que fallecen héticos, tísicos, o de alguna enfermedad contagiosa; prohibe la confusión de sexos en los baños y «aun el escándalo de tomarlos de día a vista del pueblo». Erigió el colegio San Carlos, «por ser este un establecimiento no solo conveniente a muchos fines públicos que aseguranse con la buena educación del ciudadano, sino aun necesario en esta capital para refrenar los desaciertos de la primera edad y recoger su juventud dotada generalmente de claros entendimientos», con su plan de estudio reducido a la gramática y retórica, filosofía, teología y cánones, mientras se funda la Universidad, aspiración del ilustrado virrey, que termina recomendando esta obra a su sucesor, «cuya dedicación a las letras y adquiridos conocimientos contribuirán para arreglar una enseñanza útil y libre de preocupaciones de escuelas, si bien no excusaré decir a Vd. que a este fin tengo nombrado por cancelario y director de los mismos estudios al canónigo Maziel». Evidentemente estas ideas revelan una época nueva; las teorías liberales sembradas aquí y allá por viajeros estudiosos han cumplido en la sociedad porteña que acompaña con simpatía a su primer magistrado. Recibidas con esa admiración que inspira todo lo europeo, transformarán en pocos años la manera de pensar y de sentir. El estudio de esta curiosa evolución intelectual está por hacerse. Probablemente comenzaría a principios del siglo XVIII. Consolidadas las fortunas trabajosamente formadas durante el siglo XVII, el relativo bienestar material permitió que las nuevas generaciones, mejor educadas e instruidas, se preocuparan de los problemas de interés social, y que algunos sintieran las nobles curiosidades de la ciencia. A mediados del siglo el movimiento progresista se revela con toda evidencia; la administración pública se humaniza, se convierte en caritativa y benévola; se fundan casas de corrección, para «evitar los escándalos públicos y ofensas a Dios donde se recogen todas las mujeres de mal vivir y entregadas al libertinaje y disolución; se alumbra la ciudad durante la «oscuridad de la noche... porque todo criminoso aborrece la luz y se reprime a presencia de la que descubre su conducta»; se establece la cuna u hospital de expósitos; el hospicio para pobres mendigos, «porque la ciudad se hallaba infestada de pordioseros...». Los sucesores de Vértiz siguieron sus inspiraciones; Arredondo dice en su memoria que «nada innove que sea sustancial muy persuadido de que bastará a mi desempeño mantener en vigor aquellas mismas reglas».

No solo se preocuparon de las mejoras materiales de orden interno, de perseguir la vagancia y la mendicidad, sino de la industria, comercio, agricultura, encarando estas cuestiones con un criterio liberal y de estadista. Cevallos decretó la libertad de comercio. Arredondo consiguió la fundación del Consulado, tribunal con jurisdicción mercantil, pero que tenía un papel administrativo en todos los ramos que afectaban los negocios: así, mandó levantar un plano del puerto, consiguió que se suprimieran ciertos impuestos injustos que dificultaban el comercio interior, los derechos de 6 y 4 pesos que pagaban las cargas de aguardiente y azúcar, el gravamen sobre la extracción de suelas de Tucumán, el 3 % de los efectos del Pacífico que venían por Valparaíso al Río de la Plata, los 4 y medio pesos con que se imponía a cada libra de oro que salía de La Paz.

> Abrió nuevas vías al comercio interior, dice Mitre, facilitando la navegación fluvial y allanando caminos como los de Catamarca y Córdoba, de Santiago del Estero y Tucumán, Chile y el Perú, por Atacama, San Luis y Mendoza, y proyectó la apertura de una antigua vía que hasta hoy permanece cerrada, la comunicación del Atlántico y el Pacífico por Patagones...; la introducción de nuevas máquinas, las mejoras de procederes industriales, la apertura de puertos, los faros, las ciencias, las artes, las nuevas culturas, todo fue protegido por el Consulado.

III

Por la real Ordenanza de 1772 se modificó la organización administrativa del virreinato, creándose ocho intendencias.[171] La actual República Argentina comprendía la de Buenos Aires, Córdoba y Salta. Los nuevos funcionarios tienen a su cargo los ramos de la hacienda, justicia, guerra y policía, con toda la jurisdicción y facultades necesarias, pero subordinados al virrey o a la Audiencia.

En las causas de justicia el intendente tiene su asesor letrado que ejerce la jurisdicción contenciosa civil y criminal, nombrado por el rey, previo examen del candidato ante una Audiencia e informe del Consejo de Indias. Se les encarga la vigilancia de los jueces subalternos, que eviten los procedimientos viciosos, las venganzas y apasionamientos, debiendo dar cuenta al tribunal superior competente «a efecto de que se les corrija y se disipen las inquietudes que suele ocasionar el poder abusivo de las justicias y de otras personas que fomentan en las repúblicas la envidia, el odio y la discordia, con grave perjuicio de sus conciencias». Preside el Cabildo, vigila y cuida sus propios, debiendo dar cuenta prolija y detallada a la junta superior de hacienda.

En el ramo de policía atiende la agricultura y las industrias, el buen estado de los caminos, limpieza de las ciudades. Impone penas y multas a los vagos y ociosos. Reglamenta las ventas y mesones; repara los edificios públicos: «deben solicitar por sí mismos, y por medio de sus jueces subalternos, saber las inclinaciones, vida y costumbres de los vecinos y moradores sujetos a su gobierno, para corre-

---

171 Consúltese a Mitre, *Historia de Belgrano*; V. F. López, *Historia argentina*; L. V. López, *Lecciones de historia argentina*; J. M. Estrada, *Lecciones de historia argentina*.

gir y castigar a los ociosos y mal entretenidos que, lejos de servir el buen orden y policía de los pueblos, causan inquietudes y escándalos, desfigurando con sus vicios y ociosidad el buen semblante de las repúblicas y pervirtiendo a los bien intencionados».

En el ramo de hacienda son verdaderos ministros. Es la parte más interesante del nuevo código, su objeto principal. Se trata de mejorar la percepción de las rentas, unificando todos los rodajes de la administración, vinculando entre sí a las diversas oficinas, sujetas al intendente y éste al virrey. La monarquía necesitaba dinero. La antigua forma de explotación de la estancia indiana no los satisfacía. Era indispensable simplificar los trámites, estableciendo un sistema de fácil vigilancia y mejor rinde.

> Traer las rentas públicas a la unidad, dice Estrada,[172] reconcentrar de esta manera la vida de las provincias, vinculándolas por medio del interés y el impuesto: tal es el resultado más de bulto de la organización de las intendencias.
>
> Las cajas provinciales habían sido administradas hasta entonces por los oficiales reales, independientes en cada gobernación. En consecuencia, los pueblos estaban perentoriamente segregados entre sí, en virtud del giro que daban las leyes al problema fundamental de la existencia civil.
>
> El trono necesitaba modificarlo para armonizar aquella complicada disociación de intereses. La autoridad en materia de rentas generales pasó a los intendentes, los cuales ejercían la jurisprudencia contenciosa a su respecto con apelación a la Junta Superior. Los oficiales reales pasaron a ser subordinados suyos: cambiaron su nombre por el de Oficiales de Real Hacienda y sus funciones fueron limitadas a percibir los impuestos y custodiar los tesoros y los libros de las ciudades respectivas.

---

172 J. M. Estrada, *Lecciones de historia argentina*.

Se entendía por rentas generales aquellas cuya inversión no podía ser exclusivamente local, en virtud de la condición legal de las fuentes de donde provenían... Se comprendía en las rentas generales el producto de las aduanas, el de las tierras realengas, los tributos personales cuya tasa variaba, subiendo hasta 11 pesos y bajando hasta 1: el de las alcabalas, impuesto oneroso sobre los contratos de compraventa: el de la media anata, que gravaba igualmente la colación de empleos y títulos honoríficos: el de los estancos, presas, bienes vacantes, novenos reales. Estas rentas estaban comprometidas a los gastos de interés general, como la guerra en todos sus ramos, razón por la cual tenían los tribunales de hacienda una extensa intervención en esta materia.

La Ordenanza nada innovó sobre este tópico en las disposiciones contenidas en la Recopilación de Indias. Los gastos extraordinarios debían ser acordados por una junta provincial de hacienda, reservando a la Superior la deliberación definitiva.

El nuevo código reglamenta con toda prolijidad las facultades de los intendentes, precisando cómo han de proceder en el manejo de las rentas públicas, los medios de hacer efectivas las responsabilidades. Analiza las principales fuentes de riqueza que tiene la corona; Real derecho de quintos del oro, azogues, salinas, composición de pulperías, naipes, tabaco, pólvora, alcabala y media anata, expresando sus inconvenientes y manera de remediarlos. El impuesto a las pulperías tenía por objeto, según la Ordenanza, «evitar los monopolios que pudieran cometerse en las pulperías de número que establecieran los ayuntamientos de las ciudades». Los intendentes señalaban «el número precisamente necesario de pulperías de ordenanza, y para abrir todas las que además se pretendiesen establecer por otras daria licencias», mediante una cuota de 30 o 40 pesos. Todo esto importaba una expoliación de los municipios; la tercera parte de su renta provenía de esas patentes.

Durante el quinquenio de 1790 a 1794 las entradas generales del virreinato ascendieron a 23.227.258 pesos plata, y los gastos a 19.446.524. La base del sistema rentístico era el estanco del tabaco, sal, naipes, y los impuestos y tributos. El tabaco produjo en el quinquenio citado 600.000 pesos, los tributos 4.485.982, la alcabala 4.047.080, el almojarifazgo 1.234.654.

El virreinato era una de las provincias que más producían a la metrópoli.

> Es constante, dice Salas,[173] que Caracas, Chile, Guatemala, la Guiana y California, nada rendían a la Metrópoli, porque se consumía en los gastos de su administración interior cuanto se producían. Mexico, el Perú, Buenos Ayres y Nueva Granada, eran los únicos que producían un sobrante el que se disminuía mucho, porque de él habían que remitir todos los años 1.825 pesos fuertes a la isla de Cuba, 377.000 a la Florida, 577.000 a la Luisiana, 200.000 a la Trinidad, 274.000 a la parte española de Santo Domingo y 250.000 a Filipinas, por no producir estas colonias lo necesario para cubrir los gastos de su administración, de manera que lo que llegaba a venir de España para el Real Tesoro de los derechos de soberanía de tan vastas colonias, eran unos 7 u 8 millones de pesos fuertes, a saber: 5 de Mexico, 1 del Perú, 600.000 duros de Buenos Ayres y 400.000 de Nueva Granada.

Finalmente, al ramo de Guerra correspondía la administración del ejército.

---

[173] Memoria sobre la utilidad que resultara a la nación y en especial a Cádiz, del reconocimiento de la Independencia de América. Citado por Bauzá, *Historia de la dominación española en el Uruguay*.

La Ordenanza tendía, además, a realizar la unidad política del virreinato. La Audiencia, la Junta Superior, el virrey, tienen en su mano todos los resortes políticos y financieros. Las autoridades locales desaparecen. El virrey o el intendente absorben la totalidad de las atribuciones municipales: Vértiz se ocupó del aseo y compostura de las calles, reparo de las entradas de la ciudad, limpieza del agua, baños públicos, iluminación, hospital, cárcel, casa de expósitos... ¡Es el caso de preguntarse qué se dejaba al Cabildo! La Ordenanza le da el golpe de gracia. Su nulidad e insignificancia práctica fue sancionada por la ley. El funcionario real lleva una cuenta prolija de los propios de los Cabildos, vigila su percepción y empleo. Se reglamentan los gastos con toda prolijidad en cuatro clases: la primera, de las dotaciones o ayudas de costas señaladas a las justicias, capitulares y dependencias de los ayuntamientos, y salarios de los oficiales públicos, médicos o cirujanos, donde los haya, y maestros de escuela que deben establecerse en todos los pueblos de españoles e indios de competente vecindario; la segunda, de los réditos de censos u otras cargas que legítimamente se pagaren por los mismos pueblos estando impuestos con facultad real, o convertidos en beneficio común y justificada su pertenencia; la tercera, de las festividades votivas, y limosnas voluntarias; y la cuarta, de los gastos precisos o extraordinarios y eventuales que no tengan cuota fija.[174]

Para completar la obra se establece una junta municipal compuesta del alcalde, dos regidores y el procurador, que corre con la administración y manejo de todos los fondos, «sin que el cuerpo de los ayuntamientos pueda arreglarse en esta materia, ni embarazar con pretexto alguno las disposiciones de sus juntas municipales». Junto con la administración de sus bienes pierde casi todas sus facultades. No tan

---

174 Ordenanza, art. 28.

solo corresponde al intendente la vigilancia de la agricultura, comercio, explotación de bosques y minas, sino también el cuidado de los caminos, puentes y calzadas, ventas de mesones, limpieza de las calles, plazas y edificios. En materia de justicia el intendente y su asesor letrado pueden interponer su autoridad, «evitando que los jueces de los pueblos procedan con parcialidad, pasión o venganza».[175] Este asesor letrado intervenía en todas las deliberaciones del Cabildo y lo trataba de mala manera, como los antiguos gobernadores, a juzgar por lo que ocurría en Santiago de Chile.

> El señor asesor letrado,[176] se dice en nota al rey, no trata al Cabildo con aquel respeto y moderación que encargan las leyes y ceremoniales, interrumpiendo con voces impropias los actos más serios de este respetable Congreso. El hacer un detalle de los ultrajes que han padecido y sufrido muchos de los individuos que componen el venerable cuerpo de la república sería exponerse a la nota de una nimia prolijidad o de un excesivo amor por sus distinciones, bastando decir que desde el ingreso a su empleo no hay aquel sosiego que se gozaba en otros tiempos menos serenos, ya porque ha creido que puede hacer prevalecer su dictámen en las juntas del ayuntamiento contra el sentir de los demas, interrumpiendo y despreciando con voces ásperas e injuriosas los pareceres que contempla opuestos a los suyos...

Así, a medida que se desarrolla la ciudad en riqueza y población, el Cabildo decae en la práctica y en la teoría legal, en relación directa con la importancia del funcionario que representa al rey. Mientras la ciudad es pobre o insignificante, administrada por un magistrado de tercer o cuarto

---

175 Ordenanza, art. 17.
176 Amunátegui, *Precursores...*, *Op. Cit.*

orden, el Cabildo conserva cierta acción e influencia, relativa y prestada, porque en resumen depende del capricho y buena voluntad del gobernador. Pero establecido el virreinato y las intendencias se convierte en una modesta oficina subordinada; desaparece sin que se noten las agitaciones de la agonía, los últimos estremecimientos dolorosos de los cuerpos que mueren. Es que no tenía vida; había vegetado durante la prolongada siesta colonial. No tenía vida porque le faltaba la fuerza moral y material que anima y sostiene a las instituciones de derecho, permitiéndoles desenvolverse con libertad y ejercer toda la influencia de que son capaces. Le faltaba la fuerza moral porque no había sabido inspirar respeto y simpatía. Esa consideración pública que tonifica las instituciones, les da nervio y energía, es el resultado de un trabajo ímprobo, del continuo desvelo y sacrificio por el bien común. Lentamente, con el transcurso de los años, la continuada influencia benéfica establece ciertos vínculos entre gobernantes y gobernados, una solidaridad tan estrecha que suele llevarlos a heroicas resoluciones. Pero esa solidaridad tiene que basarse en algún propósito noble y levantado que despierte las pasiones sanas y viriles: casualmente no existía en la sociedad colonial.

IV

En 1744, la ciudad de Buenos Aires estaba dividida en ocho secciones que sumaban 10.223 habitantes.
Durante la administración de Vértiz, se dividió la ciudad en dieciséis distritos a cargo de comisarios o alcaldes de barrio.

> Reflexionando, dice el virrey, que en la vasta extensión de esta ciudad, eran solo dos los jueces ordinarios, y que, por muy celosos que anduviesen en el desempeño de sus cargos, no podían

en todas partes llenar sus respectivas obligaciones, de que resultaba, como muchas veces me lo acreditó la experiencia, que los mayores delincuentes lograban, con la pronta fuga, la impunidad de su crimen; y que otros desordenes no se corregian, por ignorarlos los mismos que debían reprimirlos: en esta atención determiné multiplicar con la denominación de Comisarios de barrio, en que dividí toda la capital, otros muchos honrados vecinos, que en su distrito celasen las ofensas de Dios y pecados públicos; las muertes, robos y heridas, con facultades de prender infraganti y formar el sumario, y también cuidasen del buen orden, aseo y limpieza de las calles; e individualizándoles todas sus funciones y objetos, puse a su cargo el cumplimiento de todos los bandos, el reconocimiento de los pesos y medidas y de la calidad de los mantenimientos, uno y otro sin perjuicio de la jurisdicción de los jueces ordinarios y del regidor fiel ejecutor: el mandar que se cegasen los pozos y pantanos, que en las calles formaban las aguas detenidas y el curso de carretas; la matrícula de los habitantes, de sus manzanas o distritos, con distinción de estados, clases, sexos y edades; el inquirir los entrantes y salientes en sus barrios; el evitar el comercio ilícito, los juegos prohibidos, aprehendiendo a los jugadores, que, aunque más sorda y lentamente, contagian sobremanera la sociedad arruinando sus miembros; el uso de armas vedadas, y especialmente de cuchillo, que tantas desgracias ocasiona; averiguacion de la gente vaga y mal entendida; el arreglo de calzadas, con otras muchas inspecciones que podrían evacuar sin fatiga, mediante el corto territorio o cuartel a que reduge la de cada comisario: en su auxilio mandé se situasen, con distribución proporcionada, las asambleas de caballería, infanteria y dragones, y aun constituí a todos los vecinos respectivos en la obligación de dar a su Comisario el favor y ayuda que les pidiesen; de modo que, si su aplicación de desempeño corresponde al justo fin que influyó para su creacion y nombramiento, la utilidad comun será visible, se precaucionarán en mucha parte los desordenes, y se logrará el aseo y arreglo de las calles, que tanto contribuyen al adorno de una ciudad, a las comodidades de sus habitantes, y a la salud del aire.

El virrey Arredondo encontró desorganizados estos servicios. Empleos gratuitos y honoríficos, recompensados con el derecho de «usar bastón con puño de plata, como insignia de la Real Justicia», y el privilegio de que sus posibles causas criminales competan privadamente al superior Gobierno, con apelación al Tribunal, no eran halagüeños ni seductores dada la índole de esa la sociedad práctica. «A mi llegada a Buenos Aires, dice el citado virrey, solo permanecían estos empleos en el nombre con un muy limitado ejercicio, según que accidentalmente se encargaba alguna operación a uno de estos alcaldes: ellos repitieron en mi tiempo sus instancias por el relevo. Los servicios fueron mejorados, aumentose a veinte el número de barrios, por el incremento que había tomado la población a pasos largos, desde que empezó a frecuentarse el libre comercio.»[177]

En la evolución de nuestro derecho el Virreinato es un período de transacción, un corto descanso en esa lucha sorda, pero terrible, constante y tenaz, entre el individuo y el Estado, entre el derecho teórico y el que las fuerzas sociales desenvuelven; lucha que empieza en los primeros días de la Colonia, continúa con vicisitudes diversas durante los siglos XVII y XVIII, y llega a su apogeo con los caudillos, las montoneras, y la anarquía, el triunfo completo del individualismo. En la época colonial el derecho argentino está en gestación; gestación laboriosa y difícil, llena de dolores y sufrimientos atroces porque una mano férrea contiene duramente a las fuerzas sociales. Al través de todos los obstáculos

---

[177] Memoria de Arredondo; Trelles, *Registro estadístico*.

la maravillosa obra de la naturaleza prosigue, con lentitud pero con la seguridad de dirección, la firmeza inconmovible de las cosas fatales y necesarias. Es que la resultante de pasiones y sentimientos que forman esas fuerzas tiene una poderosa energía: en la primera época, hasta mediados del siglo XVIII, un egoísmo y avaricia feroces, la caza del dinero y la fortuna; más adelante el honor criollo, el culto nacional del coraje, la influencia del jacobinismo europeo que si no les da ideas sanas y apropiadas, los embriaga con su retórica declamatoria, proporcionándoles frases teatrales, lemas que brillen con los colores de sus banderas y resuenen como toques de clarín. Y como consecuencia de todas estas causas el desprecio de la ley inculcado en todos los corazones, un sentimiento que forma parte del organismo individual porteño, como la amistad o el odio, y que es uno de los motivos de su voluntad y de su conducta, con influencia decisiva, especialmente en la vida pública.

V

El gobierno y administración de Indias se organizó bajo las mismas bases de derecho público imperantes en España: «que nuestra reales audiencias, decía Felipe II, se abstengan de representarnos inconvenientes y razones de derecho en lo que por nos fuere mandado». La autoridad suprema, después del rey, era el Consejo de las Indias Occidentales, constituido por Carlos V en 1524 para el mejor gobierno y felicidad de esas dilatadas y remotas regiones, darles buenas leyes y buenos jueces «con que se conservasen en paz y en justicia provincias esparcidas por el Oriente y el Ocidente».[178] A este efecto, a lo pomposo de su título y de su rango, a lo selecto y elegido de su vasto personal; un gran canciller, un fiscal, dos

---

178 Solórzano, *Política*.

secretarios, ocho consejeros, todas personas aprobadas en costumbres, nobleza y limpieza de linaje, temerosos de Dios y escogidos en las letras y prudencia,[179] une la jurisdicción suprema «de todas nuestras Indias occidentales, descubiertas y que se descubriesen, y de los negocios que de ellas resultaren y dependieren... y ninguna autoridad se entrometa a conocer, ni conozca negocios de Indias, ni de cosas pertenecientes a nuestro Consejo de Indias».[180] Como poder legislativo hace leyes y ordenanzas, provisiones generales y particulares; reconoce las constituciones de los seglares, clérigos y religiosos, cuidando siempre de conformarse en cuanto fuere posible a la legislación vigente en Castilla y a las necesidades especiales de cada región. Solórzano dice sobre este punto: «De esto trata asimismo con elegancia Eduardo Vertono, explicándolo con la fábula de la Luna, de la qual se dice pidió a su madre un vestido, y que ella se le negó, por decir que como perpetuamente mudaba de talle, no sabía de que medida se le pudiese hacer que cuadrase a tantas formas. Y aplicándolos a las repúblicas que están sujetas a semejantes variaciones y mutaciones, en las cuales no podemos definir ni establecer leyes ciertas, que conduzcan perpetuamente a su estabilidad y gobierno». Como poder administrativo el Consejo propone al rey los que deben desempeñar las prelacías, dignidades, prebendas y otros beneficios eclesiásticos, presidencias, plazas de asiento y demás oficios de justicia y hacienda; cuida del despacho de las flotas y armadas, y administración de la avería.[181] Como poder judicial, si bien se le recomienda que se abstenga en cuanto fuera posible de ocuparse de negocios particulares y de justicia entre pares, porque su principal misión es «cuidar todo lo que enten-

179 *Recop. Ind.*, libro II, tít. II, ley I.
180 *Recop. Ind.*, libro II, tít. II, leyes II y III.
181 *Recop. Ind.*, libro II, tít. II, leyes XXX y XXVIII.

diese pertenecer y ser necesario para el mejor gobierno de aquellas provincias... conversión y buen tratamiento de los indios»,[182] tiene jurisdicción privativa y con inhibición de los demás Consejos y alcaldes de Corte, en todos los asuntos referentes a las Indias; conoce en todas las instancias, en las cuestiones de residencia y visita de los virreyes, presidentes, oidores y fiadores de las audiencias, contadores y oficiales de los tribunales de cuentas, oficiales de hacienda gobernadores; en segunda instancia, en los pleitos sobre repartimiento de indios, caminos, arribada de navíos de esclavos; en las causas civiles y criminales falladas por los jueces de la casa de contratación de Sevilla; de todas las residencias y visitas de generales, almirantes, capitanes y demás ministros y oficiales de las armadas y flotas de las Indias; y de todas las cosas graves y de mayor cuantía. Finalmente, puede avocarse el conocimiento de cualquier asunto «si a los del dicho consejo parezca que se debe advocar a él, porque en tal caso permitimos que lo pueda hacer»,[183] y conoce en los recursos de fuerza de los litigantes agraviados por autos del nuncio o de otro juez eclesiástico.

Además es junta de guerra, porque, como dice Solórzano, «conserváronse con mucha razón en la dicha junta ministros togados: porque aunque en ella se traten cosas de guerra, no se puede negar, que sea de provecho en ellas su buen juicio, y discurso, y que la experiencia ha mostrado en muchas ocasiones militares que los letrados que le tienen tal, no solo con el consejo, sino aun con las obras, se han mostrado muy prudentes y valerosos». Componían la junta ocho consejeros, los más antiguos de los Consejos de Indias y del de Guerra, que se reunían los martes y viernes en el local del primero para tratar todos los asuntos relacionados con el ejército y

182 Solórzano, *Op. Cit.*
183 Ley cit.

armada, oficios militares, exámenes de cuentas. Conocía en apelación de las sentencias de los virreyes, presidentes y gobernadores, capitanes generales, contra los que gozaban el fuero militar. Pero su misión más delicada e importante era cuidar el despacho de las flotas y armadas que han de ir a las Indias y volver con el tesoro de su magestad y particulares: porque en esto consiste el logro de aquellas provincias.

> Y aunque en tiempos pasados las flotas iban y venían solas, y bastaban menores prevenciones de guerra; en los presentes como los corsarios y otros enemigos de la corona de España, que se las enbidian y asaltan son tantos y tan poderosos, es forzoso que las armadas sean mayores y mas poderosas: porque donde mas se peligra se requiere mayor recato. Y si los enemigos no perdonan gasto ni trabajo, para robarnos estos tesoros, justo es que de nuestra parte tambien nos desvelemos, y prevengamos para estorvarsela.[184]

La junta daba instrucciones a los jefes que mandaban estas flotas, resolvía los casos de presa, conflictos entre oficiales. En la Política de Solórzano se discuten los asuntos que los preocupaban, manera de navegar, las épocas más favorables, cómo deben conducirse los generales...

VI

Al Supremo Consejo residente en España correspondían las Audiencias establecidas en América, altos tribunales con facultades suficientes y amplias como para resolver todos los casos, remediándose así los inconvenientes de la distancia que separaba al soberano de sus administradores. Se fundaron a medida que la complicación de los pleitos y el aumento

---

184 Solórzano, *Op. Cit.*

de los negocios y riquezas lo exigían. En América como en España los legistas supieron hacerse necesarios; no obstante sus preocupaciones, los reyes tuvieron que admitirlos y fundar tribunales letrados. «Aunque luego se descubrieron las Indias, dice Solórzano, se tuvo por conveniente, que ni se dexare pasar abogados, ni procuradores a ellas, ni se formaren tribunales juridicos, que pudieran ocasionar pleitos, y los gastos y molestias que a ellos se siguen... fue forzoso permitirles no solo abogados y procuradores que los guiaran y ayudaran en ellos... sino también crear, erigir y poner en las ciudades principales de cada provincia Audiencias y Chancillerías reales, adonde las partes pudieran recurrir en apelación de las sentencias y agravios que les hubieren hecho los Alcaldes ordinarios o corregidores.» A estas facultades judiciales reunían otras políticas y administrativas de la mayor importancia. En primer lugar son tribunales de apelación para entender y decidir de las resoluciones de los virreyes, o presidentes, que afecten algún interés particular, con facultad de revocarlas o moderarlas, «y los virreyes y presidentes, dice la ley, no les impidan la apelación, ni se puedan hallar, ni hallen presentes a la vista y determinacion de estas causas y se abstengan de ellas».[185] En caso de conflicto entre los dos altos poderes, mientras resuelve el Supremo Consejo prima la autoridad de la Audiencia: «está mandado que les dejen pasar, y correr con lo que ordenaren, para que así cesen y se eviten las ocasiones de encuentros, escándalos y disturbios que podrían resultar de lo contrario». Forma junta o acuerdo general de hacienda con los virreyes, oficiales reales, contadores, para resolver sobre gastos extraordinarios y demás dudas que se ofrecieren en materias de real hacienda. Sustituye al virrey en los casos de ausencia, muerte o enfermedad. Además de oír y votar los pleitos, entender en las

---

185 *Recop. Ind.*, lib. II, tít. II, ley XXXV.

quejas administrativas, vigilar a los virreyes, los miembros del tribunal desempeñan por turno las funciones de asesores del comisario subdelegado general de la Santa Cruzada, visitadores de las armadas que vuelven cada año al puerto del Callao, jueces de las ejecutorias que se envían del Consejo de Indias para cobrar las condenaciones de visitas y residencias... De acuerdo con el virrey envían jueces que indaguen la conducta de los gobernadores y regidores.

En materia eclesiástica entienden en todas las causas del patronato, erección de iglesias, pase de bulas que afecten las prerrogativas reales. Deben vigilar la conducta de los comisarios, vicarios generales, visitas y visitadores, conservadores de los religiosos, «y que en constándoles que hacen injusticias, agravios o notorias vejaciones, puedan interponer e interpongan sus partes y autoridad en amparo y defensa de los oprimidos y agraviados».[186]

Estas eran las Audiencias, «castillos roqueros donde se guarda justicia, los pobres hallan defensa de los agravios y opresiones de los poderosos y a cada uno se le da lo que es suyo con derecho y verdad»; con sus oidores, doctos, de experiencia, «bien acomodados y pagados con sus salarios, colmados de honores, favorecidos y honrados por Su Magestad y su Real Consejo, no solo tanto sino aun mas que los de España»;[187] con vara, toga, asiento junto al Evangelio en la Capilla mayor, «y para la ceremonia o cortesía que se les guarda en las Indias, apeandose de los caballos, cuando los encuentran y haciendo muestra de acompañarlos; reverenciados y respetados por todos los vecinos y moradores».[188]

En realidad, los vecinos y moradores solo los respetaban por forma. Especialmente los indios tenían reproches funda-

---

186 Solórzano, *Op. Cit.*
187 Ibíd.
188 Ulloa, *Noticias*.

dos; se quejaban al virrey de los atropellos de algún corregidor voraz, y mediante hábiles intrigas la solemne Audiencia los castigaba por revoltosos. En otra ocasión «la Audiencia[189] examinó la causa, y aunque todos sabían extrajudicialmente que todo lo contenido en el proceso era falso, los caciques y los demás que habían ido presos con ellos, fueron condenados a trabajar en las canteras del rey». En cuatro años un oidor de la Audiencia de Panamá reunió 30.000 pesos vendiendo cínicamente la justicia. «Esta se practicaba tan sin reserva que andaba en almoneda la justicia y se le aplicaba al que daba mas; de suerte que después que tenía contratado con una de las partes sin cerrar el ajuste, llamaba la contraria y suponiéndole que deseaba servirla, le descubría la cantidad que el otro daba, instándole a que adelantase algo para poder inclinar la voluntad de los otros miembros a su favor. Concluido el ajuste votaban todos a favor de la parte que mas se alargaba, y luego se dividía entre todos el producto.»[190] Otro litigante, para no perder su finca «acordó hacer dejación de su derecho a favor de una señora sobrina de uno de los ministros».[191]

Ni los jueces, ni el orden político y administrativo eran buenos previsores. Todo el problema de la organización correcta de un país estriba en la determinación clara y precisa de las responsabilidades. Al tratar de los virreyes notamos los defectos de un sistema de gobierno que, a pesar de su legión de visitadores, fiscales, pesquisantes, y las inacabables medidas de garantía y precaución, parece especialmente preparado para excusar todas las faltas, y estorbar el pronto castigo de los funcionarios corrompidos. Seguramente los jueces que venían a América no eran de lo más granado de

---

189 Ibíd.
190 Ulloa, *Op. Cit.*
191 Ibíd.

la magistratura española. Entresacados de la muchedumbre de golillas que embrollaban los juicios, aceptarían un puesto que tras un largo y peligroso viaje implicaba el destierro, para lucrar a costa de su conciencia y sus deberes. La atmósfera de riquezas y negocios que reinaba en América, especialmente en el Perú, encontraba sus moralidades dispuestas a dejarse contagiar y pervertir. Lejos de la patria y del círculo social en que se habían creado, no tenían esos vínculos tan fuertes y eficaces de la familia, la tradición del nombre, la estimación de los amigos que impiden que los hombres se conduzcan mal. Su carrera, tan seria, digna y noble en los términos de la ley, era en realidad una aventura. El comerciante, el virrey y el oidor concluyen por asociarse prestándose mutua ayuda. Y los funcionarios entran haciendo estragos en sus jurisdicciones, según la enérgica expresión de Ulloa.

Además la intervención de las Audiencias en los asuntos gubernativos impide que los virreyes tengan libertad de acción, obligándolos a contemporizar con los intereses de los oidores que llegado el caso son sus jueces; y la responsabilidad personal y directa desaparece, para repartirse entre todos los funcionarios que han aconsejado y votado.

> Los Virreyes se ven precisados a sujetarse a los dictámenes de la Audiencia porque haciéndolo así, no puede resultarles cargo en las residencias, y siendo el Oidor mas antiguo el que se la forma, le es forzoso contemporizar, así con este como los demás, para no tener por enemigos a los que han de reconocer por jueces. Esta es la razón por que la mayor parte de los asuntos gubernativos que debiera el Virrey resolver por sí con solo el dictamen de su Asesor, que hace pasar a la Audiencia y allí se determinan. Pero como en este tribunal hay interesados en

ellos, ya se puede imaginar cuales serían las resultas; precisamente han de ser de parte mas que de jueces independientes.[192]

---

[192] Ulloa, *Op. Cit.*

Capítulo XIV. La iglesia

I

Completaba y robustecía esta armazón política y administrativa, imprimiéndole su carácter de teocracia, la religión católica con toda su influencia moral y material, sus altas dignidades rodeadas de títulos y honores, la pompa y prestigio de los virreyes, sus curas, doctrineros, frailes, que diseminados por todas partes contribuían a consolidar la autoridad civil, imprimiéndole su carácter sagrado, dándole el conveniente colorido de misticismo fetichista, para impresionar bien a las poblaciones.

En el reparto de prerrogativas, derechos y deberes, el Estado, envolviendo las cosas en un formulismo lleno de respetos, se había reservado la mejor porción. La tendencia de las *Leyes de Indias* era opresiva y deprimente para la Iglesia; la colocaba en una categoría inferior, dominada e intervenida en sus funciones más trascendentales, excepción hecha de lo relativo al dogma. Poco le faltó al monarca castellano para convertirse en su jefe, a la manera de los reyes ingleses. En primer lugar, directa o indirectamente tiene en su mano el tesoro de la Iglesia. Los papas, en recompensa de servicios prestados y a prestarse en la conversión de América, les concedieron al diezmo, obligándose los reyes a dotar todas las fundaciones, erigir catedrales, hacer todos los gastos necesarios para el digno sustento de los prelados, propaganda de la fe... «de los diezmos que a nos pertenecen, dice la ley 38,[193] por concesiones apostólicas, hemos dotado todas las iglesias de nuestras Indias, arzobispados y obispados de ellas, supliendo de nuestra real hacienda lo necesario para su

---

193 *Recop. Ind.*, libro I, tít. VII.

dotación, alimentos y congrua sustentación». Su derecho de patronado por «el que muestran tan grande estimación, que parece que en ninguna cosa se mostraron tan celosos, y cuidadosos de que se les guarde y conserve sin menoscabo»,[194] comprende la fundación de catedrales, iglesias, capillas, hospicios. Propone todos los prelados, desde los mayores en jerarquía hasta el humilde oficio de sacristán. Erige nuevas diocesis, divide las antiguas, autoriza el establecimiento de órdenes religiosas e interviene en sus capítulos. Se le considera legado Pontífice, puede expulsar a cualquier eclesiástico escandaloso, a los predicadores que esparcen proposiciones «con que pueden contristar a los pueblos, o conturbarlos o inducirlos a sediciones». Todas las cuestiones que pudieran suscitarse quedan sometidas a la jurisdicción de sus tribunales laicos, autorizados sus fiscales a proceder de oficio: «y los nuestros virreyes, audiencias y justicias reales procedan con todo rigor contra los que así fueren y vinieren contra nuestro derecho y patronato, procediendo de oficio o a pedimento de nuestros fiscales».[195] Y como medida de garantía se obligaba a los obispos a prestar juramento, antes de recibirse de su diócesis, de que «no irán contra el patronato real, ni la percepción de los novenos, que en los diezmos se reservan a Su Magestad, ni otra alguna cobranza de los derechos y rentas reales. Y que antes de hacer este juramento no se les consienta entrar en la posesión y administración de sus obispados».[196]

Pero esta inferioridad se limitaba a sus relaciones con el rey, también vicario de Dios, puesto sobre los hombres para llevarlos a la justicia y a la verdad. En su funcionamiento cotidiano, en sus contactos más o menos ásperos con el

---

194 Solórzano, *Política indiana*.
195 Solórzano, *Política indiana*.
196 *Leyes de Indias*.

virrey, gobernador, cabildo, juez, vigilancia de los pueblos y sus costumbres, ideas y sentimientos, recobraba toda su libertad de acción, su influencia moral y legal, no solo por las fuerzas espirituales de que disponía, censuras públicas y privadas, excomuniones, penas corporales, pecuniarias, manejadas con rigor y eficacia, sino por las extraordinarias facultades de todo género acumuladas en sus obispos. En materias de conciencia y culto, en lo propiamente religioso,

> puede absolver en los casos contenidos en la bula In Coena Domini; consagrar el Santo Crisma con el bálsamo que en aquella tierra se hallare en falta de aceite y con el número de clérigos que buenamente pudieren juntar: consagrar uno solo nuevos Obispos, visitar los umbrales de San Pedro, solo de cinco en cinco años, y eso por procurador: dispensar en toda irregularidad, excepta la de homicidio voluntario fuera de guerra, y también en simonía y en los grados prohibidos para el matrimonio, desde el tercero, y con los indios en todos los no prohibidos por derecho divino. Alguna vez también en los impedimentos que dirimen el matrimonio contraido, si fueren ocultos. En la bigamia aunque provenga de delito público. En la simonía, aunque también sea publica, en cuanto a censuras y penas. Y tiene también facultad de absolver todos y cualesquier indios del crimen de heregía, y de otros casos reservados, y de dispensar con los mismos indios, y a los que se ocuparen de su conversión, en el voto de castidad perpetua.[197]

A más de estas facultades espirituales, importantísimas en una época en que se creía «a puño cerrado»[198] en la vida futura, y en las cosas de la Iglesia, tiene su jurisdicción sobre laicos y clérigos en asuntos terrenos; con el agregado de que

197 Solórzano, *Op. Cit.*
198 Núñez, Noticias, *Op. Cit.*

puede «mandar echar grillos, esposas y otras prisiones, y dar tormentos a legos en las causas de su jurisdicción, y por mano de sus propios ministros, e imponer pena de destierro, galeras, azotes (los cuales se daban por pena de derecho divino), y aunque de ellos saliere alguna gota de sangre no se incurrirá en irregularidad».[199] Procede contra los legos en los casos de escándalo, quebrantamiento de la paz, y aun pueden obligarlos a concordia en los pleitos muy intrincados; contra los que desentierran muertos, los despojan, quitan la carne o usan de ella o de sus huesos; los que hicieren injurias o manifiestas ofensas a las iglesias y monasterios, rompiendo las puertas, paredes y ventanas; perturbaren a los religiosos en su posesión, privilegios, inmunidades, rentas; los usurarios, logreros, por ser este delito de usura espiritual, y meramente eclesiástico y ser también contra natura; los cuestores, demandadores y mendigos que piden falsamente limosna; los que no observan las fiestas de guardar y «así puede el Obispo vedar, que no se abran tiendas, ni se venda, ni contrate en los días festivos, y ejecutar contra los inobedientes la pena de la ley real»;[200] «los que hacen libelos, o los ponen, o dicen versos, rimas o cantares, en perjuicio e infamia de los religiosos de las órdenes menores y de los Predicadores»;[201] los que en oprobio y menosprecio e indecentemente usan de los hábitos religiosos de las órdenes susodichas: «los jugadores y receptadores de los juegos prohibidos; por razón del juramento interpuesto en algún contrato, o quebrantado, o sobre la relajacion de él para litigar, o reclamar de algún contrato permitido, o usurario;[202] los amancebamientos, adulterios; en los delitos cometidos por persona seglar

199 Bobadilla, *Política*.
200 Bobadilla, *Op. Cit.*
201 Ibíd.
202 Tanta es la virtud del juramento que puede mudar el fuero y jurisdicción. Bobadilla, *Op. Cit.*

juntamente con clérigo o religioso; en los divorcios, dotes; «contra los albaceas que anduvieren remisos en cumplir lo dispuesto en los testamentos, aunque no sea ad Pias causas procediendo por oficio o por acción que ante ellos pongan los legatarios».[203]

Es protector legal de los miserables, débiles, desvalidos; «podrá el juez eclesiástico proceder contra legos, amparando y administrando justicia a la viuda y al pupilo pobres, y a las otras miserables personas, para que no sean oprimidas, vejadas, ni despojadas por los poderosos de su posesión, siempre que el juez seglar fuere remiso y negligente en administrar justicia y subvenir a las miserables personas, o el mismo las oprimiese y molestase o cuando el tal juez seglar no tuviese superior o también superior fuese flaco y remiso».[204] En América era protector de los indios, incluidos con razón entre las personas miserables. Además, tiene en todos los casos la alta superintendencia sobre la justicia laica, en sus procedimientos oficiales, en sus actos privados, no solo cuando se trata de humildes, sino también de los poderosos.

> Ya era antigua, dice Ferrer del Río, la turbación de la jurisdicción por el empeño de los inquisidores en anteponer siempre la suya, no dejando apenas ejercicio ni autoridad a los que administraban la ordinaria. Con el más leve motivo se arrogaban el conocimiento de todo negocio: no había vasallo por exento que estuviera de su potestad, a quien no trataran como súbdito inmediato... En la forma de sus procedimientos y en el estilo de sus despachos deprimían la autoridad de los jueces reales, afectando sobre los puntos de gobernación política y económica igual independencia, y desconociendo la soberanía; de todo lo

---

203 Solórzano, *Op. Cit.*
204 Bobadilla, *Op. Cit.*

cual resultaba desconsuelo en los vasallos, desunión entre los ministros y desdoro para los tribunales.[205]

Procede contra el juez seglar que ofendiese a algún clérigo castigándole o desterrándole;[206] los compele por censuras a que no admitan en sus tribunales personas que están excomulgadas, para que litiguen o testifiquen,[207] cuando no cumplen sus sentencias, y contra «los ministros de justicia que para tramar amores con mujeres, toman ocasión de irlas a examinar como testigos, o a que hagan algunas declaraciones, o de buscar delincuentes en sus casas por lo qual incurren en excomunión».[208] Y obsérvese que estas extrañas relaciones entre los poderes, que tanto chocan a nuestro criterio moderno más o menos reformista, eran una atenuación grave, casi un trastorno de la rigurosa disciplina canónica. Según Bobadilla, pág. e., la soberanía del Estado viene del Pontífice. Los obispos «pueden escomulgar al rey, y al príncipe que está en su diócesis, y mandarle en las cosas de la fe, y ser juez contra él en las causas espirituales y concernientes a la eclesiástica jurisdicción, y el Papa al Emperador, y proceder contra él cuando algun súbdito se querellare de él».

II

Por más tacto y prudencia que se pusiera en el uso de semejantes atribuciones, no obstante todas las reservas que se aconsejan, «procurando que ni al rey, ni al reino o jurisdicción real se le haga, ni ocasione perjuicio alguno por causa suya, ni de sus Vicarios y súbditos, pues deben a Su Mages-

---

205 Ferrer del Río, *Op. Cit.*
206 Bobadilla, *Op. Cit.*
207 Bobadilla, *Op. Cit.*
208 Ibíd.

tad las dignidades en que se hallan y las jurisdicciones que ejercen»,[209] los conflictos tienen que producirse, máxime si se recuerda que las leyes los facultan hasta la resistencia armada. «Tal podría ser y tan notoria la injusticia, o tiranía del juez secular, que no solo con censuras, sino con mano armada se le pudieran reprimir sus excesos por el Obispo, y puede quitar a cualquiera que la justicia secular injustamente llevase a ajusticiar.»[210] Agréguese que el obispo o el fraile son agresivos e insolentes con los funcionarios reales, porque los desprecian. Son orgullosos, se sienten superiores, saben que por su ilustración, su inteligencia y moralidad, su ideal de vida, no admiten comparación con el funcionario más o menos corrompido, regularmente cohechable; el español, avaro y cruel, sin más propósitos y preocupaciones que las de hacer fortuna; el criollo compadrito, calavera, generoso, sin nociones de moral, orden y trabajo, descreído, más que por mucha ciencia por excesiva ignorancia. Por otra parte, está habituado a mandar entre los indios, a vivir solo, satisfecho de sí mismo y de su vida, ennoblecido por la alteza de su misión; adulado, respetado y querido, porque además de ser infinitamente superior, les presta innumerables pequeños servicios; es árbitro de sus cuestiones, consejero en todos los casos, médico que tiene pronto el remedio de los dolores físicos y de las aflicciones morales. Es español, es decir, orgulloso, por herencia de raza, por temperamento y de los mejores ejemplares. A su vez el funcionario laico, violento e iletrado se contiene a duras penas cuando sus pasiones, más poderosas que el temor del infierno, no lo llevan a cometer arbitrariedades, «lo cual, si en todas partes puede y suele ser peligroso, mucho más en las de Indias, donde están mas expuestos a tales movimientos los ánimos de los hombres».

209 Solórzano, *Política indiana.*
210 Solórzano, *Op. Cit.*

La crónica de estos conflictos es interesante. Nos descubrirá muchas fases curiosas de la vida social; comprobará la antítesis de tendencias y caracteres. En 1646 el gobernador Láriz prohibió que se hicieran donaciones de bienes raíces a la Iglesia o eclesiásticos y que pudieran estar en juicio personalmente en los tribunales laicos, «que por cuanto de ser admitidas personas exentas en los juzgados del fuero y jurisdicción real en causas y negocios que se han ofrecido y se ofrecen, se han seguido y siguen muchos inconvenientes de mas de ser contra lo dispuesto por derecho y resultar los mismos en perjuicio del común de la república, de continuar el adquirir y aposesionarse los conventos y comunidades de las haciendas y bienes raíces, casas, chacras y estancias de esta ciudad». Decretó el obispo todas sus censuras contra el gobernador, apeló ante la Audiencia y se resolvió con aprobación del rey,

> que el dicho gobernador tenga toda buena correspondencia con el señor Obispo y acuda a hora competente a las fiestas públicas sin hacer esperar al dicho señor Obispo, como lo uno y lo otro tiene mandado y ordenado su majestad, y haga con efecto se le pague todo lo que se le debiere de diezmos. Y los alcaldes y regidores llevan el palio del santísimo sacramento conforme a cédulas de su majestad. Y que dicho gobernador comience a llevar el guión como se observa y practica en esta provincia del Perú... Y que en las fiestas públicas esté dicho señor Obispo con su Cabildo en el coro de la Catedral.

El gobernador Céspedes puso preso a Juan de Vergara, hombre de fortuna y posición social, notario del Santo Oficio, tesorero de la Santa Cruzada y amigo del obispo. Alguien hizo correr la voz de que esa medida era una ofensa al prelado, que su amistad con Vergara era la verdadera causa de la prisión. Enojóse el obispo, lanzó todas sus excomuniones y censuras poniendo en entredicho a la ciudad. A su vez el gobernador, más exaltado, ordenó la ejecución del reo. «Promoviendo mucho la voz, dice el P. Lozano, de que se quería matar al preso sin confesión, se animó el Obispo rodeado de clérigos armados a encaminarse a la cárcel real, cuyas puertas rompieron y abriendole calabozo sacaron violentamente a Vergara, y vio aquella ciudad un prodigioso triunfo, cual fue, a un delincuente lego en hombros de eclesiásticos.» El gobernador Mercado, «engreído pagado de su capricho; su dictámen era el ídolo en que se adoraba», ordenó que se le presentasen en un plazo perentorio todos los títulos de beneficios y prebendas eclesiásticas. Otro intento suyo, dice Lozano, fue «que en la Iglesia se le había de dar la Paz con la patena y que el preste le había de hacer venia a la entrada y salida de la Iglesia. También que las armas reales, que en señal de real patrimonio habían estado desde la fundación de la Catedral sobre la silla episcopal en el coro, sin reparo de alguno de sus antecesores, se habían de colocar en el mismo altar mayor, como si no fuera bastante el lugar tan principal que antes ocupaban, las mandó poner en el altar mayor». Revocó de su propia autoridad autos del obispo, «mandando a las justicias, ayuntamientos y moradores de aquella ciudad, no consintiesen al prelado visitarles, ni acudieran llamados a declarar so pena de perdición de oficios, de encomiendas y de inhabilidad para obtener ningún puesto honorífico en la república». En 1677 el gobernador Robles, tan violento como Mercado, encarcelaba a varios religiosos que habían venido del Brasil en busca de las sagradas órdenes. Pocos años antes había sido amonestado por un fraile dominico desde el púlpito. En represalia prohibió que los militares y sus familias se enterrasen en el atrio de Santo Domingo y que celebraran la fiesta de la cofradía del Rosario.

Y cuando no existen causas reales de conflicto, lo que habría sido extraño dada la habilidad de los legisladores en mezclar las atribuciones de autoridades forzosamente antagónicas, las inventaban. «No parece sino que andaba buscando asideros, dice Lozano refiriéndose a Mercado, para trabarse con las personas de la Iglesia.» En 1766 el obispo, gobernador y Cabildo, producen un conflicto sobre quién recibirá primero la Paz.[211] En las notas cambiadas se distingue la argumentación eclesiástica por la aparente dulzura y modestia, pero entre líneas va la intención despreciativa tan marcada, que el Cabildo, no obstante acordársele provisoriamente y mientras resuelve el rey, todos los honores que pide, sigue enojado y refunfuñador. Y las excomuniones y los decretos de represalia se cruzaban en la serena atmósfera colonial como los rayos inofensivos de las tempestades de melodrama. El obispo Aresti prohíbe al gobernador Dávila que ponga su sitial en la Iglesia. El gobernador replica con un decreto de destierro, orden de prisión... todo lo que, apaciguados los ánimos por cualquier intervención, quedaría sin efecto. Apenas desembarcado el gobernador Benavídez se vio «puesto en las tablillas», con excomunión mayor, «por una leve retardación de cierto auxilio pedido por el prelado, acaso con injusticia».[212] Y estuvo a punto de reembarcarse, abandonando la ciudad amenazada por los holandeses «para irse ante los pies del rey nuestro señor, dios le guarde, a informar de lo que le ha sucedido sin causa ni ocasión y del rigor con que el dicho señor Obispo la procedido».[213] La importancia de la pena puede graduarse por esta apreciación del Cabildo: «que tiene impedida la administración de

---

211 *Revista de Buenos Aires.*
212 Funes, *Ensayo histórico.*
213 *Acuerdos del Cabildo de Buenos Aires.*

justicia y de gobierno y de milicia, que todos están suspensos por la dicha causa».[214]

Las relaciones continuaron tirantes, aunque más cultas, durante el Virreinato. Especialmente a Vértiz, tanto el obispo como los frailes le hicieron una guerra continua, muy aplicable si se recuerdan las iniciativas del virrey. En su memoria se queja de la conducta imprudente del obispo que no lo cumplimentó el día del soberano, y agrega detallando: «retirar publicamente sus vestiduras pontificiales de la Iglesia por mi precisa asistencia a ella, y negarse a toda contestación de mis oficios, aun en distintas materias, con otras demostraciones que solo servían de un general escándalo, que me era irremediable, porque no debía permitir que la real jurisdicción, real patronato y el decoro de mi empleo se menoscabasen de este modo y con tanta irreflexión». Desde el púlpito los franciscanos azuzaban las pasiones en contra de las providencias del gobierno, con frases indiscretas y poco meditadas. «De esto resultaba, dice el virrey, que las determinaciones del gobierno se hacían el asunto común de las conversaciones, y en cierto modo una popular inquietud, viniendo así a ser su predicación no de paz, como lo señala Cristo en su evangelio, sino de sedición y determinadamente dirigida en agravio y ofensa del gobierno.» El virrey Loreto enumera prolijamente todas las desatenciones del obispo que «ha procurado indicar con repetidas demostraciones su independencia y prorrogar su autoridad». Desde que llega a Buenos Aires aprovecha todas las oportunidades de manifestar su desprecio. El virrey lo espera en palacio para recibirlo con toda pompa, y él se hospeda en San Francisco. Públicamente, en las ceremonias oficiales, en las visitas, en su casa y en el templo lo desaira. Si castiga a un mal administrador y lo encarcela, el obispo bautizará solemnemente

---

214 *Acuerdos del Cabildo de Buenos Aires.*

al hijo del procesado, «llevando después a refrescar a su casa a los concurrentes, no se recibió en el pueblo como un acto de edificación sino como un ejemplo que autorizaba a disentir con el gobierno en algo». No satisfecho con estos avances a la etiqueta oficial, invade a cada momento su jurisdicción, proveyendo interinamente los curatos, nombrando capellanes castrenses, sin dar aviso ni preocuparse del patronato.

III

Ese poder eclesiástico extiende su vigilancia sobre toda la vida pública y privada en sus diversas manifestaciones, se trate de grandes o de humildes, del alto funcionario o modesto labrador. Una policía celosa, suspicaz y continua, que sigue al individuo en todos sus actos, aun los más inofensivos, pero que directa o indirectamente interesen la moral o el dogma. Nadie puede embarcarse sin justificar previamente que ha comulgado y confesado; al que muere sin sacramentos se le multa; «todo fiel cristiano, estando en peligro de muerte, confiese devotamente sus pecados y reciba el Santísimo Sacramento de la Eucaristía, según lo dispone nuestra Santa Madre Iglesia, pena de la mitad de los bienes del que muriere sin confesión y comunión pudiéndolo hacer, que aplicamos a nuestra cámara; pero si muriese por algún caso en que no pueda comulgar y confesar no incurra en pena alguna»;[215] el que invocare en vano el nombre de Dios, «incurra por la primera vez en pena de diez días de cárcel y veinte mil maravedíes, y por la segunda en treinta días de cárcel y cuarenta mil maravedíes, y por la tercera además de lo dicho pena en cuatro años de destierro»;[216] el que no hiciere reverencia al Santísimo Sacramento tiene seiscientos mara-

---

215 *Recop. Ind.*, libro I, tít. I, ley XXVIII.
216 *Recop. Ind.*, libro I, tít. I, ley XXV.

vedíes de pena, «y no se excusen por lodo, ni polvo, ni otra causa alguna»;[217] el que dibuje la Santa Cruz o algún santo «en sepultura, tapete, manta, ni otra cosa en lugar en donde se pueda pisar, pena de ciento cincuenta maravedíes».[218] En varias ocasiones se resolvió que los obispos podían arrestar a los adúlteros o amancebados, imponer penas, dictar bandos de costumbres y feligresía. El sínodo diocesano reunido en Santiago de Chile en 1688 ordenaba: Que las tiendas de los mercaderes y los talleres de los artesanos no se abran los días de fiesta de guardar, ni mientras duren las procesiones; Que en los mismos días festivos no entren al pueblo carretas, ni se venda harina por las personas, ni pasto o yerba; Que en los mismos días no se emprenda viaje con tropa de mulas o carreta cargada; Que en los mismos días no se junten rodeos, ni otros trabajos agrícolas, ni funcionen los trapiches; Que no se converse, fume o coma en la sacristía.[219]

A esta manera tan eficaz de actuar agregaba la predicación y la educación, instrumentos de propaganda superiores, especialmente el primero, en una época que carecía de los medios de publicidad que permiten hoy ponerse al corriente de todo lo sucedido, en el orden público y privado, con diez minutos de lectura. El religioso comentaba desde el púlpito el suceso del día, la idea o sentimientos predominantes, criticando a gobernantes y gobernados que no cumplen sus deberes morales. «Como el sábado próximo pasado, se dice en un acta del Cabildo, en un sermón se insinuaron ayer en esta república muchos pecados públicos y amansebamientos de pan y manteles diciéndolo con estos términos hablando con su señoría y justicias reprehendiendo el poco remedio que en esto ha habido y hay.» El gobernador Frías vivía se-

---

217 Ibíd., ley XXVI.
218 Ibíd., ley XXVII.
219 Amunátegui, *Precursores de la Independencia*.

parado de su esposa. El obispo Torres lo exhortó a que regularizara su hogar, y no siendo suficientes las amenazas de censuras lo fulmina con excomunión mayor, «originándose graves escándalos». Hacía la opinión por la superioridad de inteligencia y conocimientos que lo colocaban muy por encima de su auditorio, por su gran influencia en las familias de las que es consejero y guía. A propósito de unas providencias de Vértiz, autorizando bailes de máscaras y representaciones dramáticas, se alza un fraile en el púlpito, con ese brío particular, saturado de un odio intenso a la felicidad humana, a la alegría, la vida expansiva y amable.

> El sermón tuvo mucho eco, dice Gutiérrez, y hasta la conciencia de los más ágiles y fervorosos bailarines comenzó a perturbarse y encogerse, a tal punto que el virrey se consideró en la necesidad de curar el mal causado a su autoridad por la reprobación lanzada desde el púlpito contra una de sus medidas de buen gobierno. En este conflicto, el discreto mandatario como aguerrido soldado, se dijo a sí mismo: el púlpito debe ser como la lanza de Aquiles que tenía la virtud de cicatrizar las heridas que causaba. Si un fraile franciscano ataca mis máscaras queridas, es preciso que otro del mismo hábito las defienda y deje airosos mis mandatos.

Además tenía sus censuras eclesiásticas, de efecto seguro en sociedades supersticiosas y creyentes, máxime cuando el mimo soberano implícitamente las autorizaba, aprobando bulas en las que se faculta «a poner de excomunión y de otras penas pecuniarias a todos los fieles cristianos, vecinos y moradores, estantes y habitantes».[220] No solo las usaban en los casos en que estaba comprometida la moral pública y privada, cuando el gobernante faltaba a sus deberes de fun-

---

220 *Acuerdos del Cabildo de Buenos Aires.*

cionario u hombre honesto, sino en defensa de sus intereses legítimos o ilegítimos, intimidando a la población para obligar a pagar un impuesto o acatar sus órdenes. En una nota del procurador de la ciudad se dice: «que un fraile llamado Francisco Romano cercó una cuadra de su autoridad y contra la voluntad del Cabildo, quitando a todos los vecinos el servicio della en mucho perjuicio de sus casas y ansi mismo a intentado cerrar otra calle que va derecho al dicho puerto… y como los vecinos de esta ciudad son gente que no entiende de negocios y los atemorizan o amedrientan con excomunión»… Felipe II en provisión dirigida al obispo para que suspenda la obra de la catedral que avanzaba sobre terrenos que no le habían concedido, dice: «que aunque los vecinos habían pedido se les diese testimonio para acudir a pedir remedio a la dicha audiencia no se le había querido dar, por temor de las excomuniones que dicerniedes». En 1648 el obispo tenía excomulgado al tesorero Juan de Vallejo, porque no le había pagado sus haberes. Unos cuantos años antes su predecesor gravó con un impuesto a los productos de la pesca y maloca. El procurador de la ciudad decía en carta al rey: «que ansi mismo el dicho obispo nos quiere compeler y compele con censuras, a que le demos medio peso por cada pieza de servicio del que tenemos y nacen en nuestras casas, por la doctrina, y demás desto quiere que le paguen entierro y casamiento de las dichas piezas de servicio, no se le debiendo mas de lo uno a lo otro y estando aquella tierra en esta costumbre».[221] En 1667, en la misa mayor de San Francisco, se promulgaba un nuevo impuesto decretado por el obispo, sobre la yerba y el vino, cuyo rendimiento se calculaba en 20.000 pesos anuales; todo con su correspondiente sanción espiritual de censuras y excomuniones, «lo cual ha ocasiona-

---

221 Trelles, *Revista de la Biblioteca.*

do en los ánimos desta ciudad principalmente de los pobres mucha pena y desconsuelo».[222]

Así la Iglesia y el Estado constituyen una doble bomba absorbente de la riqueza privada, salvo que la primera devuelve en obras de caridad, templos, hospicios, el dinero recogido; educa, esparciendo una cultura que poco a poco irá formando una sociedad de tipo opuesto al concebido por sus directores. Tanto pesaba sobre los pobladores esta tiranía de las conciencias, que en 1617 pidió el Cabildo que los jueces eclesiásticos pudieran absolver provisoriamente, por un año de estas censuras, «y habiendo entrado el procurador y dandosele noticia de este acuerdo dijo que es cosa muy necesaria lo que en él se contiene». Y en cédula de 1583, dirigida a la Audiencia de la Plata, dice el rey: «que el dicho administrador y juez eclesiástico que residiades en la dicha provincia del Río de la Plata; de muchos años a esta parte, habíades hecho y hacíades a los vecinos y moradores de las dichas provincias, súbditos y vasallos nuestros, muchas vejaciones y molestias, con penas y censuras de excomunión que contra ellos imponíades, sin causa justa que para ello hubiere, de que resultaba tenellos diversas veces y diversos días descomulgados, y otras extorsiones que de vos el dicho juez eclesiástico recibían por diferentes vías y modos».

IV

Sus riquezas eran relativamente cuantiosas. Cada institución, convento, capilla, colegio, asilo, tenía, por regla general, su sitio en la ciudad, su jardín o quinta de verduras, sus suertes de estancia; todo bien administrado, con orden y economía ejemplares, y que se aumentaba continuamente con las donaciones, mandas pías y limosnas. Hay que reco-

---

222 *Acuerdos del Cabildo de Buenos Aires.*

nocerlo; eran bien empleadas en mantener las clases pobres, llenar todas las necesidades de la caridad. Entre el proletariado de las ciudades los franciscanos desempeñan una misión de Providencia. No solo les reparten alimentos y procuran trabajo, sino que son los médicos, enfermeros, consejeros indispensables e irreemplazables en todos los conflictos morales, en todas las dificultades de la vida. Las familias más pudientes dependían de los jesuitas que educaban sus hijos; eran los confesores, intermediarios obligados en casamientos, divorcios, conflictos del hogar. Refiriéndose a España, dice Ferrer del Río: «No había familia con quien no estuvieran entroncados los frailes por amistad o parentesco; ni casa que les cerrara sus puertas; ni conversación en que no se les cediera la palabra; ni mesa en que no se les obligara a ocupar la primera silla; ni resolución grave entre ricos o pobres que se adoptara sin su consejo; y si no tomaban parte en ellas, las satisfacciones domésticas no eran cabales. Bajo un estado social de esta especie, ni atmósfera que respirar había nunca, ni se espaciaba jamás la mente, ni se abría el corazón a sentimientos grandes y generosos, ni el albedrío blasonaba de libre». Llegaba a tanto su influencia, que agrega el autor citado: «no es maravilla que un anónimo de Granada propusiera robustecer y dar ensanche al poder monacal en las regiones del gobierno. Su plan consistía en fiar la mayor parte de la Real Hacienda a las santas iglesias de Toledo, Sevilla y Málaga para que la administraran, y atendieran la primera al ejército de tierra, la segunda a la marina, la tercera a la disposición de las galeras y los presidios de África y España».

Prestan los servicios y acaparan la influencia de todas las profesiones liberales modernas: abogados, ingenieros, filósofos, profesores y médicos. Alrededor del claustro se forma una serie de curiosas agrupaciones, aristocráticas o democráticas, basadas, especialmente las segundas, en la satisfacción de las necesidades más urgentes, con sus santos simbólicos, que las presiden, sus reglamentos de derechos y deberes, un pequeño código de moral rígida que gobierna las relaciones de los asociados, proponiendo un fin noble a su conducta. Además con sus fiestas, procesiones, asambleas, constituyen el único entretenimiento que altera la monotonía colonial, el único centro en que puede desenvolverse cierta vida pública limitada, tener empleo las energías individuales que el férreo despotismo español comprime de una manera implacable, sin dejarles la más insignificante ocupación. Solo las cofradías eran trece en 1623; se puede afirmar que comprendían toda la población; el Santísimo Sacramento, las Ánimas del Purgatorio, San Sebastián, Nuestra Señora del Carmen, Nuestra Señora del Rosario, La Limpia Concepción, La Santa Vera Cruz, San Antonio de Padua, San Telmo, Nuestra Señora de la Soledad, Nuestra Señora de Guía, el Nombre de Jesús y los Esclavos del Santísimo Sacramento.

V

Era una tierra especial para los eclesiásticos. «Siempre que se pedían nuevos misioneros, dice Robertson, no faltaban hombres de espíritu ardiente e inquieto, impacientes del yugo del claustro, fastidiados de su insípida monotonía, y cansados de la repetición importuna de sus frívolas funciones, que presurosos ofreciesen sus servicios y que corriesen al nuevo mundo con el fin de buscar la libertad y las distinciones.» Al P. Neyra se le ofrecieron gustosos muchos padres de los conventos de España para venir en calidad de lectores. Llevarían una vida suave en estas tranquilas ciudades sudamericanas, medio orientales, silenciosas, con sus largas siestas, interrumpidas de vez en cuando por alguna aventura de indios o de piratas ingleses, los conflictos entre las autoridades civiles y religiosas. Sería agradable dominar todas las esferas de la actividad social; reunir en el claustro los elementos más inteligentes, ricos y cultos; pasearse entre las quintas interiores, en una atmósfera de azahares, a la sombra de los naranjos, los pinos y las magnolias, adulados y respetados; matizar con su colorido propio todos los actos de la vida pública y privada y dirigir las tendencias intelectuales y morales: el papel a que aspiran los grandes filósofos y pensadores.

Al mismo tiempo que se discurría sobre la escolástica, se exaltaba el odio a los ingleses, holandeses, y demás herejes enemigos de su majestad católica, con el éxito que revelaron las luchas religiosas de la Reconquista; se criticaría al gobernador envolviéndolo en una atmósfera de desprestigio, que fue socavando todas las raíces de su autoridad moral. Inconsciente o conscientemente hacían obra de revolucionarios, preparando los espíritus con su crítica despreciativa, habituándolos a ver en el mandón español la encarnación de la fuerza brutal; incomparable con ellos, doctores en teología, derecho canónico y filosofía. Por eso

> cuando las fuerzas británicas se apoderaron de esta ciudad el Prelado del convento de Predicadores redactó una especie de declaración de principios que elevaron al General Beresford las comunidades religiosas, a excepción de las bethlemíticas, en la cual se notan las siguientes palabras: «aunque la pérdida del gobierno en que se ha formado un pueblo, suele ser una de sus mayores desgracias, también ha sido muchas veces el primer pie de su gloria; no nos atrevemos a pronosticar el destino de la

nuestra pero sí a asegurar que la suavidad del gobierno inglés nos consolará de lo que acabamos de perder.[223]

Se criticarían también a sí mismos, dominados por un diabólico espíritu de intriga y murmuración, divididos en bandos criollos y europeos, dentro de la misma comunidad, haciéndose una guerra sorda e implacable los jesuitas, franciscanos y dominicos, que se explica si se tiene en cuenta que se disputaban la dirección de la ciudad. El obispo de Buenos Aires escribía al ministro de la corona, conde de Aranda, refiriéndose a los jesuitas recién expulsados:

> si decían las penitentes que desde su juventud tenían su confesor en el convento de San Francisco, las decían que aquellos frailes eran unos piojosos. Si les informaban que su director era dominicano, le menospreciaban con que eran unos necios; y si citaban el convento de la Merced, hacían asco con que eran unos perdidos. Y para general menosprecio de todos, lisonjeando con una mitra a su discípulo el Dean, que hacía de Provisor, dispusieron años pasados que mandase publicar un auto, como se publicó y fijó, por el cual prohibía y prohibió confesar religiosas a todos los regulares, excepto los padres de la Compañía que en todo han deseado ser ralipsos. Con esta ignominiosa e irregular providencia se apoderaron de los monasterios, haciendo un padre grave el ademán de sacudir el polvo de los confesionarios, con lo que daba a entender a las simples religiosas que de los frailes ni aun el polvo.

Pasada la conquista su disciplina se había relajado. Sus disturbios, algunos escándalos de costumbres, comenzaban a crear embarazos a los gobernadores civiles.

---

223 M. Gutiérrez, en *Revista de Buenos Aires*.

Tan a parejas corrían los disturbios conventuales, dice Vicuña Mackenna, en los claustros de las diferentes órdenes regulares, que ocupándose de ellos un gobernante de Chile en carta al rey de España le dice de los dominicos que habiendo recibido en unos pasados un visitador, después le levantaron la obediencia y obligaron a que se fuesen con algunos escándalos. De los agustinos, que habían tenido el año pasado grandes discusiones y escándalos, negando la obediencia a su provincial. Y por último de los mercedarios, que tenían también algunas relajaciones, y si no fuera la prudencia de su visitador, hubieran los alborotos o escándalos que otra vez ha tenido esta religión.

Nada más natural y lógico. Su carácter cambiaría fuera de sus misiones, sin los excitantes del peligro, de las almas a redimir que entonaban su fe. En las capitales de las colonias encontraba circunstancias análogas a las de España, más favorables por la inferioridad social y política del medio; la distancia a que quedaban las autoridades superiores, civiles y religiosas, que podían contenerlo. De ahí que los efectos, vicios e intrigas del claustro español aumentaran y crecieran en el convento colonial, en una vida más despreocupada, ociosa, cómoda y rica. De ahí también que lejos de los focos de luchas religiosas, sin oír siquiera hablar de protestantes, calvinistas, hugonotes, sus doctrinas y sobre todo su temperamento de fanático intolerante se relajaran, ablandándose sus resortes, es esta atmósfera moral y material tan tibia y apaciguada. «No es menos notable, dice J. M. Gutiérrez, en su precioso estudio del P. Neyra, la imparcialidad con que juzga las costumbres del pueblo inglés, cuya moralidad y espíritu religioso encomia, al mismo tiempo que, sin la menor extrañeza y sin epíteto alguno ofensivo, consigna el hecho de que en Inglaterra es libre la conciencia, que no se admite la adoración de los santos, y que la fusión de las sectas religiosas no solo existe allí sin embarazo en el seno de la sociedad, sino en el de las familias, sin alterar la santa y dulce paz de los hogares.» A principios del siglo XIX, el canónigo Maziel reclamaba la libertad de enseñanza: «no tendrán obligación los maestros, decía en su informe, de seguir sistema alguno determinado, especialmente en la física en que se podrán apartar de Aristóteles y enseñar, o por los principios de Descartes, Gassendi, Newton, o alguno de los otros sistemáticos, o arrojando todo sistema para la explicación de los efectos naturales, seguir solo la luz de la experiencia por las observaciones y experimentos en que tan útilmente trabajan las academias modernas». Y al ilustrado canónigo lo seguía todo el clero de Buenos Aires. En la misma época se discutían habitualmente en el claustro de San Francisco, en Montevideo, los trabajos de los constitucionalistas europeos y americanos: «junto con las victorias de la revolución francesa se estudiaba la índole de la legislación promulgada por sus asambleas, cotejándola con aquella otra de procedencia americana, que los Estados Unidos acababan de presentar al mundo veintidós años hacía».[224] Esta doble tendencia liberal, política y religiosa, repercutía hasta el Perú: «un venticello acentuado de libertad espiritual viene de aquel diabólico Río de la Plata, patria de herejes y judaizantes».[225]

Según dice un contemporáneo,[226] la clerecía de Buenos Aires era muy numerosa y distinguida. Los franciscanos, jesuitas y dominicos tenían sus catedráticos de teología y filosofía, «tan propios de estas tareas, que desempeñan obligación tan costosa, con grande honra en sus actos literarios que continuamente defienden».[227] La Compañía de Jesús enseña-

---

224 Bauzá, *Historia de la dominación española en el Uruguay*, Op. Cit.
225 J. M. Ramos Mejía, *Las multitudes argentinas*.
226 El P. Neyra, en *Revista de Buenos Aires*.
227 Ibíd.

ba Gramática, Teología, Moral y Filosofía. La instrucción secundaria y superior estaba reservada a las comunidades y al Colegio Máximo de los jesuitas de Córdoba, que tenían autorización para dar grados universitarios de maestro en artes y de doctor en teología. El siguiente cuadro demuestra la población escolar en estos colegios en 1773:

Colegio Real de San Carlos
Filósofos   17
Gramáticos   89
Primeras letras   232

Convento de Santo Domingo
Teólogos   10
Filósofos   18
Gramáticos   9
Primeras letras   123

Convento de San Francisco
Teólogos   2
Filósofos   13
Gramáticos   38
Primeras letras   108

Convento de la Merced
Teólogos   4
Filósofos   29
Gramáticos   8
Primeras letras   83

Convento de Bethlemitas
Primeras letras   89

En ese papel de educadores prestaron un gran servicio a esta sociedad. Si no hubiera sido por ellos, si ajustándose a los deseos del monarca español cierran sus bibliotecas a la gente rica, si cooperan en el criminal empeño de mantener el país en la más atroz ignorancia, como un simple criadero de vacas y ovejas, ¡quién sabe los rumbos que habría seguido la historia argentina! Por eso se miran con simpatía esos viejos claustros porteños: nos recuerdan lo mejor de la vida colonial, lo más selecto y distinguido de la sociedad pasada.

En 1778 la población eclesiástica era la siguiente:

Conventos	Sacerdotes	Coristas	Legos	Novicios	Donados	Total
Santo Domingo	31	18	10	10	10	79
San Francisco	51	19	20	13	3	106
Recoletos...	17	2	18	3	3	43
Compañía...	10	10	6	6	1	33
Mercedarios ...	58	19	12	12	12	113
Bethlemistas ...	58	19	15	10	1	103
Sumas...	225	87	81	54	30	477

Cabildo eclesiástico, Curas y Clérigos

Dignidades	4
Canónigos	2
Sacristán mayor	1
Sochantre organista	1
Curas de ciudad	8
Curas de campaña	8
Clérigos	46

Capítulo XV. El misionero

I

«El padre rector señor don Alonso —se dice con elegancia en una carta del siglo XVII— es un varón candidísimo que estudia más en el temor y servicio de Dios, que en las palabras con que habla, y en esta provincia todos los tenemos por padre y madre de pobres, ricos y toda condición de gentes; él nos riñe, él nos halaga, él llora con nosotros, sufre nuestras miserias y nuestras impertinencias.» El lector puede generalizar la descripción sin riesgo de equivocarse. Las manifestaciones de aprecio y respeto público, los honores que se prodigan por la sociedad al más humilde misionero, bastarían para demostrar su extraordinaria influencia y el afecto que inspiran. Llega de España el padre Gervasoni; el gobernador sale a recibirlo, lo encuentra a mitad de camino, baja de su carroza, lo abraza congratulándose de su feliz arribo, «y lo mismo hicieron, dice el padre en sus cartas, casi todos los otros señores de su cortejo, quien abrazándolo, quien besandolé la mano y después nos acompañaron todos por una buena milla a pie, a pesar de ser el gobernador hombre corpulento y calmoso». La procesión sigue lentamente hacia la ciudad, rodeada de pueblo. Al entrar en la actual calle de la Defensa los cañones del fortín dispararon en su honor; los monjes del Santo Domingo y San Francisco salen en corporación a las puertas de sus conventos, con las capuchas recogidas, sus rosarios de grandes cuentas colgados del cuello, y la cruz del misionero que se destaca nítida sobre el pecho, y las campanas alegran las almas con sus repiques triunfales. En la iglesia del Colegio los espera el Santísimo con todo su cortejo de ceremonia. Arrodillados ante el altar mayor, envueltos en nubes de incienso, sugestionados por la ingenua admiración de la concurrencia, un sentimiento superior y noble botaría en sus almas; la tierna emoción los domina haciéndolos llorar «al tocar e besar aquella tierra porque habían suspirado tanto tiempo».

Es que son sensibles; tienen el don precioso de la simpatía, comprenden y compadecen el dolor ajeno; naturalezas finas, escogidas, delicadas, que buscaron en el claustro un refugio contra la barbarie ruda y sin piedad que predominaba en el mundo laico. Al oír el Te Deum laudamus, cantado por los indios en el claustro de San Ignacio, el padre se enternece, y cuando se arrojan todos de rodillas en una invocación suprema, no pudo contener sus lágrimas. «Se me ofrecía al pensamiento, dice, ver aquellas almas, redimidas con la sangre preciosa de Jesús Cristo que poco antes gemían bajo la esclavitud del demonio, y que aún ahora ya serían in tænebris et in umbra mortis si Dios no hubiese enviado tantos misioneros para traerles la luz del Evangelio.»[228] Solo una caridad semidivina explica su vida en los desiertos sudamericanos. Se los ve, dice el P. Parra,

> sentados en tierra, comen con los indios las yerbas, y sabandijas de que ellos usan para alimentarse. Los verías ocupados en regar la tierra con su propio sudor, para que con este ejemplo se aficionen al trabajo, a la labor, al cultivo. Los verías con hábito roto y remendado mil veces, sufriendo la desnudez con un denuedo propiamente apostólico, como así mismo las inclemencias del clima. Y los verías, finalmente, en muchas ocasiones atropellados y heridos por aquellos mismos a quienes instruyen, tolerando con indecible paciencia toda clase de injurias.

---

228 *Gobierno de Regulares de América.*

No solo sufre las privaciones materiales, come raíces por no ser gravoso a sus indios, sino «que en pueblos de gentiles se pasaban veinticuatro horas en que el suplicante y sus compañeros, ni aun raíces comían por no pedirlas a los indios, recatando el serles cargosos, trabajando con ellos todo el día en catequizar, predicar, bautizar y curar almas y cuerpos»;[229] su mayor mortificación debe ser la vida en común con seres inferiores, adaptarse «hombres tan letrados a la pequeñez de sus ingenios con perseverancia en sufrirlos y sobrellevarlos».[230] Y ha necesitado un coraje y una virtud sobrehumanos para dejar su celda europea y lanzarse en al aventura de Indias, considerada tan heroica que los teólogos la colocan fuera de las reglas de obediencia. Según el P. Parra «se ha juzgado comunmente que no hay bastante potestad con los prelados generales de los religiosos para mandar a un súbdito suyo para que se embarque y vaya precisamente a las provincias de Indias», y el P. Miranda dice «que le está negada la facultad para precisar a un fraile a que navegue las Indias».

Lejos de la atmósfera enervante de los claustros metropolitanos, solo en los desiertos, teniendo que luchar con la naturaleza salvaje, los hombres y las fieras, su carácter se templaría, desarrollándose las generosas tendencias de su temperamento que lo habían llevado a elegir una vida azarosa, de emociones más viriles y heroicas, tan opuesta a la plácida meditación, a las pequeñas intrigas urdidas en las celdas para dirigir los diversos grupos sociales. En esa existencia al aire libre, entre los indios, dueño y señor absoluto de conciencias y haciendas, ha adquirido cierta franqueza de carácter y brusquedad de maneras, ideas originales y extrañas, cosas que desentonan en la medida uniforme, igual-

---

229 Trelles, *Revista de la Biblioteca*.
230 Ibíd.

mente gris de todos los climas y latitudes del tipo monástico. Nadie ha caracterizado mejor a ese fraile rústico que Ramos Mejía:

> un fraile animado de cierto género de piedad mundana, que le permite rozarse con el pueblo en la franca y fácil cordialidad que la mojigatería de otro convento prohibiría solemnemente... lo he conocido y penetrado en mi niñez, y me parecía verle surgir como una dulce materialización del espíritu argentino de otras épocas, en el cuerpo enjuto y tras el rostro tostado del herbolario que a pie recorría todavía el inmenso valle o la empinada cuesta, confesando, comulgando, bautizando y evangelizando a su modo.[231]

Era indispensable una flexibilidad de espíritu y carácter especiales, un maravilloso don de gentes, unido a la piedad y fe más sinceras, para llevar a cabo esa obra gigantesca de evangelizar un continente. También es cierto que pocas veces la naturaleza humana reveló frases tan bellas en su doble simplicidad. Es necesario verlos atareados en su obra, recorriendo las selvas con sus grandes cruces que les sirven de báculo, de consuelo en las aflicciones supremas, en busca del indio arisco o feroz; seguir la trama de la seducción entre el astuto y caritativo fraile y el bárbaro más o menos ingenuo, lleno de desconfianzas, que se acerca o huye, indeciso, hasta que cae envuelto en la tela, dominado por la sugestión irresistible del misionero, para darse cuenta de la belleza soberbia del drama.

> Instruidos, dice Azara, de que había en el Taruma guaraníes silvestres, les despacharon algunos indios instruidos de los pueblos del Paraná, que eran de la misma lengua, con algunos

---

231 Ramos Mejía, *Las multitudes argentinas*.

regalitos diciendo se los remitía un padre jesuita que los amaba mucho y deseaba llevarles otros con abundancia de vacas para existir sin trabajar, y que aun quería vivir entre ellos. Se repitieron iguales embajadas y reconocimiento del país, y de resultas marchó el padre el año de 1720 con las ofertas, acompañado de bastantes indios escogidos en los pueblos del Paraná, que llevaron el equipaje y ganados y que quedaron para servir al jesuita y para fabricar las chozas precisas.

Otras veces, en el silencio de la noche, rodeado del pequeño grupo de indios amigos, hace disparar a compás las escopetas que resonaban por aquellos campos y montes:[232]

> entraron en cuidado con esta estratagema los gentiles, juzgando habían grandes prevenciones y fuerza inexpugnable. Juntáronse como número de tres mil flecheros, que acudieron a reconocer el fuerte, y atemorizados con la apariencia se retiraron. Ya por curiosidad de ver al suplicante acudieron particulares caciques, que los recibía en la puerta, por no hacer patente su poca fuerza. Estos, convencidos con fuertes y amorosas razones y algunas cortas dádivas de anzuelos y cuentas, dieron oídos a que el fin de esta estratagema y prevenciones, no pretendían más que su salud eterna por medio del Evangelio.

Y establecido el contacto, los envolvían en una atmósfera de simpatía, de cariño y caridad, que sacaría de raíz los últimos restos de desconfianza y malevolencia. Los misioneros no creían que el hombre primitivo fuera un animal lascivo y asesino, tan solo gobernable por el rigor y la pena. Aceptaban su bondad nativa, el desarrollo fácil, con un poco de cuidado, de los sentimientos de justicia y de verdad innatos en su alma, trasunto de la del divino Creador. Su conducta

---

232 Trelles, *Revista de la Biblioteca*.

entre los indios forma una de las mejores páginas de la historia de la moral. Los actos de caridad y abnegación se vuelven comunes a fuerza de repetirse a cada instante; asistencia de pestosos y variolosos, excursiones nocturnas en medio de la selva tras el agonizante abandonado: «salió luego el padre en busca de esa alma, y caminó toda la noche para poderle hallar vivo; llegó a él y le halló muy flaco y ya para morir, dióle de comer e hízole calentar al fuego, porque hacía grande frío, con que recibió el enfermo algunas fuerzas».[233] En otra ocasión,

> caminando por uno de esos ríos, encontró a unos indios que venían en una canoa, y habiéndoles preguntado quiénes eran, de dónde venían y dónde iban, se despidió de ellos y caminando algún trecho, reparó que no les había dado ninguna cosa de resgates, como lo había hecho con todos los demás; hizo volver la canoa atrás y llamar a los que se iban ya; y llegando a ellos hizo que llegasen su canoa y les fue dando a todos unos alfileres y anzuelos, y como reparase el Padre que en el medio de la canoa de los indios estaban unos ramos que al parecer encubrían alguna cosa, para que no se viese o el Sol no le hiciese daño, con curiosidad levantó el padre los ramos, y halló una india echada en el plan de la canoa, que al parecer estaba muerta, y una criatura a sus pechos que no parecía sino la misma muerte, hecha un esqueleto; alegróse el padre con el encuentro de las dos almas; bautizó luego a la criatura e hizo dar de comer a la madre que estaba por morir.[234]

Su vida en esos primeros años es el sacrificio de todos los días, de todas las horas; una tensión constante del sistema

---

233 Trelles, *Revista del Archivo*.
234 Trelles, *Revista del Archivo*.

nervioso, que revela la voluntad forjada a martillo en esa ruda disciplina de San Ignacio de Loyola.

En ésta, como en todas las épocas de crisis religiosa, el dogma y la moral actúan en segundo término. La Iglesia comenzaba por atraer a los bárbaros, atendiendo sus necesidades más urgentes. La fuerza económica oculta, que teje siempre la trama de la historia, se muestra con todo su relieve. Las circunstancias sociales eran especialmente favorables. Los mamelucos perseguían con furor a los indios guaraníes; «estos huyeron a refugiarse entre los grandísimos ríos de Paraná y Uruguay y en sus bosques inmediatos, donde no penetraron ni era fácil aquellos inhumanos corsarios».[235] Las epidemias y las hambres eran tan frecuentes que

> una de las cosas mas importantes, dice el P. Boroa,[236] y en que mas cuidado se pone en las reducciones nuevas, y con que mas almas se ganan para el cielo, es procurar que los indios tengan mucha comida y sustento; porque con esto se arraigan luego y hacen pie en los sitios nuevos que se van tomando, y cobran amor y cariño al modo de vivir en comodidad y poblaciones; y la causa desto es, que, como se ha experimentado siempre, los indios infelices padecen ordinariamente necesidad de sustento, por causa de las guerras que entre sí tienen continuamente unas parcialidades con otras, las cuales les obligan a huir de unas partes a otras y a no tener asiento ni tener sementeras fijas; y así donde ven que con comodidad tienen que comer, fácilmente se arriman, mayormente cuando reconocen amor y buena acogida.

Se veían tribus de tres o cuatro mil hombres, más o menos hambrientos, que en pocos días se bautizaban y eran católi-

---

235 Azara, *Descripción e historia del Paraguay*.
236 Trelles, *Revista del Archivo*.

cos. La manera como acepta un pueblo una nueva religión, dice Paulhan,[237] denota la influencia de una actividad inconsciente: solo toma lo que está de acuerdo con sus antiguos hábitos y amolda los nuevos dogmas a las viejas supersticiones. Para los indios el catolicismo era su antigua religión mejorada, con halagos, ventajas, comodidades, desconocidas en su vida de animal salvaje; la seguridad contra los ataques de los hombres, las fieras y los elementos; el consuelo, la asistencia, si se enferma o sufre, una protección absoluta, paternal y simpática. Su triunfo era forzoso. Arrastraría las almas en arrebatos de fe y entusiasmo hacia esos nuevos hechiceros, que se presentaban con sus sotanas llenas de trigo, maíz y remedios, imágenes bien pintadas, las adorables figuras del Renacimiento, para sustituir sus fetiches ordinarios y groseros. Todo en cambio de ciertas fórmulas más interesantes y teatrales, más ricas y prestigiosas, rodeadas de un ceremonial impresionante, incomparable con su burdo fetichismo. Tenía que vencer en lo que era susceptible de ser apreciado por los indios, en su culto externo, en algunas de las divinas máximas que van incrustadas en la ceremonia, como las preciosidades de oro y plata de los muebles antiguos. Y se explica que pasearan en triunfo al sacerdote de esas felicidades espléndidas, que se presentaban realzadas por su aparato teatral.

> Universalmente me recibieron todos con grandes muestras de alegría, dice un misionero,[238] y me iban acompañando de un pueblo a otro, y vez hubo en que se juntaron mas de treinta y cuatro canoas en que iban más de doscientos indios, los cuales embijados y adornados con mucho plumerío, a su usanza, y caminando en dos hileras las canoas por el río, causaban ale-

237 *L' Activité Mentale.*
238 Trelles, *Revista del Archivo.*

gre vista. Llevaba cada uno su instrumento bélico de arcos, flechas, macanas y porras, y todos a una levantaban la voz con una confusa gritería, hacían temblar la tierra con las voces que retumbaban en los montes y repetían los ecos, no una sino muchas veces. Desta suerte me acompañaban de un pueblo a otro.

II

Estos hombres, con esas cualidades y defectos, se hicieron cargo a pedido del monarca, de la administración y gobierno, en lo civil y religioso, de los indios guaraníes que vivían en las márgenes del Paraguay y Uruguay. *A priori* el lector que los conoce, podría deducir las tendencias morales y reglas prácticas de su política. A su juicio, y no van desacertados, el indio es un niño con todos sus inconvenientes de imprevisión, ligereza, ociosidad, de inteligencia rudimentaria, incapaz de un esfuerzo de atención más o menos prolongado; un niño explotable y duramente explotado, por los encomenderos, gobernadores y demás españoles con autoridad y sin autoridad, res nullius, cuyo trabajo vale mucho usufructuando gratuitamente, de lo que usa y abusa todo el que puede. Por lo tanto, procediendo con lógica, lo someterá al régimen del pupilaje, en el que está habituado a formar los niños de los civilizados, en el que se ha formado él en las casas de novicios. Lo sacará de su triste situación de explotado, repartiendo con equidad los productos del trabajo, tratándolo con dulzura, exigiéndole poco, lo indispensable para llenar las modestas necesidades de la comunidad, asegurar su defensa, un brillante aparato religioso, el rico decorado de los templos. Para esta protección amplia de sus ovejas necesita levantar una valla insalvable, independizarse de la autoridad del gobernador, del contacto del encomendero, de los conquistadores más o menos rapaces que merodean en la vecindad en busca de esclavos mitayos o yanaconas. La constitución de Misiones entrega el gobierno a los administrados, con sus cabildos, alcaldes electivos... un régimen análogo al municipal laico, bajo la superintendencia de un cura o sotacura; es decir, que el cacique-corregidor o alcalde, tendrá el mando efectivo y la influencia de un cónsul romano laureado de la clase de latinidad.

Había en el pueblo de la Candelaria, dice Azara, un padre, especie de provincial, llamado superior de las Misiones, quien con facultad del Papa podía confirmar a los indios y era el jefe de los curas y pueblos. En cada uno de estos residían dos padres, cura y sotacura, que tenían asignadas sus funciones. Las del sotacura eran todas espirituales y las del padre cura las temporales en todos los ramos y sentidos: como éstas necesitaban muchos conocimientos y experiencia, eran siempre los curas padres muy graves, que habían sido antes rectores o provinciales de sus colegios, importando poco que ignorasen o supiesen el sistema de los indios. Su antecesor le dejaba anotado en un prolijo diario lo que convenía disponer para labores, fábricas..., y ellos eran en suma los que todo lo disponían. Aunque había en cada pueblo un corregidor, alcaldes y regidores indios, que formaban el ayuntamiento al modo que en los pueblos españoles, no ejercían jurisdicción, ni eran mas que los ejecutores de las órdenes del cura, el cual civil y criminalmente daba sus disposiciones siempre blandas, pero sin permitir apelación ante otros jueces o autoridades españolas.

Las *Leyes de Indias* implantaron este sistema de reducciones, aceptando todas las prácticas de los misioneros. Pero lo que el régimen tiene de interesante no es su constitución política, más o menos de parodia y de mentira, como todas las sudamericanas, durante y después del coloniaje, sino su constitución social: el internado de los colegios convertido en sistema político y de gobierno; la comprensión del carácter de todos los rasgos propios que permiten desarrollar una personalidad más o menos original y activa. Su principal defecto es la vida en común que suprime el hogar y la familia, que hace del grupo, ciudad, pueblo, tribu, la unidad primera o célula del organismo colectivo. El matrimonio no se basa en el amor, ni en el acuerdo de intereses; es el cumplimiento de una ley de Dios, la orden del cura:

> para celebrar los matrimonios, parecen tenían los jesuitas tiempo determinado y era después de cuaresma. Entonces se hacían traer listas de todos los muchachos y muchachas, viudos y viudas del pueblo, capaces de casarse, y aun los hacían concurrir a unos y a otros a las puertas de la iglesia, y allí examinaban si algunos o algunas tenían tratado el casarse, o los padres de los muchachos les tenían tratado matrimonio; y a los que ya lo tenían tratado, que eran pocos o ninguno, procuraban se efectuase, si no hallaban causa para impedirlo; y a los demás allí mismo les hacían elegir mujer, o ellos se la señalaban; y guardando las ceremonias de proclamas, los casaban tal vez todos en un día, por lo menos a muchos juntos. Yo he visto un cordón compuesto de cuentas, que servía de yugo para las relaciones, con divisiones correspondientes para veintiséis pares.[239]

Donde el padre no tiene responsabilidades, derechos y deberes, si es sustituido por otra autoridad en la educación de los hijos, en la dirección de su casa, si no tiene autonomía, la familia desaparece o no se constituye con la solidez requerida para entrar en la vida civilizada. Pudieron los misioneros adoptar un término medio que conciliara sus propósitos ideales y la barbarie de sus súbditos, preparándolos para

---

239 Gonzalo Doblas, *Memoria sobre misiones.*

seguir solos algún día en la vida normal de las sociedades. «Sus pueblos, dice Azara, tenían calles anchas a cordel y los edificios consistían en cuadras largas, una para todos los que pertenecían a un cacicazgo, bien que después las dividieran en cuartitos de siete varas, uno para cada familia, pero sin ventana, ni chimenea, ni otra cocina, reduciéndose sus muebles a una hamaca de algodón para el amo, y los demas dormían sobre pieles en el suelo, sin tabiques que los ocultasen.» No se conocía la propiedad privada, ni las sucesiones. Si bien se adjudicaba a cada familia una quinta para que atendiera a su subsistencia, el sobrante de los frutos pertenecía a todos, aparte de que estaban obligados a trabajar tres días de la semana en la tierra común. Es cierto que no era un trabajo penoso; una jornada de cuatro o cinco horas, con intervalos, amenizada con músicas, procesiones y cantos; la verdadera fiesta del trabajo, la única forma de dominar esa pereza orgánica de las razas inferiores. Por lo demás, la vida reglamentada a son de campana; sus horas para comer, rezar, ocuparse de sus artes, dormir y procrear. «Los jesuitas, conociendo el genio perezoso de los indios, y que cansados del trabajo de todo el día, luego que llegaban a sus casas y cenaban, se dormía hasta el otro día, que el alba les hacía levantar para ir a la iglesia y de alli a los trabajos; así, no se llegaban los maridos a sus mujeres en mucho tiempo, y se disminuía la populación; y que por esto dispusieron el que en algunas horas de la noche los recordaran, para que cumplieran con la obligación de casados.»[240] Su uniforme igual para todos, los premios y recompensas para estimular a los buenos; la penitencia pública, los azotes, la cárcel para reprimir a los malos.

---

240 Doblas, *Memoria sobre misiones.*

Daban por vestido a los varones, dice Azara, un gorro, una camisa, calzones y poncho, todo de lienzo de algodón grueso, claro y ordinario, les hacían cortar al raso el cabello sin permitirles calzado. Tampoco lo permitían a las mujeres, reduciéndose todo su vestido al tipo o camisa sin mangas del citado lienzo, ceñida a la cintura. Las precisaban a hacer de su cabello una coleta como los soldados, y a deshacerla al entrar en el templo para llevar el pelo tendido, sin nada que cubriese la cabeza... Ciencia ninguna y de las artes poco, porque solo tejian lienzos para vestirse, y para esclavos o gentes muy pobres; por el propio estilo la herrería, platería, pintura, escultura, música y baile, que todo intentaron enseñarles los jesuitas. Todos estaban bautizados, sabían las oraciones, porque precisaban a todos los muchachos y a las solteras a decirlas en comunidad bajo el pórtico del templo, al romper el día.

III

Este curioso régimen político ha sido duramente criticado y defendido. Bauzá encuentra analogías marcadas con el sistema bíblico y de los primeros cristianos.

La estructura social de las reducciones, dice, reposaba sobre el modelo de las primitivas cristiandades. El gobierno civil en manos de magistrados populares, el gobierno eclesiástico en manos del clero, la comunidad de bienes como vínculo fraternal, y las penitencias públicas como castigo de las faltas cometidas, tales eran los resortes esenciales de aquel mecanismo que se remontaba a la organización apostólica. En las páginas de la Biblia, mejor que en las disquisiciones de los viajeros, se encuentra el cuño de la dominación jesuítica, como se encuentra en las descripciones de los primitivos germanos, hechas por Tácito, la filiación pagana y agreste de los charrúas.

Es una analogía demasiado avanzada, inverosímil en absoluto para el que reflexione sobre la mentalidad infantil del indio, su inferioridad nativa e insanable, sus condiciones sociales, su miseria moral. *A priori*, debía ser diverso el régimen legal de aquellos hombres, los tipos más puros y refinados de una espléndida civilización en decadencia. En su forma y en su fondo, en los sentimientos preciosos que constituyen su encantadora atmósfera moral, aquel cristianismo no tiene relación, no es comparable con el que se desarrollaba en las selvas del Uruguay. El indio no comprendió la religión católica, como no la comprende su derivado el gaucho. «Había poco fondo de religión», dice un inteligente cronista;[241] se dejó llevar a lo más cómodo y agradable, seducido por los halagos materiales, la seguridad del sustento, la vida tranquila mediante un pequeño esfuerzo, una disciplina fácil, un culto pomposo y teatral. Inerte, pasivo, volvió a la barbarie con la misma facilidad con que había entrado en la vida de reducción; dominado por esa pereza invencible que reaparece en primer término desde que falta la mano sugestiva del misionero que lo lleva al trabajo entre músicas y cantos. Libres de su tutela, lo único que se les ocurre es echarse y comer el capital acumulado durante ciento cincuenta años de régimen económico. «La experiencia, dice Doblas, dio a conocer la incapacidad de los indios, y su propensión a gastarlo todo y no trabajar.» Es en vano que se empeñen los sucesores de los jesuitas «en desterrar de los naturales la rudeza y abatimiento en que habían sido educados, infundiéndoles ideas políticas y racionales, que los excitasen al deseo de una felicidad que no conocían y a que les estaba convidando la fertilidad de sus terrenos». En la realidad este gobierno jesuítico fue una teocracia pura, de un rigorismo único en la

---

241 Azara, *Op. Cit.*

historia, el régimen de colegio trasladado a la política. Tal vez con algunas atenuaciones era el más práctico, el único que habría permitido transformar a los indios en hombres civilizados. Por lo menos fue el único que triunfó durante siglo y medio, y si se hubiera persistido, todo ese litoral sería hoy un país próspero y bien poblado, con su raza hecha a la nueva vida, su existencia histórica asegurada. Juzgarlo con nuestro criterio contemporáneo, aplicarle nuestra lógica política, hablar de liberalismo, iniciativa individual, facultades del Estado, libertad o tolerancia, tratándose de tribus bárbaras, más o menos lascivas y homicidas, es argumentar con ingenuidad infantil, apartarse de la ciencia para entrar en el terreno de la declamación, usar las Misiones de los jesuitas del siglo XVII para desprestigiar a los educadores jesuitas del siglo XIX. No se pasa de la barbarie a la civilización espontáneamente. Se requiere una férrea disciplina encarnada en el conquistador tiránico, o el misionero que tiraniza a su modo, para moderar el juego de las pasiones y habituar al animal impulsivo a una vida de orden y regla.

Conclusión

Como lo habrá observado el lector, la lucha entre la sociedad y sus instituciones es el rasgo predominante del sistema. Un conjunto de sentimientos, el culto nacional del coraje, el desprecio de la ley, la preocupación exclusiva de la fortuna, la fe en la grandeza del país, imprimen rumbos fijos a la sociedad. El derecho político argentino comienza a formarse. Se ve su esquema confusamente trazado, con los caracteres esenciales que conservará siempre, no obstante los nombres exóticos y la literatura constitucional yanqui: predominio del concepto clásico del Estado-providencia, centralización política, papel inferior y subordinado de las asambleas; y en el pueblo, para acentuar y fortificar estas tendencias, en el desprecio de la ley convertido en instinto, en uno de los motivos de la voluntad.

Se puede afirmar, sin temor a incurrir en una paradoja, que el país no ha salido del régimen antiguo. Los nombres de las instituciones han cambiado, es cierto, pero el fondo, el espíritu que las anima, es idéntico. Ahora como antes las iniciativas privadas, el deseo de cooperar en la felicidad y progreso de la República, se traducen en donaciones cuantiosas para fundar iglesias y monasterios. Ahora como antes la tierra está en poder de unos pocos, dueños de la casi totalidad del área disponible, de lo mejor y de más fácil cultivo, un serio obstáculo para la expansión y progreso futuro del país. ¡Ahora como antes se deprimen los estudios superiores, especialmente los jurídicos! ¿Será, por Dios, un mal la divulgación del Derecho? La Medicina encuentra alguna indulgencia, porque el dolor se impone. Pero la ciencia pura y desinteresada, noble y fecunda, el alma máter de los pueblos históricos, no tiene un solo instituto en la ciudad; y en su faz profesional se la considera como un lujo que deben pagarse los ricos. Si esto sigue, y parece que seguirá, no sería extraño que alcanzáramos el parecido en las formas, y entonces habríamos caminado un siglo para identificarnos con el viejo régimen.

Se concluirá por descubrir que en el mundo los mismos personajes aparecen siempre con las mismas pasiones y la misma suerte; los motivos y los acontecimientos difieren, es verdad, en las distintas piezas, pero el espíritu de los sucesos es el mismo; los personajes de cada pieza nada saben de lo sucedido en las anteriores, en las que, sin embargo, tenían ya un papel; he ahí por qué, no obstante toda la experiencia que debieron adquirir en las piezas precedentes, Pantalón no es más hábil ni más generoso, Tarlafia no tiene mejor conciencia, ni Briguela más coraje, ni Colombina más moralidad.

¡Todo sujeto a que alcanzar la verdad histórica es un feliz accidente!

Libros a la carta

A la carta es un servicio especializado para
empresas,
librerías,
bibliotecas,
editoriales
y centros de enseñanza;
y permite confeccionar libros que, por su formato y concepción, sirven a los propósitos más específicos de estas instituciones.

Las empresas nos encargan ediciones personalizadas para marketing editorial o para regalos institucionales. Y los interesados solicitan, a título personal, ediciones antiguas, o no disponibles en el mercado; y las acompañan con notas y comentarios críticos.

Las ediciones tienen como apoyo un libro de estilo con todo tipo de referencias sobre los criterios de tratamiento tipográfico aplicados a nuestros libros que puede ser consultado en Linkgua-ediciones.com.

Linkgua edita por encargo diferentes versiones de una misma obra con distintos tratamientos ortotipográficos (actualizaciones de carácter divulgativo de un clásico, o versiones estrictamente fieles a la edición original de referencia).

Este servicio de ediciones a la carta le permitirá, si usted se dedica a la enseñanza, tener una forma de hacer pública su interpretación de un texto y, sobre una versión digitalizada «base», usted podrá introducir interpretaciones del texto fuente. Es un tópico que los profesores denuncien en clase los desmanes de una edición, o vayan comentando errores de interpretación de un texto y esta es una solución útil a esa necesidad del mundo académico.

Asimismo publicamos de manera sistemática, en un mismo catálogo, tesis doctorales y actas de congresos académicos, que son distribuidas a través de nuestra Web.

El servicio de «Libros a la carta» funciona de dos formas.

1. Tenemos un fondo de libros digitalizados que usted puede personalizar en tiradas de al menos cinco ejemplares. Estas personalizaciones pueden ser de todo tipo: añadir notas de clase para uso de un grupo de estudiantes, introducir logos corporativos para uso con fines de marketing empresarial, etc. etc.

2. Buscamos libros descatalogados de otras editoriales y los reeditamos en tiradas cortas a petición de un cliente